本书为全国教育科学规划国家一般项目“乡村振兴背景下面向卓越教师培养的课程整体优化研究”（BIA180184）的结项（等级为“优秀”）成果

走向卓越

面向乡村的教师教育课程整体优化

乔晖　闫丽霞　周丹

著

中国社会科学出版社

图书在版编目(CIP)数据

走向卓越：面向乡村的教师教育课程整体优化 / 乔晖，闫丽霞，周丹著 .—北京：中国社会科学出版社，2023.12

ISBN 978-7-5227-2757-8

Ⅰ.①走… Ⅱ.①乔…②闫…③周… Ⅲ.①农村学校—师资培养—研究—中国 Ⅳ.①G451.2

中国国家版本馆 CIP 数据核字(2023)第 229131 号

出 版 人 赵剑英
责任编辑 宫京蕾
责任校对 秦 婵
责任印制 郝美娜

出 版 中国社会科学出版社
社 址 北京鼓楼西大街甲 158 号
邮 编 100720
网 址 http：//www.csspw.cn
发 行 部 010-84083685
门 市 部 010-84029450
经 销 新华书店及其他书店

印刷装订 北京君升印刷有限公司
版 次 2023 年 12 月第 1 版
印 次 2023 年 12 月第 1 次印刷

开 本 710×1000 1/16
印 张 15.25
插 页 2
字 数 256 千字
定 价 88.00 元

序

2021 年 3 月 6 日习近平总书记在看望参加政协会议的医药卫生界教育界委员时强调“有高质量的教师，才会有高质量的教育”。培养乡村卓越教师，是促进乡村教育高质量发展的关键支点。乡村教师专业发展对提高农村教育教学质量、加快社会主义新农村建设乃至构建和谐社会都有着十分重要的现实意义和深远的历史意义。课程是人才培养的基石。2011 年教育部发布《关于大力推进教师教育课程改革的意见》，对教师教育课程优化提出要求；2014 年教育部发布《关于实施卓越教师培养计划的意见》，强调建立有利于卓越教师培养的高质量教师教育课程体系。2021 年发布的《国民经济和社会发展第十四个五年规划和 2035 年远景目标纲要》中提出“建设高质量的教育体系”。2022 年《教育部工作要点》中提出：“全面夯实教师发展之基……统筹师范生培养和教师在职培训内容，加强对课程教材方面的培养和培训力度。”教师教育课程质量的提升迫在眉睫。在整体设计与课程实施的细节处不断完善教师教育课程才是提升乡村卓越教师培养质量的关键。

乡村教师的专业发展需要职前职后一体化的教师教育课程持续赋能。作为面向乡村的教师教育课程的整体优化和改革应成为乡村教师培养和研究重点关注的领域。乡村振兴对乡村教师供给的挑战是什么？现有教师教育课程是否需要优化？面向乡村的教师教育课程整体优化相关理论有哪些？面向乡村的教师教育课程整体优化模式有哪些以及实施策略是什么？这些都是研究乡村教育和关心乡村教师发展的学者需要认真思考的问题。

盐城师范学院教育科学学院研究人员一直深耕在如何培养乡村卓越教师的问题研究上，他们围绕教师教育改革、师范生本土化培养、乡村定向师范生培养、乡村教师教育体系构建、乡村教师专业发展等问题发表了一系列的文章，形成了一些同一体系的研究报告，为面向乡村的教师教育课程整体优化课题的研究提供了坚实的基础。乔晖教授等研究者的《走向卓越：面向乡村的教师教育课程整体优化》一书着眼于乡村教师专业发展现状与时代诉求，对上述问题试图进行逐个回答或破解。该书围绕教师教育课程的现实状况、整体优化原则、整体优化思路、整体优化样态和范式重构，通过分析乡村教师教育现状与发展前景，在理论与实践层面回答了乡村振兴对乡村教师供给挑战、现有的教师教育课程优化问题、面向乡村的教师教育课程整体优化相关理论以及教师教育课程整体优化模式和实施策略，这为面向乡村的教师教育课程整体优化提供了重要参考。该著作有以下特点：

一是内容深刻性。该书系统地进行了“乡村振兴对乡村教师供给的挑战研究、乡村教师培养相关现状调查与问题分析、面向乡村的教师教育课程整体优化相关理论研究、面向乡村的教师教育课程整体优化比较研究、面向乡村的教师教育课程整体优化模式与实施研究、面向乡村的教师教育课程整体优化行动研究”，这些系统研究力图改变现有教师教育课程缺乏整体规划、“远离乡村”的问题，为形成回归丰富的乡土世界，扎根于鲜活乡村教育现场的乡村卓越教师培养课程体系提供有效对策与实践路径；该书不仅从职前培养的角度关注教师教育课程，更重要的是从职前职后一体化的角度来探讨教师教育课程整体优化和范式重构问题，作者围绕当前乡村教师教育的现实状况、乡村教育的问题归因和可能出路，通过分析乡村教师职前职后培养现状，乡村教师专业发展困境，在理论与实践层面提出“面向乡村的教师教育课程整体优化原则、指向乡村卓越教师核心素养的课程整体优化思路和面向乡村的卓越教师教育课程整体优化样态”等基本问题。作者在探讨这些问题的时候，兼顾考虑了政府与市场、职前与职后、个体与整体等因素，给我们更广阔的视角。

二是视角全球性。该书为学者研究乡村教育和乡村教师专业发展提供了一种更宽广和更宏大的研究视野。欧美和亚洲诸多国家都积极关注乡村教育和乡村教师专业发展问题，在乡村教师的培养和教师教育课程方面都已经做出了相当多的努力，提出了各自教师专业发展和教师教育课程设置的实施策略，并积累了一定的实践经验。本书介绍了以美国、澳大利亚和加拿大为代表的欧美国家在培养模式、教师教育项目、教师教育课程方面经验，这些都为我国乡村教师队伍建设提供借鉴与参考。

三是实践探究性。书中介绍了江苏盐城师范学院教师教育范式重构的案例，此模式以“专业化、一体化”教师教育理念为指导，以“师德浸润”“实践增能”“协同培养”为特征，很好地回应基础教育中乡村教师队伍薄弱的瓶颈问题和政策焦点，解决了乡村卓越教师培养中的“乡村教师乡土情怀生成深植难、乡村教师培养机制相对割裂分散和乡村教师专业发展内生动力不足”等核心问题，目标定位指向新时期乡村卓越教师必备核心素养，开发凸显乡村教育特殊性的系列课程，以人文关怀（Care）、文化浸润（Immersion）、能力生成（Evolving）为主线，开设教师道德与教育情意养成模块课程、开发蕴育师范生关爱能力的课程、提供乡村环境浸润下的学生成长场域、构建提升乡村教师能力的课程体系，形成“大学—政府—乡村学校”等多方资源深度融合的共同体实践路径，深度融合各方资源，形成顶岗实习、对口交流、互动研修的乡村教师职前、职后一体化，学习、实践、研修等多方互动合作、协同共赢的课程实施方式，形成浸润式、全实践的乡村教师专业发展共同体成长路径。相关成果《乡村卓越教师培养体系研究与实践》获得过国家级教学成果奖，相关课程《最美乡村教师案例教学》等获批国家一流课程。

该书是多位研究者经过多年辛勤研究所取得的重要成果，极大地丰富了我国乡村教师专业发展和教师教育课程的研究和实践，对今后我国乡村教师专业发展具有重要的借鉴和指导意义。

目　录

绪　论

第一节　乡村教育振兴需要优质的乡村教师队伍

一　追求公平而有质量的教育需要乡村教育振兴

党和政府以推动教育公平和提升教育质量为战略实施重点。党的十九大报告指出，“努力让每个孩子都能享有公平而有质量的教育”，促进公平提高质量，是新时代我国教育改革发展征程的新方向。更美好的教育来自对公平和质量的持续坚守，教育公平的实现和培养质量的提升，是社会不变的期盼。

新中国成立以来，我国建立了世界上规模最大的教育体系，采取了一系列具有中国特色的政策措施来推进和保障亿万人民群众公平地享有受教育的权利。

1949 年中华人民共和国成立以后，一直到改革开放之前，结合当时政治、经济、社会发展情况，采取了诸如扫盲运动、工农夜校、业余学校、院系调整等的一系列教育政策来保障普通民众受教育的权利，最大限度地实现教育公平与社会公平。

改革开放让大众看到了我们与世界发达国家、发达地区的差距，萌发了迅速崛起的愿望与决心，各行各业都在奋起直追，教育也是如此，采取了追求效率兼顾公平的政策思想。所谓追求效率兼顾公平，实际上更多的是追求效率。我国在义务教育阶段推行重点学校政策、在高等教育阶段实施“211 工程”等重点建设工作，无疑都体现了在教育领域追求效率优先的导向。一些地方政府把教育质量等同于分数，等同于考上清华、北大的人数，等同于各种竞赛奖项的获得，注重学校的外延建设，奖励“高考状元”，无疑都折射着当时社会追求效率的心态。

追求效率带来了区域、城乡、校际差距，当差距大到近乎成为贫困代际传递的因素，教育公平重新成为我国教育公共政策的主要主张和热点话题。党和政府根据当时形势和中心任务，为推进教育公平采取了城乡免费义务教育、国家助学制度等有效措施，实践证明这些措施在推进教育公平方面是卓有成效的。促进公平、提高质量也就成为《国家中长期教育改革和发展规划纲要（2010—2020年）》确立的我国教育改革和发展的基本主线。尤其是党的十八大以来，政府工作报告中促进公平与提高质量的政策安排与重点工作愈来愈明晰①。公平优先的政策成为2012—2014年的政府工作报告中主要的政策思想，教育公平是这段时间政策的基本导向。

从2015年开始，“质量”与“公平”的教育政策思想同时出现在国务院政府工作报告中，成为我国教育公共政策的主要导向。“促进教育公平发展和质量提升”“发展更高质量更加公平的教育”“办好公平优质教育”“发展公平而有质量的教育”“发展更加公平更有质量的教育”等政策词汇出现在从2015年到2019年的政府报告中，反映了我们国家教育政策发展遵循了促进公平与提高质量的发展思路。2021年国务院政府工作报告提出发展更加公平更高质量的教育，这些政策保障了我国构建德智体美劳全面培养的教育体系，推动义务教育优质均衡发展和城乡一体化，努力让广大学生健康快乐成长，让每个孩子都有人生出彩的机会。

政府有责任来推进教育公平，助力人们实现对于美好生活的向往。党的十九大报告特别强调，“推动城乡义务教育一体化发展、高度重视农村义务教育”。努力发展教育是阻断贫困代际传递一个重要途径，发展公平而有质量的教育成为我国今后一段时期教育改革发展的方向，缩小城乡教育差距，消除城乡二元结构，着力改变两者之间“不平衡不充分的发展”现状，用优质教育为乡村振兴注入更多发展动能。

二　乡村教育振兴需要优质的乡村教师队伍

习近平总书记在党的十九大报告中指出，要“优先发展教育事业”。优先发展教育事业，关键在教师，短板在乡村。“实施乡村振兴战略”，

① 薛二勇：《把公平和质量贯穿教育发展始终》，《中国教育报》2020-5-24（002）。

“高度重视农村义务教育”，需要培养造就一支素质优良、甘于奉献、扎根乡村的教师队伍。

乡村教师作为乡村教育的有机构成部分，其质量水平深刻影响着乡村教育的提升，是促进乡村教育高质量发展的重中之重。随着乡村教育振兴的全面展开，城乡基本教育公共服务均等化的推进，教育精准扶贫任务的发展，国家和社会对乡村教师质量的重视和要求日益提高。2018 年党中央深改组通过了建党以来第一次以中共中央名义印发的关于教师队伍建设的文件《中共中央国务院关于全面深化新时代教师队伍建设改革的意见》，文件指出要深入实施乡村教师支持计划，关心乡村教师生活。乡村教师是乡村教育的砥柱，没有他们的不断精进和奋斗拼搏，教育精准扶贫和乡村振兴的目标将难以实现。乡村教师作为落实中国教育使命的执行者，实施乡村教育振兴，阻断贫困代际传递，是广大乡村教师在新时代必须承担的历史责任和任务。乡村教师要勇于担当，高质量完成自己的历史使命。

乡村教师质量的提高需要构建多方参与、协同推进的教师发展机制和格局，要充分发挥各个系统人才优势，继续广泛动员各方面力量同乡村教育和乡村振兴有效衔接，参与加入巩固乡村振兴的成果中来，一方面乡村教师需要通过自身的努力，激发内在发展动力，勇于承担传播知识和真理、塑造灵魂和生命、参与乡村振兴的时代重任；另一方面需要继续实施好《乡村教师支持计划（2015—2020 年）》，不断改善乡村教师教学条件、落实提高乡村教师待遇政策，助力乡村教师整体素质的提高，让他们有更多归属感、获得感，真正打造一支“下得去、留得住、教得好、走得远”的乡村教师队伍①。

三　优质的乡村教师队伍建设需要深化教师教育综合改革

教师教育综合改革影响着职前教师教育的质量，为中小学师资的培养奠定基础。随着乡村振兴和教育精准扶贫工作的不断深入，教师教育综合改革也在不断丰富其内涵，承担乡村教师在职前阶段学习专业知识、培养专业技能、内化专业情感等方面的重任，满足教师教育发展的需求，保障教师教育的质量，不断推动教师教育的发展。教师教育综合改革也是响应国家和党对教育事业提出的要求，2020 年 8 月，教育部、中组部、中编

① 教育部：《乡村振兴必先振兴乡村教育》，[2019-3-11]. http//www. moe. gov. cn/jyb-xwfb/s5148/201903/t20190311_372928. html。

办、国家发展改革委、财政部和人力资源社会保障部等六部门印发《关于加强新时代乡村教师队伍建设的意见》，聚焦短板弱项，有针对性地提出创新举措，在脱贫攻坚与乡村振兴有效衔接的大背景下，实现乡村教师可持续发展，助力乡村振兴，推动实现公平而有质量的乡村教育。

（一）城镇化背景下乡村教育呈现新特征

21世纪以来，我国城镇化步伐不断加快，城镇化进程中的乡村教育呈现出新特征：一是乡村教育需要实现价值重构，把乡村优秀传统文化和现代城市文明进行融合，培养适应时代发展的现代人；二是乡村教育不仅需要补足硬件设施建设的短板，而且要善于用好乡土教育资源，把它作为课程实施的有效载体；三是乡村教师必须有能力参与到乡村文明、乡村建设进程中，将乡村教育融入乡村生活，同时获得乡村资源对学校改革发展的支持①。

（二）地方师范院校教师教育面临新挑战

在快速城镇化背景下，面对乡村教育呈现的新特征，如何坚定乡村教师扎根乡村教育的职业信念，如何提高乡村教师胜任乡村教育的执业能力，如何提高乡村教师职后可持续发展能力，地方师范院校面临新挑战。地方师范院校是最广泛的乡村学校教师来源的主渠道。迫切需要深化教师教育改革，培养一批批“下得去、留得住、教得好、走得远”的乡村卓越教师。

（三）乡村教师培养体系亟待新变革

作为教育事业的工作母机，处在城镇场域中的地方师范院校的培养目标定位很少指向乡村学校，教师教育课程很少体现乡土元素，教育见习、实习大多选择城市优质学校，很少定位乡村学校。因此，地方师范院校必须针对乡村教育存在的问题，在师德养成、培养规格、课程设置、实践路径、育人机制等方面及时做出新变革，构建符合乡村教育特点的乡村教师培养体系。

---

① 乔晖：《乡村振兴背景下卓越教师专业化发展路径》，《南京农业大学学报》（社会科学版）2020年第3期。

第二节　乡村教师发展难题与政策支持

一　乡村教师发展难题

“我国农村教师是一个庞大的群体，根据教育部《教育统计数据》显示，截至2018年底，我国农村教师共290多万人，其中幼儿园42万多人，中小学近250万人，占该阶段教师总数的21.7%”。[①] “截至2019年底，我国农村有中小学教师244.73万名，占该阶段教师总数的19.24%”。[②] 党的十九大报告提出“实施乡村振兴战略、坚决打赢脱贫攻坚战”，阻止贫困代际传递，根本靠教育，关键在教师。那么关键在于怎样的乡村教师队伍呢？陶行知先生曾经说过：“乡村教师怎样才算好呢……他足迹所到的地方，一年能使学校气象生动，二年能使社会信仰教育，三年能使科学农业著效，四年能使村自治告成，五年能使活的教育普及，十年能荒山成林，废人生利。这种教师就是改造乡村生活的灵魂。”[③] 话音落地已近百年，乡村教师依旧未能成为改造乡村生活的灵魂，甚至在城镇化进程中与乡村渐行渐远。

国务院“乡村教师支持计划”颁布之后，对于乡村教师的研究逐渐成为热点。相关研究涉及乡村教师的社会作用、生存状态、专业发展、在职培训、人员流失、队伍建设、文化困境等。对于乡村社会的作用，顾明远提出：“繁荣乡土文明必须尊重教师、信任教师、依靠教师，真正做到这三点，我们的教育就会更有希望。”[④] 唐松林、姚尧认为“乡村教师是乡土中国最耀眼的文化符号，是乡土社会稀有的文化人”。[⑤] 牛震乾发现“乡村教师身份认同的边界被逐步打破”，[⑥] 吉标、刘擎擎也有同感：“很长一段时间，乡村教师仍以知识人的身份，固守清贫，传承教化，葆有一

---

① 教育部：《2018年教育统计数据》，[2019-08-10]. http://www.moe.gov.cn/s78/A03/moe_560/jytjsj_2018/qg/index_4.html。

② 教育部：《2019年教育统计数据》，[2020-06-09]. http://www.moe.gov.cn/jyb_sjzl/moe_560/jytjsj_2019/qg/index_3.html。

③ 陶行知：《中国教育改造》，东方出版社1996年版，第88页。

④ 顾明远：《乡土文明繁荣关键在乡村教师》，《中国教师报》2015-12-30（013）。

⑤ 唐松林、姚尧：《乡村振兴战略中教师的使命、挑战与选择》，《湖南师范大学教育科学学报》2018年第4期。

⑥ 牛震乾：《论乡村教师身份认同的“边界”问题》，《现代教育科学》2018年第2期。

丝乡贤风范。改革开放后，乡村教师与乡村社会的天然纽带出现断裂，逐渐孤立于乡村日常生活之外，成为乡村的‘边缘人’，传统乡贤形象日渐式微。”① 黄晓茜、程良宏关注的是“乡村教师身份的边界被打破”之后在乡村的生存状态发生变化，“逐渐沦为囿于课本知识传授的‘教书匠’、乡村社会生活中的‘陌生人’，以及乡村事务的‘旁观者’”。② 凌云志、邬志辉等通过访谈深入剖析原因：“工作压力过大，角色认知模糊、社会尊重偏低以及专业发展受限是导致农村教师身份融合困境的主要因素。”③

乡村教师面临怎样专业发展难题？袁桂林认为以往一些地方推动城乡学校的“对口支援”派教师到农村学校实践一段时间，把农村学校作为“训练新手”的地方，而且把“名师”留在城市不参与“对口支援”。这种做法实际是强化城市学校教师队伍建设，把在农村学校的经历作为提职晋级的条件，把农村学校作为附庸和陪衬④。刘飞通过对宁夏生态移民区的现状研究，提出“乡村中小学教师呈现出实际收入与支出间矛盾突出、社会期望值与自我社会地位认同度间矛盾重重以及身心健康状况不良、学校对教师精神状态关注度低、教师生命意识淡薄、教师职业挫折感较强等一系列制约级村中小学教师发展的问题。”⑤

面对发展难题，乡村教师专业素养如何提升？秦玉友提出：“‘乡村性’既涉及乡村学校的授课方式，又涉及乡村教师教学方法的改进与观念的更新，是乡村教师专业发展无法绕过的问题。”⑥ 唐松林、廖锐建议“在县域内，以政府政策为保障，以教育局为主导，以城乡教师为主体，建立城乡教师之间的交往平台，促进农村教师专业发展”。⑦ 刘善槐给出的对策是“教育部门在提升农村教师待遇的同时，应提高其准入条件、引入定期考核与淘汰机制，以提升农村教师的专业化水平”。⑧ 实践层面，

---

① 吉标、刘擎擎：《乡村教师乡贤形象的式微与重塑》，《当代教育科学》2018 年第 5 期。

② 黄晓茜、程良宏：《城乡张力间的彷徨：乡村教师身份认同危机及其应对》，《当代教育与文化》2019 年第 4 期。

③ 凌云志、邬志辉：《城镇化背景下乡村教师的身份挣扎及其融合——对 4 省 9 位乡村教师的访谈研究》，《教育理论与实践》2019 年第 7 期。

④ 袁桂林：《稳住农村教师队伍到底靠什么》，《中国教育报》2015-2-9（001）。

⑤ 刘飞：《生态移民区乡村中小学教师生存发展的困境及出路——基于宁夏生态移民区的现状研究》，《教师教育学报》2015 年第 3 期。

⑥ 秦玉友：《“乡村性”：重塑乡村教师专业素养》，《中国教育报》2015-12-30（009）。

⑦ 唐松林、廖锐：《搭建城乡交往平台 促进农村教师专业发展》，《教师教育研究》2015 年第 2 期。

⑧ 刘善槐：《我国农村教师编制结构优化研究》，《教育研究》2016 年第 4 期。

《乡村教师支持计划（2015—2020年）》实施近五年，旨在培养“下得去、留得住、教得好”的教师，乡村教师的数量得到补充、质量得到提升，80%被调查教师尤其45岁以上教师不愿意进城（东北师范大学中国农村教育发展研究院发布《〈乡村教师支持计划（2015—2020年）〉实施评估报告》）。然而乡村教师内在发展动力不足、外在的培训缺少针对性，限制乡村教师的发展空间，难以实现专业可持续发展的状况依然存在。

目前，既有的东中西、城乡产业分布格局及其经济机会体系之下，乡村教育处在师资低配或外流的资源洼地。“乡村教师整体素质偏低，他们的教育理念落后；乡村教师队伍不稳定现象突出，学校领导和教师离职意向普遍存在；缺乏对学生和乡村教育资源的正确认识，导致丰富的乡土资源得不到合理利用。”① 这一处境不改变，乡村儿童如何才能“享受公平而有质量的教育”，人民期盼的、也是十九大报告中所承诺的“让每个孩子享受公平而有质量的教育”的办学目标如何实现？对于处境不利的乡村儿童，更需要“有乡村情怀、会乡技和懂乡知的县级及以下学校骨干教师、教学名师和卓越师资人才”②，这样人才培养与发展的路径在哪里？国家实行乡村振兴战略，打造生态宜居的乡村，对乡村教育、对乡村教师的发展会产生怎样的影响？

二　乡村教师政策支持

为解决乡村优质教育资源短缺，促进城乡教育均衡发展，2007年国务院通过并颁布了《教育部直属师范大学师范生免费教育实施办法（试行）》，免费乡村教师培养首次在六所部属师范大学展开试点；2012年教育部在《关于大力推进农村义务教育教师队伍建设的意见》中指出，为农村学校定向培养补充“下得去、留得住、干得好”的高素质教师；2015年4月1日，中央深化改革领导小组举行第十一次会议，审议通过了《乡村教师支持计划（2015—2020年）》，提出阻止贫困现象代际传递。发展乡村教育，让每个乡村孩子都能接受公平、有质量的教育。2018

① 孙刚成、曲歌：《乡村教师及学校面临的问题与发展取向——基于对延安市“国培计划”实施推进的实证研究》，《中小学教师培训》2016年第3期。

② 高涵、周明星：《乡村卓越中职教师师范素质及其养成机制探析》，《河北师范大学学报》2016年第2期。

年教育部等五部门印发《教师教育振兴行动计划（2018—2022年）》的通知，为乡村学校培养“下得去、留得住、教得好、有发展”的合格教师。2020年9月，教育部、中组部、中编办、国家发展改革委、财政部和人力资源社会保障部等六部门印发《关于加强新时代乡村教师队伍建设的意见》，从政策层面不断强化对乡村教师的专业支持，直接推动了从部属高校到地方院校乡村定向师范生的培养方案的实施，推动了各地对乡村教师职称评聘、工资住房、评奖评优等倾斜政策的出台，为乡村学校培养“下得去、留得住”的教师奠定了基础，为乡村教师数量提升提供了保障。

但是，乡村儿童就此真的能够享受到“公平而有质量”的教育了吗？乡村教师如何才能做到“教得好、走得远”？乡村教师面对较高比例的留守儿童、特殊家庭儿童等缺乏家庭教育的儿童，家校合作也困难重重，所以当乡村教师队伍建设满足量的需求之后，对乡村教师提出了更全面的育人素养要求，对乡村教师教育提出了更高的质量要求。职前培养课程设置是教师教育的核心，也是优秀乡村教师养成的关键。

乡村教师培养有别于普通教师培养，是一项整合基础教育和地方高等师范院校教师教育改革，与未来教师队伍培养和乡村师资队伍的更新与建设融为一体，同时也是集师德培养、教师专业化素质养成、师范生实践教学技能提高于一身的综合性工程[①]。乡村教师的特殊性决定其培养必须按照新的培养方案来进行。近年来，各培养高校在乡村教师的培养方案上不断研究和改进，但成效并不明显。乡村教师相比城市教师，最大的区别也就是乡土这个特殊的工作场域。1. “乡村儿童”，随着近几年城市化运动，城市吸收了大量的乡村劳动力，乡村学校留守儿童的比例一直居高不下。2013年，我国父母一方或同时外出的乡村留守儿童6102.55万人，占乡村儿童的37.7%，占全国儿童的21.88%；2016年，民政部等部门公布的父母皆外出的乡村留守儿童902万人[②]。2018年全国共有农村留守儿童697万人。2021年2月23日，国新办举办民政事业改革发展情况发布会指出：截至“十三五”末，全国共有农村留守儿童643.6万名。如此

---

① 陈家念、沈星灿：《浅淡免费师范生教学实践能力的培养》，《科技信息》2012年第14期。

② 民政部：《从6102万到902万　求解留守儿童数据锐减之谜》，[2016-11-21]. https：//www.mca.gov.cn/arzic/e/gk/jd/shsw/201611/20161115002462.shtml。

众多的留守儿童在家庭关爱缺失中成长，这其中的教育难题需要乡村教师付出更多的情感、时间、智慧。2. “乡村生活”，乡村经济发展缓慢，学校基础设施建设滞后，如校舍教学用房简陋、学校运动器材单一、教学仪器设施缺乏等，此外，乡村的交通不发达，出行不便，没有城市丰富多彩的文化生活，如何利用好适于阅读思考的恬淡、宁静的乡村生活空间是值得探索的课题。3. “乡村文化”，乡土地域文化是世世代代的乡村人扎根乡土，长期积淀形成的，与城市不同，它承载着乡土自然、乡土历史，这是一个“熟悉”的社会，没有陌生人。正因为乡村教师从业将面对特殊的生源、艰苦的工作环境以及源远流长的乡土文化，我们在对他们进行培养时应该回归乡土，使他们进入乡村校园任教时不至于不知所措。这其实对乡村教师、乡村教师培养提出了更高的素质要求，由原来的“合格”走向“卓越”。

如何面向乡村量身定制卓越教师职前培养课程？自 20 世纪 90 年代末，我国原有的三级师范教育体系向两级师范体系过渡，原先向农村教育延伸最深入、辐射最广泛、与农村联系最密切的中等师范教育，在短短几年内迅速淡出农村教师培养制度体系，形成开放型教师教育体系。师范院校布局由县城、地市为主，向省会等中心城市集中，对农村教育来说，无疑是一种疏离①。尽管我们未对乡村教师的课程设置上做任何模式的定向，实际上，现行教育体制本身就其培养人才的动机而论，就是有着一种明确然而又不明言的以城市为目的的导向，在乡村教师的课程设置上也罕见为现有乡土文化理解或融入准备的课程。

在对部分农村中小学校长、管理人员和教师的问卷调查中，69.1%的农村教师认为地方高师教育课程体系缺乏乡村教师和乡村文化内容，58.2%的教师认为教育学教材以城市学生为取向，缺乏农村特色。对 180 名农村新任教师的访谈研究发现，67.7%的教师认为地方高校教育类课程对农村教学没有帮助②。他们在职前培养中未能充分理解乡土，进而迈入乡村工作后无法成为真正的“乡里人”，日渐成为乡村工作、城市生活的“边缘人”。袁振国就教师培训提出“教师教育要走量身定制的道路”，值

① 阮成武、李子华：《新中国农村教师培养制度：历史、现状与未来》，《高等教育研究》2009 年第 10 期。

② 赵萍：《我国农村中小学教师培养机构与培养过程研究》，《教师教育研究》2015 年第 1 期。

得我们借鉴。在城市和乡村两个差别甚大的场域下，乡村教师职前培养也要走“量身定制”的模式，在课程设置上体现乡村真正的需要、渗透乡土文化等，对乡村教师进行有针对性的职前教育，打破乡村教师培养与城市教师培养一体化、同质化的现状，让乡村教师除了承担教育教学工作，还能够和他的学生一起扮演乡土文化传承人的角色。那么如何“为了乡村学生”“基于乡村环境”“振兴乡村教育”培养“卓越”乡村教师？

乡村振兴背景下，乡村需要更优秀的教师，如何帮助乡村教师改变在乡村学校的处境，获得专业支持、建立自己的专业认同，从“合格”走向“卓越”？且快速城镇化背景下，有很多乡村教师在针对乡村教育独到的发展改革方面缺乏能力，他们在教育教学实践过程中往往缺乏乡村学生的发展经验和乡土社会独特的教育资源，导致教育质量提升陷入困境等，需要重新审视乡村教师的成长过程，寻找解决问题的路径。目前师范院校大多承担了乡村教师定向培养任务，如何培养信守乡村志向、融入乡村生活、造福乡村学生的卓越性、专业化的乡村教师队伍？怎样建构切合农村教育实际的乡村卓越教师教育体系？如何促进乡村卓越教师可持续的专业发展？需要我们重新思考教师教育课程规划、实践路径与研修机制。

第三节　乡村卓越教师“四有”品性和“三维”动力

社会学概念上的乡村，是指行政区划乡镇所辖的地域实体，它的外延是以乡（镇）政府所在的圩镇为中心，包括其所管辖所有村庄的地域范围。乡村卓越教师即是在这些地域所在学校工作具有“卓越”品质的教师。

一　乡村卓越教师内涵：立足乡村，追求卓越

一般语境下的“卓越乡村教师”是指乡村优秀教师或教学名师。显然乡村教师不可能都是卓越教师，“卓越”只是其中的少数。这种“卓越”是在乡村教学实践、乡村教育实践中锻炼出来的。胡习之等认为，卓越乡村教师培养语境下“卓越乡村教师”的内涵应为“具有卓越潜质、在乡村任教且认同乡村文化的教师”。卓越乡村教师培养的根本就是培养出在乡村任教且认同乡村，并具有卓越潜质的乡村教育人才，也就是培养

“下得去、留得住、教得好”的优秀乡村教育人才。乡村卓越教师培养应该采取“乡村取向”的宏观战略，从目标定位、培养模式、培养方法等方面努力追寻自己的特色①。

乡村卓越教师必然是在立足乡村地域的情境下追求卓越成就与成长。高涵、周明星等研究者认为，乡村教师首先带有地域性指向，即在乡村从事教育工作的教师，特指县级及以下区域内的学校；另一方面是特质性指向，即乡村卓越教师师范素质的独特内涵体现在乡村性上，是适应乡村政治、经济、文化与社会需求的特质②。其次，对“卓越”概念的理解。美国学者弗德曼（Feldman，1976）基于学生学习和情感需求，认为卓越教师的关键特征包括以下内容：能够激发学生的学习兴趣；讲解内容清晰易懂；通晓所讲授学科知识；精心备课；热爱所从事的学科的教学工作；关爱、尊重学生，并能给予有效的帮助和指导，包容、开放，鼓励学生质疑和讨论。因此研究者认为：乡村卓越教师是指具有乡村情怀、会乡技和懂乡知的县级及以下学校骨干教师、教学名师和卓越师资人才，具有乡村性、卓越性、师范性和多能性特征③。

二　乡村卓越教师素质结构："四有"品性"三维"动力

我们通常将职业素质理解为人们在一定身心条件基础上通过各类教育、职业岗位实践和自我学习实践等途径形成和发展起来的，在职业活动中起重要作用并相对稳定的内在职业心理品质。乡村教师素质无疑是一种职业素质，是从事乡村教师岗位所必需的内在心理品质，是直接影响乡村教师有效完成乡村教育教学活动并取得良好教学效果，从而促进乡村学生身心发展的心理品质的总和。

胡习之等研究者认为，乡村卓越教师培养的关键是“下得去、留得住”。由于乡村教师工作的地点大都在农村乡、镇、行政村、自然村，远离都市，条件艰苦、文化匮乏，待遇也不高，所以乡村教师一直缺员，且队伍一直不稳定。没有对乡村文化的认同，是很难真正做到“下得去、

① 胡习之：《卓越乡村教师培养的路径》，《阜阳师范学院学报》（社会科学版）2017年第4期。

② 高涵、周明星：《乡村卓越中职教师师范素质及其养成机制探析》，《河北师范大学学报》2016年第2期。

③ 高涵、周明星：《乡村卓越中职教师师范素质及其养成机制探析》，《河北师范大学学报》2016年第2期。

留得住”的。乡村教师文化认同，是指对所任教乡村的地域认同、价值认同、风土人情认同等，是在理解基础上的认可与融入，通过改变自我来适应乡村，其根本是一种情感认同。

高涵、周明星等研究者根据师范素质结构类型特点及高等师范教育培养特征，指出乡村卓越教师素质结构内容具体包括以下六种素质①：一是扎根乡村的角色意识；二是领悟乡村的思辨能力；三是适宜乡村的教育手段；四是感知乡村的表达方式；五是融通乡村的变流风格；六是契合乡村的教学艺术。主要是面向中职学生，且关注的重点是乡村教师的能力结构。

根据当前乡村教育发展需求状况，我们提出了乡村卓越教师核心素养，既要具备“四有”好教师的品性，又应该具备“三维”动力。

2014 年习近平总书记用“四有”定义了“好教师”标准。2015 年国务院《乡村教师支持计划》对乡村教师提出了“下得去、留得住、教得好”要求。Y 校坚持教师教育特色，面向老区和边疆乡村服务，基于研究引领和实践探索，构建面向乡村的卓越教师教育课程、实践、研修模式。“四有”即指习近平总书记提出的“有理想信念、有道德情操、有扎实知识、有仁爱之心”，这是所有教师须有的基本品性，乡村教师至少还应该具备“融入乡土社会的内趋力、立足乡村学校的发展力、关爱乡村学生的行动力”，这是乡村卓越教师的特质。

围绕乡村卓越教师基本品性和特质，我们构建了乡村教师教育课程、实践、研修模式，开发人文关怀、文化浸润、能力生成系列课程。以乡村教育实证调研为依据，借鉴国外乡村教育理论，以人文关怀、文化浸润、能力生成为主线，开发了蕴育乡村教师职业情怀、融入地域与学校精神文化、关注乡村儿童探究经验等凸显乡村教育特殊性的系列课程。

探索出以“大学—政府—乡村学校”为共同体实践路径，学校与省内外高校、地方政府、乡村学校组建共同体，通过新疆支教、苏北顶岗等路径，在全实践育人环境中提高乡村教师实践素养，形成“引领、助力、提升”研修机制。以 S 省高校哲学社会科学重点研究基地——S 省农村教育发展研究中心为平台，开展乡村教师课题研究，引领乡村教师研修意识；以继续教育学院为依托，提供研修指导服务，助力乡村教师发展和研

① 高涵、周明星：《乡村卓越中职教师师范素质及其养成机制探析》，《河北师范大学学报》2016 年第 2 期。

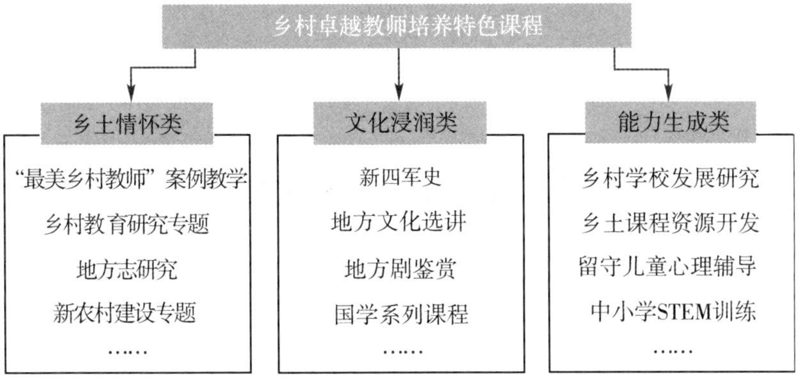

修实践；以国培计划与名师工作坊为载体，推进研修伙伴协作，提升乡村教师研修能力。

本研究基于"卓越教师计划"，研究如何整体优化培养面向乡村"卓越教师"的课程体系。依据乡村卓越教师特质及其专业成长特殊性，对教师培养课程尤其是承担乡村教师定向培养任务的师范院校教师教育课程目标、内容、实施、评价方式以及相关课程环境建设、资源开发进行观察、分析与优化。其中乡村教师专业素养教育同人格品质培养是整合起来、同步进行的。

第一章

乡村教师教育课程研究基础

第一节　乡村卓越教师培养路径本土调研

国务院“乡村教师支持计划”颁布之后，关于乡村教师的研究逐渐成为热点。纵观这些研究文章，内容大多涉及乡村教师的生存现状、专业发展、在职培训、人员流失、队伍建设、文化困境等，而关于乡村卓越教师的培养及成长类的文章则并不多见，这为本课题的乡村卓越教师研究提供了广阔的空间。

一　乡村教师文献计量分析

以“乡村教师”作为研究主题的文章则高达7892篇，最早的是王怡柯先生1933年发表在《教育与职业》上的《乡村教师救国论》。1984年前每年仅有零星的几篇，自1985年之后以“乡村教师”为主题的研究文章每年都有数十篇，2000年以“乡村教师”为主题的文章达到27篇，2001年为16篇。从图中可以看出，从2008年起以“乡村教师”为主题的研究文章数量呈现逐渐上升的趋势，2010年之后以“乡村教师”为主题的研究论文每年都达到百篇以上，且呈现逐年上升的趋势。到了2015年之后关于乡村教师的研究文章突然出现爆发式增长，2014年以“乡村教师”为主题的研究文章为213篇，2015年则达到592篇，2016年高达834篇。2019—2021年，每年发文数量达到千篇之上，2019年关于“乡村教师”文章数量达到1099篇，这与2018年2月中共中央国务院发布《关于实施乡村振兴战略的意见》的政策密切相关。

通过对7892篇论文的主题进行统计，频次排名的主题主要集中在“乡村教育”“乡村教师队伍”“乡村学校”“教师专业发展”“乡村小学

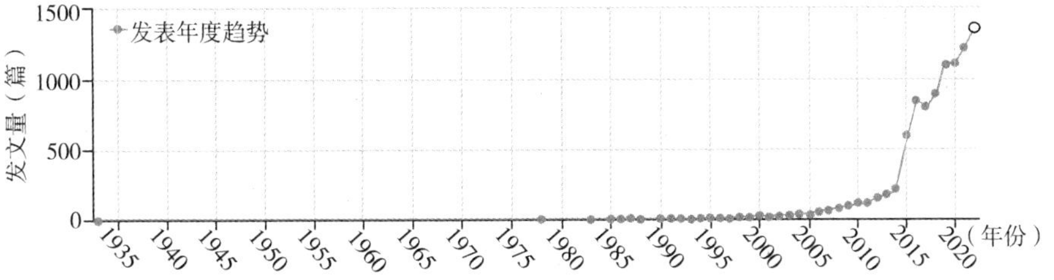

图 1　以“乡村教师”为主题的研究论文发表年度趋势图

教师”“乡村教师支持计划”“专业发展”“乡村振兴”及“教师培训”，这些主题显示着当前研究的范围。

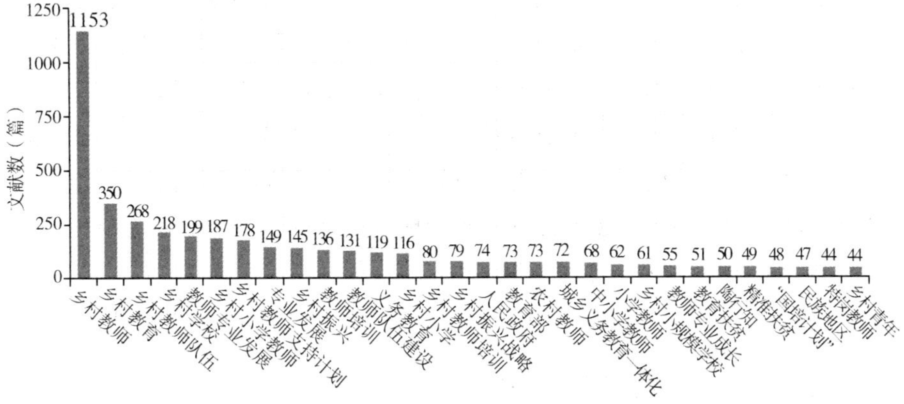

图 2　论文主题词统计图

通过中国学术期刊网全文数据库进行检索，以“乡村+”且“卓越教师”为篇名，以期刊为文献来源，可以发现自 1984 年至今，以“乡村卓越教师”为主题的研究文章仅有 61 篇，可见对乡村卓越教师的研究才刚刚起步。其中 2021 年为 17 篇，2020 年为 11 篇，2019 年为 14 篇，2018 年为 6 篇，2017 年为 5 篇，2016 年为 7 篇，2015 年为 1 篇。研究主题集中在乡村卓越教师发展专业化发展路径、培养价值意蕴及素质结构、核心素养培育、“U-G-S”协同育人平台探索与实践、卓越特质及其影响因素、师德培育、协同培养教育实践的实效性研究、培养体系建构与实践、教学能力职前培养、卓越乡村教师特质培养途径及制度保障、培养课程困境及融合策略研究等方面。

二 乡村教师生存现状

林润之等人研究了乡村教师在待遇及制度规约下的生存困境。首先是人事制度规约下乡村教师的生存困境。从人数编制看，虽然城乡教师编制标准是统一的，但乡村地广人稀，存在着教学点多而规模小的“麻雀学校”，乡村学校教师人数及结构就显得严重不足[①]。王丽娟和唐智松通过研究相关乡村教师编制政策发现，在编制政策执行过程中存在着执行过渡性偏差、偏理性偏差和不及性偏差，导致乡村教师屡补屡缺[②]。

林润之还指出教育行政化管理方式在一定程度上导致乡村教师专业自主权缺失。行政性的指令使得教师花费较多精力和时间去应付形式多样的检查、评估、验收，乃至乡村扶贫工作等，教学有被迫流于“副业”的风险，分散着学校教师的精力，干扰着学校正常的教学秩序。另外，乡村教师的生活待遇偏低。虽然乡村教师支持计划中要提高乡村教师的生活待遇，但在具体的实施过程中乡村教师生活补贴会出现配套困难，执行尺度不一或落实不到位的情况。再者，乡村教师职级待遇也得不到落实。乡村中小学教师晋升中、高级职称分配的指标比市县城区学校要低30%[③]。最后，乡村教师的培训缺乏针对性。目前的教师专业培训没有城乡差异，无法照顾到不同学校、不同教师的专业发展需要，专业培训效果较差。

三 乡村卓越教师培养路径

20世纪90年代，我国传统的“师范教育”开始在观念、内容、形式以及体制机制等方面进行全面转型，走向符合国际教师教育发展趋势的“教师教育”。乡村卓越教师的相关研究多是介绍地方师范院校乡村卓越教师培养模式或机制的探索与实践，说明面向乡村的卓越教师培养行动研究已经开始。

乡村卓越教师培养路径的探明必须建立在对“卓越教师”内涵深刻而清楚的认识上。我们需要从乡村教师必备素养的角度出发来理解其内涵，学者们从不同的角度解读了乡村卓越教师所必备的核心素养，苏鹏举

---

① 林润之：《边远乡村教师的生存困境及其突破》，《贺州学院学报》2017年第1期。

② 王丽娟、唐智松：《乡村教师缘何屡补屡缺——基于编制政策执行偏差的分析》，《中国教育学刊》2021年第11期。

③ 林润之：《边远乡村教师的生存困境及其突破》，《贺州学院学报》2017年第1期。

等认为“乡村教育情怀、乡土文化自觉、家校有效沟通”是新时代乡村卓越教师必备的核心素养①，并提出从课程体系、培养机制和实践反思智慧等全方位的培养途径；王建平从“知识结构、能力素质、师德情怀、智慧策略、人格气质、专业精神及责任意识”等多角度来解读乡村卓越教师的素质内涵，并认为乡村卓越教师是职前教育、职后教育以及制度激励立体化建设的结果②；张嫚嫚等从理想信念、知识涵养和能力素养解读了乡村卓越教师必备素养③。

学者研究认为乡村卓越教师培养首先要有准确的目标定位，即培养德、智、体、美全面发展，学科基本理论、基本知识、基本技能要系统扎实掌握，具有较强的学习能力、实践能力和创新精神，适应基础教育发展需要，能胜任乡村学校教学，具备卓越潜质的乡村教师④。另外，乡村卓越教师应注重加强乡村认同培养。可以在专业课程中通过教学实施过程中添加的“乡土元素”慢慢渗透对乡村认同培养，把乡村文化融入培养过程，培养其乡村情怀；也可以开展专题活动渲染强化“乡村氛围”，让学生适应乡村生活，以乡村教育为业⑤。姜丽娟和刘义兵认为乡村教师专业发展内生动力的生成是内外因素共同作用的结果，内部因素包括专业情怀、专业实践、专业能力和职业幸福感；外部因素包括文化生态、评价机制、保障机制和城乡教师学习共同体⑥。

关于培养途径的探索，其他的学者也从不同的角度提出了建议。例如，刘益春等提出了“U-G-S”的合作教师教育协同培养模式⑦；关于课程设置，苏鹏举等认为需按照“厚基础”“宽口径”的原则构建文化通识课

① 苏鹏举、王海福：《新时代乡村卓越教师核心素养及其培育》，《教学与管理》2021 年第 36 期。

② 王建平：《乡村卓越教师：素质内涵、培养路径及制度激励》，《湖南第一师范学院学报》2021 年第 5 期。

③ 张嫚嫚、周安：《乡村卓越教师核心素养的培育》，《阜阳职业技术学院学报》2021 年第 3 期。

④ 胡习之：《卓越乡村教师培养的路径》，《阜阳师范学院学报》（社会科学版）2017 年第 4 期。

⑤ 高涵、周明星：《乡村卓越中职教师师范素质及其养成机制探析》，《河北师范大学学报》2016 年第 2 期。

⑥ 姜丽娟、刘义兵：《乡村教师专业发展内生动力的生成及培育》，《教育研究与实验》2021 年第 5 期。

⑦ 刘益春、李广、高夯：《“U-G-S”教师教育模式实践探索——以“教师教育创新东北实验区”建设为例》，《教育研究》2014 年第 8 期。

程、专业模块课程、教育理论课程、实践技能课程和拓展创生课程等五大模块课程，且各个课程模块之间并非是非线条性和单向度状态，而处于不断相互融合、螺旋上升、动态发展态势①；张莉等认为将“卓越教师”课程体系细化，设置能凸显“卓越性”的课程。刘如月提出时间全程化、空间一体化、形式多样化、内容全面化的全程化实践培养模式②。

林一钢、张书宁对21世纪以来我国乡村教师政策文本进行了话语分析，发现政策文本中提倡职前职后一体化的乡村教师素质提升路径③。朱燕菲、吴东照和王运来三位学者运用综合评价视阈从报考动机、学习投入和任教意愿三个观测点考察了定向师范生培养质量的全过程性因素，发现定向师范生具有获得教师资格和较高地位教职的互惠性报考投入动机、实践投入少和努力质量低的浅表性学习投入、任教意愿表现为完成服务期任务的过度契约化特征④。时伟认为卓越乡村教师培养要采取以教学质量为核心实现卓越教学的路径⑤。

第二节　面向卓越教师培养的课程整体优化域外探析

一　卓越教师培养探索

随着人们对教师质量关注度的不断提升，“培养卓越教师”日渐成为各国的普遍共识。英国的“卓越教师计划”、《培养下一代卓越教师》文件，美国的卓越教师专业标准，德国的“卓越教师教育计划”以及澳大利亚的“政府优秀教师计划”皆反映出国际教师教育改革的卓越取向⑥。

王颖华认为美国、英国、澳大利亚三国都具有相对成熟且符合各国国

---

①　苏鹏举、王海福：《乡村卓越全科教师职前教育课程设置研究》，《乐山师范学院学报》2021年第11期。

②　刘如月：《卓越教师全程化实践培养模式的内涵与特征》，《内蒙古师范大学学报》（教育科学版）2017年第6期。

③　林一钢、张书宁：《进入21世纪以来我国乡村教师政策文本的话语分析》，《现代教育管理》2022年第1期。

④　朱燕菲、吴东照、王运来：《综合评价视域下地方乡村定向师范生培养的质量省思》，《中国教育学刊》2021年第12期。

⑤　时伟：《教学卓越：卓越乡村教师培养的路径选择》，《江苏高教》2020年第4期。

⑥　魏宏君、唐保庆：《近十年国际教师教育研究的热点与知识基础分析》，《黑龙江高教研究》2016年第2期。

情的卓越教师专业标准，教师教育专业标准极大地推动了卓越教师的发展[①]。美国在 1952 年设立了“美国国家年度教师”，这些教师是当之无愧的卓越教师，这些卓越教师具有的特质是鲜明的，他们情绪处于积极的状态，善于围绕课堂开展教学创新，始终追求自我实现[②]。另外，美国在 1989 年提出了卓越教师专业标准，这个标准由五个核心命题组成，一为关爱学生，二为精通学科专业知识，三为精湛的教育教学技能，四为较强的课堂教学反思能力，五为善于与其他教师和学生形成教学共同体[③]。付淑琼通过研究得出美国形成了多方协同的卓越教师培养项目质量评价体系，在这个体系里面，高校、州政府、联邦政府，专业质量评选团体各就其位、各司其职相互协调相互监督，为美国培养卓越教师保驾护航[④]。何菊玲、杨洁认为正义原则和专业原则是国际卓越教师培养值得借鉴的成功经验。正义原则包含两个方面，一是培养对象的正义，即培养出具有社会正义感的教师，二是培养过程的公平正义，即卓越教师的培养过程坚持教育公平和正义。专业原则体现在职前选拔、过程培养和实习实践环节中[⑤]。加拿大的卓越教师培养的路径值得我们学习，他们选定“职前教师的选择培养和经验教师发展留任”等师资培养的两个关键主题，并在这两个主题上推行卓越教师计划[⑥]，以此来保障教师专业性，向基础教育提供优质的教学。刘润锌和王洁认为多方面的教学创新能力和积极的学生观是全球卓越教师的共同特质[⑦]。加拿大卓越教师教育计划的核心为制定教学质量标准和评估教师行为及能力[⑧]。德国“卓越教师教育计划”为我国

① 王颖华：《卓越教师专业标准的国际比较及其启示》，《西北师大学报》（社会科学版）2014 年第 4 期。

② 龚兵、王丛丛：《卓越教师之谜——聚焦“美国国家年度教师”》，《中国教育学刊》2015 年第 4 期。

③ NBPTS. The Five Core Propositions：http：//www. nbpts. org/standards－five－core－propositions/.

④ 付淑琼：《多方协同：美国“卓越教师培养项目”的质量评价机制》，《教育研究》2016 年第 4 期。

⑤ 何菊玲、杨洁：《他山之石：国际卓越教师培养之成功经验》，《陕西师范大学学报》（哲学社会科学版）2018 年第 1 期。

⑥ 谢晓宇：《加拿大卓越教师培养计划：目标与路径》，《全球教育展望》，2016，10：114-120。

⑦ 刘润锌、王洁：《全球卓越教师有何特质——透视“全球教师奖”获奖者的秘密》，《上海教育科研》2021 年第 11 期。

⑧ 谢晓宇：《优质教学：加拿大卓越教师教育计划的核心》，《外国教育研究》2015 年第 8 期。

卓越教师培养计划的落实提供了重要启示，他们采取全视角考查取证的方法对各大学的推进项目提案进行综合评定，从而为改革措施的落实提供保障和支持①。

二　乡村卓越教师培养解析

美国推行“自我生长”战略（Monk D. H.，2007），促进各高校“为乡村教师培养提供有针对性的方案”，在课程设置上融入了乡土理论知识，如弗吉尼亚州家乡教师培训课程中加入了乡村文化、乡村社会、乡村环境等与乡村教学相关的课程。进入 21 世纪，美国教育政策制定者提出了“让每一位教师都卓越”的政策②。另外，美国的大学在教师教育课程上有其自身的独特性，例如，密歇根州立大学教师教育课程以学习中心取向、专业发展取向、多元文化取向为鲜明特征，教学专业核心课程满足学习者多样化学习需求，教育实习课程以实践反思和角色建构为主体，凸显出对高质量课程建设的追求③。澳大利亚实施了“乡村与偏远地区教师教育课程更新项目”，以促进职前教师的乡村知识学习为目的，研究设计了带有鲜明乡村元素的教学模块④。

三　面向卓越教师培养的课程整体优化启示

何菊玲、杨洁在总结芬兰卓越教师课程设置时认为芬兰的卓越教师教育课程非常重视理论知识的学习，设置教育哲学、教育社会学、教育心理学等课程，并将课程学习的深度和知识掌握的方法作为深植学生理论素养的途径，在此基础上强调理论和实践的融合⑤。美国“麦考利夫卓越教师教育项目”教师教育实践课程以学习者为目标、在内容设置上以理论与实践相渗透为特点、课程实施机制以协同创新及基于实践反思的课程评价

---

① 于喆、曲铁华：《德国“卓越教师教育计划”推进项目发展与评价研究》，《东北师大学报》（哲学社会科学版）2020 年第 1 期。

② 陈法宝、曾杭丽：《让每一位教师都卓越——美国卓越教师计划的政策引领》，《现代教育管理》2019 年第 9 期。

③ 赵英、文丽娟：《美国卓越教师教育课程特征研究——基于密歇根州立大学教师教育课程案例分析》，《比较教育研究》2020 年第 1 期。

④ 车丽娜：《空间嵌入视野下乡村教师社会生活的变迁》，《西北师大学报》（社会科学版）2020 年第 2 期。

⑤ 何菊玲、杨洁：《他山之石：国际卓越教师培养之成功经验》，《陕西师范大学学报》（哲学社会科学版）2018 年第 1 期。

为独特经验①。教师实践能力的培养在德国“卓越教师教育计划”中受到强烈的重视②。

国外教师培养渐趋呈现“卓越取向”，虽未见专门提及“乡村卓越教师”，但是提出了兼具“卓越品质”与“乡土融入”乡村教师培养策略。“卓越取向”的教师教育课程整体优化的重要目标之一是“专业精神”培养。国内“卓越取向”的教师教育课程整体设计与优化已成为研究中的重要领域，部分地方师范院校卓越教师培养路径探索已较为深入，协同发展共同体建设，整合职前、职后培养、培训课程，校内外实践体系的建立已初见成效。在“追求卓越”的教师教育课程改革的视角下，借鉴国外的研究与实践，发现我国的研究存在以下不足：一是教师教育课程职前、职后需要整体设计在理念层面已得到比较多的认同，但是对如何整体设计缺少理论支撑；二是师范院校教师教育课程整体设计与实施行动研究已逐步开展，但是如何体现“卓越性”，仍缺乏建设性、发展性的实证研究；三是乡村教育振兴需要“下得去、留得住、教得好”的乡村卓越教师，但是面向乡村的卓越教师培养课程如何体现“乡村性”，缺乏系统研究，更缺乏实践案例。本研究旨在改变现有教师教育课程缺乏整体规划、“远离乡村”的问题，为形成回归丰富的乡土世界，扎根于鲜活乡村教育现场的乡村卓越教师培养课程体系提供有效对策与实践路径。

① 张书宁、殷玉新：《美国教师教育实践课程建设的经验研究——以“麦考利夫卓越教师教育项目”为例》，《教师教育论坛》2021年第3期。

② 逯长春：《德国教师教育政策新动向——“卓越教师教育计划”：推行与展望》，《教师教育研究》2013年第4期。

第二章

乡村教师职前职后培养现状考察

第一节　乡村教师职前培养现状调查

本研究参照2021年4月教育部发布的《小学教育专业师范生教师职业能力标准（试行）》（简称《标准》），主要了解S省Y校小学教育专业乡村定向师范生的培养质量情况，即乡村定向师范生的职业能力水平。《标准》把小学教育专业师范生的职业能力划为师德实践能力、教学实践能力、综合育人能力与自主发展能力，如表2-1表示。研究小组自行编制调查问卷，对在读乡村定向师范生开展调查以掌握其职业能力水平。另外，通过访谈师范生及其实习学校指导教师，以分析乡村定向师范生职业能力培养所存在的问题及成因。

表2-1　《小学教育专业师范生教师职业能力标准（试行）》职业能力指标体系

一级指标	二级指标	三级指标
师德实践能力	遵守师德规范	理想信念
		立德树人
		师德标准
	涵养教育情怀	职业认同
		关爱学生
		用心从教
		自身修养

续表

一级指标	二级指标	三级指标
教学实践能力	掌握专业知识	教育基础
		学科素养
		信息素养
		知识整合
	学会教学设计	熟悉课标
		掌握技能
		分析学情
		设计案例
	实施课程教学	创设情境
		教学组织
		学习指导
		教学评价
综合育人能力	开展班级指导	育人意识
		班级管理
		心理辅导
		家校沟通
	实施课程育人	育人理念
		育人实践
	组织活动育人	课外活动
		主题教育
自主发展能力	注重专业成长	发展规划
		反思改进
		学会研究
	主动交流合作	沟通技能
		共同学习

一　乡村定向师范生教学能力现状调查研究设计

研究以 Y 校为例，对该校乡村定向师范生的教师职业能力开展现状调查研究。

（一）调查对象

Y 校是 S 省教育厅指定的、委托高等院校培养乡村定向师范生的 7 所院校之一，前身是 Y 师范专科学校和 Y 教育学院，其小学教育专业是 Y 校颇具特色的专业之一。Y 校小学教育专业面向国家、地区基础教育改革发展和教师队伍建设重大战略需求，以培养“重品德、重素质，强基础、强实践，具有‘四有’教师品质、卓越教师素质、未来教师气质的优秀教师”为目标。Y 校小学教育专业还拥有一支专业化的师资队伍，高级职称教师占 89.1%，博士研究生占 88.7%。本研究通过调查发现，Y 校小学教育专业乡村定向师范生的教学实习集中安排在大四学年上学期，大一、大二和大三年级学生未进行系统的教学实习培训。在理论课程和教学见习的安排上，不同年级的小学教育专业乡村定向师范生参与的课程次数与种类也有所不同。为了保证调查对象参与专业理论课程、教学见习和教学实习的一致性，使得调查问卷的数据不失真实性和准确性，此次调查选取了 Y 校小学教育专业乡村定向师范生（大四在读）为研究对象，学生样本量为 147。本研究首先对 Y 校大四年级小学教育专业乡村定向师范生的个人基本情况做了系统的调查。

1. 关于调查对象的性别分布情况

由表 2-2 可知，Y 校小学教育专业乡村定向师范生在此次调查的性别分布情况。其中，男生为 33 人，占总人数的 22.45%；女生共 114 人，占总人数的 77.55%，女生显著多于男生。通常情况下，师范专业的女生人数是男生人数的多倍。Y 校教育科学学院作为专门培养幼师和中小学教师的基地，该比例与现实情况吻合。

表 2-2 样本性别构成情况

变量	选项	人数	百分比（%）
性别	男	33	22.45
	女	114	77.55

2. 关于调查对象的户籍分布情况

本研究调查 Y 校小学教育专业乡村定向师范生的户籍情况，想要了解 Y 校主要为 S 省哪些市定向培养乡村教师，促进这些乡村的基础教育质量的提升。

表 2-3 反映了参加此次调查的 Y 校小学教育专业乡村定向师范生的户籍城镇分布情况。已有的数据显示了调查对象的户籍分布区域占总人数的比例，城镇地区占据总人数的 28.57%，农村地区占 71.43%。因此，来自农村地区的乡村定向师范生较多。

表 2-3　样本城镇户籍分布情况

变量	选项	人数	百分比（%）
户籍所在地	城镇	42	28.57
	农村	105	71.43

（二）调查方法

1. 问卷调查

一是问卷编制工作。为了深刻地了解 Y 校小学教育专业乡村定向师范生的教学能力现状，本研究参考《中小学教师专业标准（试行）》和已有的相关文献，编制《乡村定向师范生职业能力自评表》，从师德实践能力、教学实践能力、综合育人能力、自主发展能力四个维度来设计具体问题。具体题项见表 2-4。

表 2-4　《乡村定向师范生职业能力自评表》维度及题项分布

一级指标	二级指标	题项
师德实践能力	遵守师德规范	1—8
	涵养教育情怀	8—15
教学实践能力	掌握专业知识	16—18
	学会教学设计	19—25
	实施课程教学	26—30
综合育人能力	开展班级指导	31—33
	实施课程育人	34—38
	组织活动育人	39—42
自主发展能力	注重专业成长	43—46
	主动交流合作	47—50

所有题目都是单项选择题，均以低分表示能力差，高分表示能力强。问卷评分采用李克特五点量表计分的形式，从 1—5 级，依次表示非常不

符合、不符合、一般、符合和非常符合。

二是调查问卷的发放与回收情况。本研究采用网络问卷形式进行调研，共计回收问卷150份，其中有效问卷147份，回收率为98%。

三是调查问卷的信效度。由于《乡村定向师范生职业能力自评表》是本研究自我编制的量表类问卷，因此，本研究做了信效度的检测。信度是鉴定测量结果的一致性和稳定性。通常情况下，信度系数高于0.7，反映数据具有显著的一致性关系，代表着测验结果具有较高的信度。经SPSS 22.0统计分析，《乡村定向师范生职业能力自评表》总信度及各维度信度见表2-5。

表2-5　《乡村定向师范生职业能力自评表》信度检验表

问卷维度	Cronbach's Alpha	项目个数
师德实践能力	0.987	15
教学实践能力	0.956	15
综合育人能力	0.905	12
自主发展能力	0.957	8
总信度	0.978	50

由表2-5可以看出，总信度值为0.978，各个维度的信度在0.905—0.987，检验结果表明，此问卷具有良好的信度。

表2-6　《乡村定向师范生职业能力自评表》效度检验表

KMO值		0.954
Bartlett球形度检验	巴特球形值	3251.206
	df	231.000
	P值	0.000

效度检验测量结果在多大程度上反映出所考察内容的真实性，效度高代表着测量结果与现实吻合。通常情况下，通过Bartlett检验，得出KMO值，分析调查问卷的效度。KMO值在0.7以上，表示调查问卷效度较高，适合做因子分析。关于《乡村定向师范生职业能力自评表》效度的详细结果，由表2-6可知，KMO值为0.954，表明该问卷具有很好的效度。

2. 访谈

本研究所使用的访谈提纲的维度与调查问卷的维度保持一致，为了深入地分析 Y 校小学教育专业乡村定向师范生教学能力存在的不足之处，探析 Y 校培养乡村定向师范生的真实情况。访谈提纲包括两部分：第一部分为乡村定向师范生访谈提纲，设置了 4 个开放性问题。第二部分为教师访谈提纲，设置了 2 个开放性问题。访谈的 10 名乡村定向师范生和 4 名指导教师基本信息如下表 2-7 和表 2-8 所示。

表 2-7　访谈学生基本信息情况

姓氏大写英文字母	性别	年级	专业/方向
C	女	大四	小学语文
T	男	大四	小学数学
Z1	女	大四	小学数学
X	女	大四	小学语文
L	女	大四	小学数学
F	女	大四	小学数学
J	女	大四	小学语文
Z2	女	大四	小学语文
Z3	男	大四	小学数学
D	男	大四	小学数学

表 2-8　访谈教师基本信息情况

姓氏大写英文字母	性别	年龄	任教学科
G	女	53	小学语文
B	女	42	小学语文
W	男	45	小学数学
Y	男	30	小学数学

二　乡村定向师范生教学能力现状调查结果分析

（一）小学教育专业乡村定向师范生师德实践能力现状调查

本研究围绕乡村教师师德实践能力包含的遵守师德规范和涵养教育情

怀两个维度展开调查，通过问卷、访谈等形式，得出相关的数据，并针对数据进行描述性分析，结果如下：

1. 乡村定向师范生的遵守师德规范情况

本研究针对 Y 校大四年级小学教育专业乡村定向师范生遵守师德规范的数据信息进行了描述性统计，具体情况见表 2-9。

表 2-9 乡村定向师范生的学情分析能力情况

评价指标	评价结果百分比（%）				
	非常不符合	不符合	一般	符合	非常符合
作为教师，我有远大的职业理想和抱负	0	0.14	13.79	33.56	50.51
我在未来的教学中能够践行社会主义核心价值观	0	0.28	12.20	27.21	57.14
在教育压力日益剧增的今天，我还能够树立践行师德行为的信心	0	3.40	13.61	29.25	53.74
我能在功利主义、个人主义等诱惑面前仍坚守师德规范	0	0.14	13.79	33.56	50.51
在教育实习、见习的过程中，我能把师德教育的理论付诸实践	0	0.14	12.20	27.21	60.54

由表 2-9 可知，超过一半的被调查乡村定向师范生和近三成的被调查者表示自己非常充分地和比较好地践行了师德，能在功利主义、个人主义等诱惑面前仍坚守师德底线；在教育类课程实践的过程中，能根据师德教育的理论践行师德行为；在教育实习、见习的过程中，能把师德教育的理论付诸实践。12.20%至 13.79%的乡村定向师范生表示自己基本符合遵守师德规范的评价指标。只有个别的乡村定向师范生表示自己不能较好地践行师德。

2. 乡村定向师范生的涵养教育情怀情况

关于乡村定向师范生的课堂教学目标设计能力，本研究结合问卷数据和学生案例进行分析，如下所示：

表 2-10　　乡村定向师范生的涵养教育情怀情况

评价指标	评价结果百分比（%）				
	非常不符合	不符合	一般	符合	非常符合
我愿意坚守乡村教育岗位	3.40	2.02	34.01	42.17	20.42
我愿意为乡村教育事业奉献我毕生的精力	3.40	4.09	39.46	40.81	12.24
我能积极承担教学任务，并对教学的每个环节都认真负责	0	2.02	16.39	38.74	42.85
跟学生在一起时，我感到自己充满了活力	1.36	5.44	13.61	29.65	46.94
除了教会学生基础知识，我还承担着传承乡土文化的重任	0	1.36	5.44	63.55	29.65
我会努力提升自己以便更好地为乡村教育事业服务	2.02	4.09	18.41	36.03	39.45

表 2-10 的数据显示，超过六成的被调查师范生愿意坚守乡村教育岗位，且愿意为乡村教育事业奉献毕生精力，另有 34.01%的师范生对坚守乡村教育岗位不置可否，39.46%的师范生表示不确定是否会将乡村教育事业作为毕生的事业。结果显示超过八成的被调查者（非常符合 42.85%，符合 38.74%）表示自己能积极承担教学任务，并对教学的每个环节都认真负责。近八成的被调查者（非常符合 46.94%，符合 29.65%）表示自己跟学生在一起时感到充满活力。超过九成的被调查者（非常符合 29.65%，符合 63.55%）认为自己除了教会学生基础知识，还承担着传承乡土文化的重任。超过七成的被调查者（非常符合 39.45%，符合 36.03%）表示会努力提升自己以便更好地为乡村教育事业服务，18.41%表示不确定，6.11%认为自己达不到此项指标的要求。整体来看，大部乡村定向师范生认为自己具有一定的教育情怀，能够认识到乡村教师的职责，但部分乡村定向师范生在投身乡村教育事业并为其努力终身的决心方面还不够坚定。

（二）小学教育专业乡村定向师范生教学实践能力现状调查

针对 Y 校小学教育专业乡村定向师范生的教学实践能力现状调查主要围绕掌握专业知识、学会教学设计和实施课程教学这三个维度展开调查，调查的具体内容包括教育基础、学科素养、信息素养、知识整合、熟悉课标、掌握技能、分析学情、设计案例、创设情境、组织教学、学习指导和教学评价。

1. 乡村定向师范生的专业知识掌握情况

被调查的 147 名小学教育专业定向师范生在临近毕业时进行统计的数据信息显示，121 人已获得 1 个或以上的教师资格证书，占比 82.31%，还有 26 人中 19 人已经通过教师资格考试，但还未获得证书编码，仅 7 人未获取教师资格。仅 1 人未获得普通话等级证书，147 人均通过国家级计算机等级考试。从被调查师范生教师资格通过率可知，其已具备一定的教育基础、学科素养、信息素养和知识整合能力。

2. 乡村定向师范生的教学设计能力情况

本研究选取了两名乡村定向师范生的具体教学目标设计进行分析，见图 2-1 和图 2-2。

认识平行四边形

教学目标：

1. 学生能够理解什么是平行四边形，平行四边形的特征，掌握平行四边形的高的画法以及底高对应关系。
2. 通过观察，测量，学生能够认识平行四边形，发现平行四边形的特征。能够在学习三角形的高后，通过迁移，与平行四边形的高相关联，掌握平行四边形的高。
3. 使学生参与到课堂，增加学生成功的体验，提高学生对数学的学习兴趣。

教学重难点：

重点：平行四边形的特征，画平行四边形的高。

难点：平行四边形高，底和高的对应关系。

图 2-1　小学数学方向乡村定向师范生 Z 的课堂教学目标设计

《刷子李》教学设计

[教学目标]

一、知识与能力

1. 认识 6 个生字。读读记记“师傅、刷浆、包袱、透亮、清爽、搜索、威严、露馅、发怔、发傻、半信半疑”等词语。
2. 了解一位普通的手艺人高超的技艺。
3. 继续领悟并学习作者刻画人物的方法。

二、过程与方法

有感情地朗读课文。

三、情感态度价值观

感受对具有超凡技艺的“奇人”由衷的赞叹和肯定。

[教学重点]

感受人物形象，体会作者抓住细节描写人物的方法。

[教学难点]

领悟并学习作者刻画人物形象的方法。

图 2-2　小学语文方向乡村定向师范生 W 的课堂教学目标设计

整体来看，Z 同学设计的教学目标基本符合基础教育课程标准的要求，具有可测量性、可操作性和可评价性。三维教学目标层次比较清晰，具有一定的逻辑性，教学重难点把握比较到位。但是，Z 同学的教学目标还是存在着一些问题：第一，课堂教学目标设计的主语不清，不是从学生的角度来设计具体目标。第二，具体教学目标内容设计泛泛而谈，非常空洞，缺少自己对于学情、教材等方面的见解，也会涉及具体的课堂教学方式运用这些方面。概括来说，Z 同学的教学目标设计比较模板化，对于学生的学习需求、可接受程度、学生的日常经验等因素把握不足。

由图 2-2 可知，小学语文方向乡村定向师范生 W 的课堂教学目标设计优点在于：第一，"认识""读读记记""领悟""朗读""感受"等词体现出 W 同学设计教学目标设计，考虑到学生的学习主体性。不足之处在于：第一，具体教学目标设计没有完全覆盖"知识与技能""过程与方法"和"情感、态度与价值观"三个维度，且各个维度的具体目标杂糅在一起，内在逻辑混乱，未抓住关键。第二，教学目标比较局限于知识与技能方面的目标，局限于课本知识，与乡村学生的实际生活联系不紧密。第三，具体教学目标内容设计不够巧妙、新颖，比较模板化。概括来说，W 同学的教学目标设计考虑到学生的学习需求和可接受程度，在是否依据学科课程标准、教学进度进行设计、总体目标与三维具体目标的区分与联系等方面表现尚佳。

3. 乡村定向师范生的实施课程教学水平情况

表 2-11　　乡村定向师范生的教学应变能力

评价指标	评价结果百分比（%）				
	非常不符合	不符合	一般	符合	非常符合
会灵活运用启发式、探究式和讨论式、参与式等新的教学方式	2.33	5.81	32.56	46.51	12.79

有关乡村定向师范生新的教学方式运用能力，相关数据见表 2-11。依据《小学教师专业标准（试行）》，乡村定向师范生在实施教学过程中，学会灵活运用启发式、探究式和讨论式、参与式等新的教学方式。59.30%的乡村定向师范生表示较好地具备此项能力（其中包括符合 46.51%，非常符合 12.79%），32.56%的乡村定向师范生表示勉强具备这方面的能力，8.14%的乡村定向师范生（其中包括非常不符合 2.33%，不

符合 5.81%）表示自己采用新的教学方式组织教学过程的能力较差。本研究还访谈了一位小学教育专业乡村定向师范生 Y 和一位实习学校教师 L，具体情况如下所示。

访谈 1 访谈对象：小学数学专业乡村定向师范生 Y

问：你认为自己的教学方式运用能力怎么样？

答：我觉得自己这方面的能力还可以，算不错吧。

问：为什么这样说？能不能举一到两个实例？

答：例如，讲授《分数的性质》这一课时，我让小学生选择长方形、圆形等纸片，设计自己喜欢的 1/2，并抛出一个思考问题，启发学生独立思考。之后，我又采用小组合作的方式，鼓励学生之间大胆地交流自己的想法。此外，我设计的这个游戏，鼓励小学生自己动手画一画、剪一剪、比一比，培养小学生动手操作、自主探究等学习方法。

访谈 2 访谈对象：实习学校教师 L

问：你认为乡村定向师范生的教学方式运用能力怎么样？

答：还是可以的，许多学生在实习时的课堂上设计了问题，会启发学生思考。教学过程中，乡村定向师范生也组织了很多有趣的自主探究活动。

由访谈内容可知，乡村定向师范生对于自己的教学方式运用能力比较满意。实际教学过程中，乡村定向师范生也确实采用了丰富的教学方式，注重培养乡村学生的自主探究能力、逻辑思维能力、合作交往能力等。

表 2-12　　乡村定向师范生的教学应变能力

评价指标	评价结果百分比（%）				
	非常不符合	不符合	一般	符合	非常符合
教学设计在课堂中的灵活运用	9.30	32.56	45.35	11.63	1.16
我能够恰当地把控课堂教学的节奏	4.65	15.11	60.47	17.44	2.33
我较好地处理课堂突发事件	6.98	26.74	52.33	12.79	1.16

关于乡村定向师范生的教学应变能力，由表 2-12 可知，45.35%的乡村定向师范生表示勉强具备教学设计在课堂中的灵活运用能力，还有 32.56%的乡村定向师范生表示自己此项能力不合格，9.30%的乡村定向师范生表示非常不符合此项指标。其次，在恰当地把控课堂教学的节奏方

面，19.77%的乡村定向师范生（其中包括符合 17.44%，非常符合 2.33%）表示自己较好地达到此项要求，选择符合率以上的乡村定向师范生人数不及一半。最后，52.33%的乡村定向师范生表示自己处理课堂突发事件能力有所不足，有点符合此项指标的要求。12.79%的乡村定向师范生表示自己具备良好地处理课堂突发事件的能力，1.16%的乡村定向师范生对于自己此项能力非常自信。综合每项评价指标的数据，本研究认为乡村定向师范生的教学应变能力普遍亟待提升。

表 2-13　　乡村定向师范生的学习指导能力

评价指标	评价结果百分比（%）				
	非常不符合	不符合	一般	符合	非常符合
我能够因材施教	3.49	5.81	32.56	47.67	10.47
我具备良好的课外指导能力	8.14	9.30	48.84	31.4	2.33
我布置作业的形式非常多样	2.33	16.82	62.74	13.95	4.65
我的作业布置要求明确	3.49	11.63	23.26	52.33	9.29
我客观地评价学生的发展	2.33	5.81	32.56	46.51	12.79
我从不以学业成绩作为评价学生的唯一标准	13.95	2.33	16.28	34.88	32.59

有关乡村定向师范生的学习指导能力情况调查结果见表 2-13。大多数乡村定向师范生表示自己能够做到因材施教，占总人数的 58.14%。把握编制试题的难度能力方面，32.56%的乡村定向师范生表示基本符合此项指标。9.30%的被调查乡村定向师范生表示此项能力水平差。其次，超过三成的被调查者认为自己具备良好的课外指导能力，近五成的乡村定向师范生对此不置可否，另有 17.44%的乡村定向师范生认为自己不具备该能力。大多数乡村定向师范生表示基本做到布置的作业形式多样，占总调查人数比例最大。再次，52.33%的乡村定向师范生表示自己的作业布置要求明确，15.12%的乡村定向师范生表示不具备此项能力。最后，大多数乡村定向师范生表示自己能够客观地评价学生的发展，超过六成的被调查者（32.59%非常符合，34.88%符合）表示自己从不以学业成绩作为评价学生的唯一标准。

表 2-14 呈现了乡村定向师范生日常作业教学评价、期中期末测验教学评价和学生档案袋教学评价的使用情况。由表可知，绝大多数乡村定向

师范生使用日常作业评价法和期中期末测验评价法的能力较强，但是，运用学生成长档案能力有待提高。

表 2-14　　乡村定向师范生教学评价能力

评价指标	评价结果百分比（%）				
	非常不符合	不符合	一般	符合	非常符合
我较好地采用日常作业评价乡村学生	0	2.32	11.63	67.79	23.26
我较好地采用期中、期末测验等方式评价乡村学生	0	0	9.31	65.11	25.58
我较好地运用学生成长档案评价乡村学生	3.49	23.26	51.16	11.63	10.46

（三）小学教育专业乡村定向师范生综合育人能力现状调查

针对 Y 校小学教育专业乡村定向师范生的综合育人能力现状调查，主要围绕开展班级指导、实施课程育人和组织活动育人这三个维度展开调查，调查的具体内容包括育人意识、班级管理、心理辅导、家校沟通、育人理念、育人实践、课外活动与主体教育。

1. 乡村定向师范生的开展班级指导能力情况

表 2-15 给出了 Y 校小学教育专业乡村定向师范生育人意识和班级管理的调查数据结果。几乎所有的被调查者都表示不会采用监视、体罚、讽刺学生的教育方法对待学生。超过六成的被调查者（非常符合 9.29%，符合 52.33%）会参与学生的活动，努力融入学生群体，但也有两成表示不会。近八成的被调查乡村定向师范生认为自己会正确地评估学生的能力，并挑选合适的人来担任合适的班干部职位，16.28%表示不一定，另有 6.28%表示不能做到合理评估学生能力。在被问及是否会了解每位学生的家庭、学习和心理状况时，超过七成被调查者（非常符合 20.97%，符合 52.33%）表示能够做到，8.67%表示不能做。

表 2-15　　乡村定向师范生的育人意识和班级管理情况

评价指标	评价结果百分比（%）				
	非常不符合	不符合	一般	符合	非常符合
我不采用监视、体罚、讽刺学生的教育方法	0	0.68	2.72	14.02	82.59

续表

评价指标	评价结果百分比（%）				
	非常不符合	不符合	一般	符合	非常符合
我会参与学生的活动，融入学生群体中	2. 72	17. 63	23. 26	52. 33	9. 29
我能正确地评估学生能力，并挑选合适的人来担任合适的班干部职位	3. 95	2. 33	16. 28	34. 88	42. 59
我会了解每位学生的家庭情况、学习情况和心理状况	1. 04	7. 63	23. 26	52. 33	20. 97

在心理辅导能力方面，被调查的乡村定向师范生 36. 73%（非常符合 10. 88%，符合 25. 85%）认为自己具有非常好或较好的心理辅导能力。但在访谈过程中，访谈教师普遍认为师范生对学生的心理辅导能力并不强。

访谈 3 访谈对象：Y 校小学教育专业教师 G

问：您如何看待大四年级乡村定向师范生的心理辅导能力？

答：非常薄弱。从培养方案角度来说，虽然学院开设了很多专业课程培养乡村定向师范生的心理辅导，但是，心理辅导的专业性是很强的，对学生的能力要求比较高。有些学生自身还存在一定的心理问题，仅仅通过理论课程学习很难达到一个很好的能力提升效果。

问：乡村定向师范生还有其他途径提高心理辅导能力吗？

答：较少。他们在大四前，都是在高校侧重学习理论知识与基础技能，几乎不接触小学生。大四实习期间，虽然乡村定向师范生分散回原籍中小学校开展实习，但是，实习、见习活动主要是锻炼他们的教学技能，他们做班主任，实际深入了解学生、影响学生机会非常有限。乡村定向师范生通过其他途径提升能力的机会非常不足，在校期间的理论课程学习以及教育实习期间，均未得到充分的锻炼，这些外在因素影响他们心理辅导能力的提高。

表 2-16　乡村定向师范生的家校沟通能力情况

评价指标	评价结果百分比（%）				
	非常不符合	不符合	一般	符合	非常符合
我善于促成学校、家庭、社会教育合力的形成	1. 36	4. 08	34. 10	36. 94	17. 50
我与家长建立良好的联系，能够调动家长教育子女的积极性	3. 40	4. 08	40. 13	38. 10	14. 29

续表

评价指标	评价结果百分比（%）				
	非常不符合	不符合	一般	符合	非常符合
我对每位学生和家长都能一视同仁	0	5.64	23.61	55.78	14.97
我尽力帮助有特殊家庭背景的学生	2.04	4.76	23.82	34.01	35.37

由表2-16可知，在师范生的家校沟通水平方面，超过一半的被调查者（非常符合17.50%，符合36.94%）认为自己善于促成学校、家庭、社会教育合力的形成，但也有34.10%的师范生认为自己该方面能力一般，5.44%认为不具备该能力。在问及是否能与家长建立良好联系并调动家长教育子女积极性方面，结果与第一个问题接近，四成被调查者认为自己该方面能力一般，但也有超过五成被调查者认为自己有着较好或非常强的与家长沟通的能力。在公平对待学生和家长方面，七成被调查者（非常符合14.97%，符合55.78%）认为自己对学生和家长都能一视同仁。接近70%的师范生表示会尽力帮助有特殊家庭背景的学生。

2. 乡村定向师范生的实施课程育人水平情况

表2-17　　乡村定向师范生的实施课程育人水平情况

评价指标	评价结果百分比（%）				
	非常不符合	不符合	一般	符合	非常符合
我能够遵循学生的身心发展特点塑造学生价值观	3.49	5.81	34.88	44.19	11.63
我能够为学生提供符合学生实际的榜样示范	1.45	4.55	38.18	31.08	24.64
我能够充分挖掘学科知识对学生进行价值观理论引导	4.65	15.11	60.47	16.51	3.40
我能够通过课堂或者其他实践活动提高学生的意志品质	23.33	54.07	11.05	7.25	4.30

由表2-17可知，关于乡村定向师范生的实施课程育人能力方面，55.82%乡村定向师范生表示自己能够遵循学生的身心发展特点塑造学生的价值观。超过一半的乡村定向师范生（其中包括符合31.08%，非常符合24.64%）表示自己能够为学生提供符合学生实际的榜样示范，还有

6%的乡村定向师范生表示自己此项要求不合格。

60.47%的被调查师范生对充分挖掘学科知识对学生进行价值观理论引导不置可否，认为自身能力一般，仅 19.91%的被调查者认为自己具备这种能力，另有近两成的被调查者持否定态度。在问及是否能够通过课堂或者其他实践活动提高学生的意志品质时，绝大多数乡村定向师范生（其中包括不符合 54.07%，非常不符合 23.33%）表示自己不具备此项能力。

3. 乡村定向师范生的组织活动育人水平情况

如表 2-18 所示，在开展班主任工作和主题班会活动方面，乡村定向师范生的信心不足。仅约一半的被调查者（非常符合 24.65%，符合 23.95%）表示能够有目的有计划地开展班主任工作，三成的师范生（非常不符合 12.33%，不符合 16.33%）认为自己不能创造性地开展班级主题活动并进行思想品德教育，19.01%表示自己该方面能力一般。

表 2-18　　乡村定向师范生的组织活动育人水平情况

评价指标	评价结果百分比（%）				
	非常不符合	不符合	一般	符合	非常符合
我能够有目的有计划地开展班主任工作	2.33	22.74	16.82	23.95	24.65
我能创造性地开展班级主题活动，进行思想品德教育	12.33	16.33	19.01	20.41	31.97

研究还请接受访谈的师范生 Z2 提供了一份主题班队会活动方案，如图 2-3 所示。

《小学生安全教育》主题班队会活动方案

活动主题：珍惜生命、提高意识、培养习惯、远离伤害。

活动目的：通过本次主题班会，学习和掌握一些安全常识，形成学习、讲安全知识的氛围，增强学生安全意识，逐步提高学生的素质和能力。培养学生自我保护的意识、能力和热爱生命的情感，为他们的健康成长打好基础。

活动的准备：

1. 提前布置主题班会内容，叫同学们收集有关"安全教育"的材料。
2. 《小学生安全教育主题班会》课件。
3. 叫同学们结合校园中及社会上不安全的现象做好发言准备。
4. 有关安全事故的录像。

活动的形式：录像、讲故事、歌谣、课件、歌曲、快板、讨论等。

图 2-3　小学教育专业乡村定向师范生 Z2 的主题班队会活动设计

（四）小学教育专业乡村定向师范生自主发展能力现状调查

针对Y校小学教育专业乡村定向师范生的自主发展能力现状调查主要围绕注重专业成长和主动交流合作这两个维度展开调查，调查的具体内容包括发展规划、反思改进、学会研究、沟通技能和共同学习。

1. 乡村定向师范生的专业成长能力情况

教学反思能力呈现出乡村定向师范生自我反思教学水平的高低，影响着他们自我调整教学过程，改变教学方式，促进自我专业成长等诸多方面。在乡村定向师范生的专业成长能力方面，近七成的被调查学生（非常符合11.63%，符合58.14%）认为自己能够较好地自我评价教学效果，及时调整并改进教学工作。在问及是否经常性写反思日记或教育论文时，58.37%的师范生认为自己在这方面的作为一般，不到20%的被调查者（非常符合2.33%，符合17.20%）认为自己符合这一标准，另有22.10%表示不符合。接近20%的乡村定向师范生会对教育教学工作中的现实需要问题进行探索和研究，但是六成被调查者（一般60.47%）不置可否，另有两成表示不符合自身情况。接近一半的被调查者（非常符合9.34%，符合38.37%）表示自己有提升学历的计划，但也有接近半数的师范生还没有考虑这个问题。从数据结果可知，Y校小学教育专业乡村定向师范生的专业成长意识与能力均有待提高。

表2-19　乡村定向师范生的专业成长能力情况

评价指标	评价结果百分比（%）				
	非常不符合	不符合	一般	符合	非常符合
我较好地自我评价教学效果，及时调整和改进教学工作	1.16	2.33	26.74	58.14	11.63
我课后及时收集相关信息进行反思，经常性地撰写反思日记或论文	10.47	11.63	58.37	17.20	2.33
我针对教育教学工作中的现实需要与问题，进行探索和研究	4.65	15.11	60.47	16.51	3.40
我有提升学历的计划	2.33	2.33	47.67	38.37	9.34

本研究访谈了一名实习学校指导教师L，具体结果如下所示。

访谈4 访谈对象：实习学校教师Y

问：您认为乡村定向师范生的教学反思能力怎么样？

答：不大好。乡村定向师范生对于实际教学中的一些细小的问题，往往是忽略的，没有形成反思的意识，需要教师的指导与帮助。

问：还有哪些不足？

答：乡村定向师范生进行教学反思，大多时候流于形式，他们虽然及时地将问题记录下来，但是课后并没有深刻地思考问题产生的根本原因，形成理性认知。

通过访谈可知，乡村定向师范生自身反思意识有待加强，且自我反思的能力也差，对于乡村教学中的问题比较忽视，反思问题也是停留在简单的分析层面，不寻求问题的深层原因。

最后，本研究选取了一名小学教育专业乡村定向师范生 L 的教学反思日记进行文本分析，见图 2-4。

"以学生为本"的教学理念还只停留在理论阶段，没有深入人心。在教学设计中，能尽量体现"以学生为本"的教学理念。比如，用小棒摆你最喜欢的图案，自己选一个教学问题解决等环节都为学生提供了探究的时间和空向，提供了充分的活动与交流的机会。但是问题是在教学实践中，仍然较多地考虑自己的教学设计，不能及时根据学生的学习情况调整教学思路。对于学生提出可以用乘法求"一共用了多少根小棒"的方法置之不理（当时一是怕中下生听不懂，影响学习情绪，二是怕展开讨论会影响教学时间），致使认识乘法的意义兜了一大圈，浪费了很多时间？其实追求起来还是被旧的教学思想影响，还没有真正实施新的课程标准。回避学生的问题或者敷衍都是不可取的。数学教学是教学活动的教学，是师生之间、学生之间交往互动与共同发展的过程。课堂是生成的，是不能被预设的。况且开放的课堂上什么都有可能发生，学生的创造性言行、质疑等，这些都有可能发生。因此，教学过程的真实推进及最终结果，更多由课的具体进行状态以及教师当时处理问题的方式决定。因此，课堂教学中教师应该根据学生的课堂反馈，及时调整教学结构。

图 2-4　小学数学方向乡村定向师范生 L 教学反思日记

由图 2-4 可知，L 学生的教学反思日记文理通顺，语言比较规范，具有一定的逻辑性。该反思日记的优点在于，L 学生能够抓住课堂中的教学细节，结合教育教学理论知识，反思自己的教学行为的不足之处，提出相应的改进策略。不足之处，L 学生还不能透彻地反思某一教学问题，反思内容比较浅显、空洞。教育教学理论的运用方面，使用普适性教育理论，缺少透彻性、深刻性。其次，反思日记格式不够规范，语言不够精练。最后，L 学生的反思日记内容较少，不够全面，缺少教学任务完成情况、处理课堂突发事件等方面的反思。

2. 乡村定向师范生的交流合作能力情况

表 2-20　　乡村定向师范生的交流合作水平情况

评价指标	评价结果百分比（%）				
	非常不符合	不符合	一般	符合	非常符合
我能够顺利而有效地适应工作环境	5.81	3.20	34.88	48.84	7.27
我清楚自己的长处和短处，对自己有一个客观的评价	3.20	6.80	52.17	18.84	18.99
我善于与任课老师合作，建立优势互补的教师团体	2.33	5.81	29.07	52.33	10.46

在 Y 校小学教育专业乡村定向师范生的交流合作水平方面，表 2-20 的数据显示，56.11%的乡村定向师范生（其中包括符合 48.84%，非常符合 7.27%）表示自己能够顺利而有效地适应工作环境，34.88%的乡村定向师范生表示基本符合此项评级指标，9.01%的乡村定向师范生表示自己此项评级指标不合格。在问及是否清楚自己的长处和短处，对自己有一个客观的评价时，10%的乡村定向师范生表示自己不符合或者非常不符合此项评价指标，近四成的乡村定向师范生表示自己基本形成这方面的能力，而 52.17%乡村定向师范生表示自己该方面能力一般在善于合作，建立优势互补的教师团队方面，62.79%的乡村定向师范生（其中包括符合 52.33%，非常符合 10.46%）表示较好地具备这方面的能力，29.07%的乡村定向师范生表示自己基本符合评价指标，8.14%的乡村定向师范生表示自己不善于建立优势互补的教学团队。

此外，本研究还访谈了一名小学数学方向乡村定向师范生，访谈结果如下所示。

访谈 5 访谈对象：小学数学专业乡村教师定向师范生 F

问：你认为基地学校的见习内容有哪些？

答：只是单纯的听课。

问：您觉得学校选取的见习学校有针对性吗？是乡村学校吗？

答：不是。就是 Y 大学附近的城市学校。

问：见习学校的负责教师会带领你们观察校园，给你们讲解下该小学的教学特色或者给予机会与该校学生、教师交流吗？

答：没有。

由访谈内容可知，教育见习过程中，院校安排的见习学校针对性不足，导致师范生与乡村学校、乡村教师、乡村学生交流不足，难以让其真正地体验到乡村课堂教学的情境。同时，也没有充分地考虑乡村定向师范生教育对象的特殊性，与非定向师范生的教育见习不做区分。

三　乡村定向师范生教师职业能力的主要问题及成因分析

本研究经过对于 Y 校乡村定向师范生问卷调查与对师范生及其教师的访谈后发现，乡村定向师范生的教师职业能力存在着职业认同水平低、教学设计规范及学情分析能力差、班级指导能力欠缺、课程育人能力不足和专业成长能力薄弱的问题。为了深刻地了解乡村定向师范生的教师职业能力存在问题的主要原因，本研究主要从职业能力培养的角度进行探析，围绕 Y 校小学教育专业乡村定向师范生的培养方案设计状况、课程设置与实施现状进行相关的问卷调查和访谈工作，找出其成因。

（一）乡村定向师范生教师职业能力所存在的主要问题

1. 职业认同水平低

从前文的调查结果数据分析来看，乡村定向师范生在从事乡村教师职业意愿水平方面的情况并不好，所计算的均值为 2. 231，该值并未达到 3，在毕业生从事乡村事业的意愿水平上也较低，计算均值为 2. 076，以上数值可以说明在认知维度上 Y 校小学教育专业乡村定向师范生对乡村教师这一职业的认同水平中等偏下。

在从对 Y 校教育科学学院一年级至四年级的乡村定向师范生进行随机访谈的过程中发现，定向师范生普遍对已经确定的职业发展道路没有憧憬、向往之情，缺少职业发展的动力。很多定向师范生表明自己是在一知半解的情况下报考了乡村定向师范生，有些是听从父母的安排填报定向师范生，他们表示自己并不想回乡村从教，如果有可能重新选择，他们会报考普通师范类专业或者其他非师范类专业。对于乡村文化的认知也停留在感性、模糊的层面，且部分师范生有一定的抵触情绪。

2. 班级指导能力欠缺

班级指导与管理能力提升是师范生培养的主要任务之一。乡村教师职前培养中偏重理论知识积累，实践性知识相对缺乏，尤其是关于班级管理的知识技能培养不足。本研究分析发现，Y 校小学教育专业乡村定向师范生在该维度上胜任力明显不足。仅不到一半的被调查者表示能够有目的有计划地开展班主任工作，近三成的师范生认为自己并不能创造性地开展班级主题活动，进行思想品德教育，近 20% 的被调查者表示自己该方面能力一般。可见，在开展班主任工作和主题班会活动方面，乡村定向师范生的信心并不足。通过和 Y 校小学教育专业教师的访谈中了解到，教师们认为定向师范生的班级指导能力较弱，“他们部分人自身的管理能力本身就不强，在实习、见习过程中也没有机会参与到班级管理工作中去，管理实践能力没有得到真正锻炼”，“在去小学实习的时候，注意力更多地放在上课、听课上，班级管理的事务接触并不多”。从被调查乡村定向师范生提交的班会活动方案设计可以看出，其活动方案的设计有比较明显的网络复制的痕迹，缺少原创性与针对性说明其在班队会活动设计方面的能力还有所欠缺。

3. 课程育人能力不足

本研究问卷调查的数据结果显示，被调查乡村定向师范生普遍认为自己挖掘课程中育人资源的能力不强，不能很好地建立学科内容与道德教育的联系。超过六成的被调查师范生认为自己对充分挖掘学科知识、对学生进行价值观理论引导的能力一般，另有近两成的被调查者认为自己不具备该能力，仅不到两成的被调查者认为自己具备该能力。在问及是否能够通过课堂或者其他实践活动提高学生的意志品质时，超过 80% 的被调查乡村定向师范生表示自己不具备通过课内外活动影响学生意志品质的能力。接受访谈的师范生也表示，在其为数不多的教学经历中，师范生往往只关注课程内容本身所包含的知识，而忽视课程内容中蕴含的育人资源，没有做到教书与育人的有机结合。师范生必须提高育人意识，才能在以后的教育教学工作中更好地将自己正确的价值观念传递给学生，以自身高尚的师德感化学生，为课程思政的践行注入活力，进而对学生产生良好的表率作用和育人效果。

4. 专业成长能力薄弱

乡村定向师范生的专业成长能力薄弱反映在其教学反思与研究能力不足以及自主发展意愿不强等方面。教学反思与教育教学研究能力是乡村定向师范生专业成长能力中的弱项。教学反思上，一方面，师范生们自觉进行反思、记录的主动性与积极性不强；另一方面，大多数乡村定向师范生深层次自我反思的能力不高，一些细节性和根本性的问题需要指导教师进行点拨才能发现。例如，指导教师 B 在访谈中指出："乡村定向师范生对于实际教学中的一些细小的问题，往往是忽略的，没有形成反思的意识，需要教师的指导与帮助。这些细小问题恰恰是影响他们教学能力发展的根本所在。"调研中，"在课堂中捕捉学生的反馈信息，及时地反思自己的教学过程"这一选项上，超过一半的乡村教师定向师范生表示自己有点符合评价指标，不大满意这方面的能力。由此可见，乡村定向师范生不太善于从学生的课堂反应、接受效果中进行反思，容易遗忘课堂教学中一些细节问题。但是，课堂教学最直接地反映出乡村定向师范生的教学能力。乡村定向师范生比较忽视从学生的课堂反映、接受效果进行反思，间接反映出他们对于实际教学过程中的一些关键问题未放在心上，教学反思的端正态度有待强化，深入地反思问题的意识与能力需要提升。对应"撰写反思日记或论文"这一题目，选择符合或者非常符合的乡村定向师范生，共计 30 人，不足被调查总人数的 20%。由此可知，多数乡村定向师范生还没有形成课后及时地、经常性地书写教学反思日记的习惯，导致其教学反思零零散散，缺乏系统性和连贯性，影响其深入地反思一些实际教学问题。

教育教学研究能力方面，乡村定向师范生最大的问题也是在于深层次研究能力不足，该指标对应的问卷题目符合率低于五成。尽管被调查乡村定向师范生大多数已经考取教师资格证，表明他们具有一定的教育理论基础，但理论基础并不扎实，导致他们根据实际问题展开理性思考的能力非常有限。此外，超过六成的乡村定向师范生表示自己并不善于从诸多教学细节中发现问题，针对乡村教学工作中的现实问题开展教育研究。

（二）乡村定向师范生教师职业能力主要问题的成因分析

1. 乡村定向师范生课程理论与实践融合不足

在整个教师教育课程设置中，理论课程比重过大，实践课程在整个教师教育课程所占比例较小，教师教育课程实践性不强。并且乡村定向师范生访谈结果显示，在教育类课程授课方式上，“一言堂”“满堂灌”现象仍然比较普遍，授课方式比较单一，收效甚微。

目前，Y校小学教育专业课程设置总体上分为通识教育课程、学科基础课程、专业教育课程和综合实践课程四大板块，其中专业课程板块下的教育心理类课程中又开设了班级工作与管理类课程，但此类课程主要以理论知识传授为主，实践性不强。一方面，乡村定向师范生教育课程设置中存在缺少与小学教师实践联系的问题，教师技能类课程也较为单一，只局限于工具性技能的培养，忽略了对班级管理、活动组织以及进行自我反思与教育科研等教育智力技能的培养；另一方面实践课程主要包括教育见习、教育实习、毕业论文等形式，由于教育实习时间短且方式单一，因而在师范生的班级管理方面缺乏有效的指导。

2. 乡村定向师范生实践类课程作用有限

尽管，现阶段的职前教师教育课程大力提倡师范生的教学实习，但在人才培养方案的制订过程中忽视了个人经验对教学实习的重要性。在三年级的实习期，时间在三个月到半年，此类实习的基本形式是每个师范生配备一名指导老师，在这段时期内去班级里听课、批改和订正学生作业，但短时间内无法踏上讲台，这期间师范生只是以一个旁观者的身份出现在班级里，与学生的交流虽较多，但主要集中在“看”和“听”，往往不涉及实际的教学与班级管理技能，由于实习的不深入，师范生在职前无法真正积累到实践性经验。

通过访谈可以看出，大部分师范生对今后入职后当新教师被安排担任班主任，有着较大的心理压力，一方面教学经验的不足会让新教师无法找到恰当的形式将知识传递给学生以及难以掌控课堂的走向；另一方面管理经验的缺乏也会使其在面对学习水平差异大、自我约束力差的小学生时手足无措，以及在与家长和任课教师的沟通上出现困难。

3. 乡村定向师范生情意类课程实施不到位

从问卷调查的数据结果可知，乡村定向师范生在从事乡村教师职业的意愿水平上不佳，在毕生从事乡村事业的意愿水平上也较低，乡村定向师范生对乡村教师这一职业的认同水平中等偏下。究其原因，这与职前教师培养课程体系中的情意类课程实施不到位存在一定关联性。情意类课程包括教师职业道德、“最美乡村教师”案例教学等课程。乡村定向师范生作为未来乡村教师队伍的储备力量，对其进行情感、态度、价值观教育不仅有利于其个人情感素养的提高，有利于其在教学过程中情感目标的实现，也能够增进乡村定向师范生对乡村教育、乡村学生的情感，提升其职业认同水平，对增强乡村教师队伍的稳定性有着重要作用。因此，乡村定向师范生情意类课程的实施有着十分重要的意义。

传统的师范生培养模式较多地关注受教育者的认知层面，忽视师范生的精神情感的培养，师范生只获得单纯的教学理论与知识，而对真正的教学工作缺乏理解，缺少责任感等。由于乡村教师职业身份的特殊性，这要求乡村定向师范生需要具有更强烈的社会责任感，因而，乡村定向师范生的培养需要重视其情意培养。现阶段，情意类课程的实施存在着课程类型不够丰富、偏重理论教授、情感体验不足等诸多问题。

4. 乡村定向师范生培养教学方法较陈旧且单一

课堂教学仍以教师的灌输讲授为主，学生的主体作用没有得到有效发挥，会导致学生进行道德知识学习大多只是为了应付期末考试而机械地记忆，与教育初心相背离，致使高校师范生立德树人教育难以落实，育人能力难以提升。教学方法在教育过程中具有重要的地位，它是教育基本理念的体现，也是贯彻教育基本理念的根本保证。在教育过程中如果还是简单地重复过去的老方式、老办法，就难以收到好的效果，甚至适得其反。课堂教学是立德树人教育的主渠道，目前高校课堂教学主要依赖于理论灌输，教学方法比较陈旧。很多教师仍然采用类似于“一言堂”的传统教学模式，将知识灌输给学生，很少根据课程内容差异而转变教学方式。学生在整个过程中只充当听讲的人，没有参与教学的过程，课堂气氛沉闷，学生的积极性很难被调动起来。高校对于师范生道德品质的培养大多依靠道德理论和道德知识的灌输，将德育物化为知识教育，这与智育除了教授内容有所区别之外，其他并无不同之处。

科学技术的不断发展进步为教育提供了新的教学手段，使课堂教学内容更加形象生动，把生硬的说教变成愉快的参与，让学生在潜移默化中得到启发、受到教育。对师范生进行立德树人教育，则更需要教师充分利用这些直观、生动且有较强感染力的教育载体，激发师范生的学习兴趣，加深其对道德理论知识的理解，深化师范生的道德情感体验。但在实际的课堂教学中，大多数教师现代教育手段使用不多，主要利用多媒体进行教学，通过 PPT 制作课件，表现形式较为单一。同时，用课件承载的教学信息也比较过时，没有利用互联网去搜索学生感兴趣的内容，引起学生的情感共鸣。对于新型的教学方式也运用不到位，如：翻转课堂、虚拟网络课堂、虚拟情景创设等，以至于学生觉得课堂生硬无趣，从而降低了高校师范生立德树人教育的实效性。此外，实践的缺席，会导致课堂所讲授的道德理论和品德规范难以有效地转化为内心的道德信念，继而难以外化为道德行为。调查结果显示Y校主要通过理论课程的教学来培养师范生的良好道德，这种理论学习虽然在一定程度上可以将道德理论知识的内容传授给师范生，但是不能促使师范生将立德树人教育的知识内化为自身的德行修养。

被调查乡村定向师范生的反思意识、研究能力不强与教育教学方式的单一性也有密不可分的联系。访谈中，小学教育专业G老师表示："乡村教师定向师范生教学能力弱，一方面，师范生理论基础知识不够扎实，受到的学术训练较少，发现问题、解决问题的意识不足；另一方面，与Y校培养乡村定向师范生教学研究能力的途径较少有着巨大的关系。"因此，乡村定向师范生理论知识不扎实，缺少教学研究的自我动力，是导致他们教学研究能力不佳的原因之一。高师院校培养途径少，也是导致乡村定向师范生研究能力不足的主要原因。

四 乡村定向师范生教师职业能力提升策略

（一）完善乡村定向师范生教育课程体系，实现理论与实践的有机结合

教师教育课程设置的发展趋势在于体现教师职业素养课程类型越分越细，比重也逐步加大，表明了师范生职业素养的培养越来越受到重视。如前所述，教师教育课程设置依然存在教育理论课程与实践类课程比例不协调、理论学习与专业实践相脱节等情况。师范生从教能力是教师职业素养的核心体现，因此调整教师教育课程的结构，实施以培养师范生从教能力为重的教师教育课程，成为提高师范生从教能力的重要途径。

1. 调整教师教育课程结构

首先，在公共基础课程设置上，应渗透人文性、体现综合性。纵观我国师范类公共基础课程，主要工具类课程（大学生英语和计算机为主）和政治类课程（例如毛泽东思想概论等），内容上面偏重工具性与政治性，缺乏人文性，很难为学生提供宽广的知识背景。因此，要增加综合性课程的建设，即公共基础课程的建设，涉及自然、社会、人文各

方面。其次，要压缩学科专业课程。由于教师教育课程中学科专业课程所占的比重过大，使教育类课程所占比例过小。在学科专业课程中，学科种类较多，划分过细，存在着严重的学科本位。因此，应该精简学科专业课程，调整压缩整个学科专业课程的比例，并且调整学科专业课程内部的结构，精选专业主干课，反映学科前沿内容。最后，改进教师教育课程结构，就要进一步扩大教育理论课程和实践课程的比例。教育理论课程开设了教育学、心理学和班主任工作三门。基本和传统的师范生教育课程一致，这三门课程都是在大学进行，以理论讲授为主。应适度补充教育理论课程，开设中小学教学案例与评析、微格教学、新课程标准解读等课程，还要增加教育见习、教育实习等实践课程的课时，为师范生提供更多的实践学习机会。总之，要围绕提高师范生的从教能力，调整教师教育课程结构，加大对师范生教师职业素养的培养，从而提高其从教能力水平。

2. 采用多元课堂教学方式

随着现代信息社会的发展，学生的学习工具、学习内容等会发生一些转变，教师的教学方式需要随之改进。师范教育作为培养师范生的教育，教学模式的改进，关乎师范生的学习方法和成效。采取“理论加实践”模式来改进传统“讲授法”带来的课堂效率不高的弊端。针对教育类课程的任课教师教学方式单一，建议在进行教育理论课程的讲授时，适当穿插相应的案例讲评。在相关的理论知识讲解中，通过案例的提出，师生进行共同的讨论，这样的过程有助于活跃课堂，改善课堂学习效果。从而可优化师范生在课堂上感受，做到理论和实例相结合，继而学会在自己的教学实践中应用到所学理论知识。同时可聘请中小学一线教师来进行授课或者开展讲座，一方面可以让师范生学习借鉴一线教师的实践教学经验，另一方面则可通过对中小学生的基本情况进行介绍，帮助师范生了解教学对象的情况。多样的课堂教学方式可有针对性地提高师范生的教学实践能力。

3. 加强师范生技能训练

师范生的从教能力主要通过教育教学实践环节得到提升，师范生的学科知识和教育知识只有通过实践才能内化，生成从教能力。因此教育实践对于师范生从教能力培养十分关键。在师范生四年的在校学习中，师范生技能培训作为实践学习过程，是师范生从教能力养成的重要途径。师范生技能培训的重点在于让师范生在掌握教学专业知识、思想方法、相关理论基础上，还需掌握作为未来教师所必须具备的基本技能，结合学科教育对其进行专业技能的训练。高校应顺应社会发展及学生的现实需求，努力改善师范生实训的硬件环境，师范生进行教育教学技能实训活动就需要足够的练习场所和学习材料，丰富师范技能训练的内容，改进师范技能训练的方式。学科教育课程的作用在于把未来教师的学科知识、教育理论知识等转化为教学技能，在知识转化为技能的过程中注意让师范生初步形成适合于发挥自己特长的教学技能。从大一新生入学就开设师范生技能培训课程，除了配备专业教师对师范生进行“三字一话”训练指导外，还鼓励学生利用课余时间练习钢笔字、粉笔字、毛笔字，可以训练普通话和锻炼学生胆量，开展课前十分钟轮流演讲的训练。另外，结合学生的课程学习，以班级为单位，组织师范生基本功大赛。通过多种形式，使学生得到练习提高的机会。此外，通过说课训练活动，提高学生教材分析的能力；还可以利用微格教学的形式，让学生在模拟中小学教学情境下，讲授课程10分钟，通过观看学生教学录像，仔细观察教学的各个环节，最后由指导教师和其他学生组成的点评小组进行分析和评价，帮助讲授者指出其中不足之处。讲授者可以针对自身不足，进行反复训练，从而达到完全正确熟练水平为止。总之，学校应该强化教育实践环节，提高师范生参加技能训练的积极性和主动性，使其练就过硬的基本功。

（二）加强立德树人教育的主渠道建设，提升乡村定向师范生育人能力

教育部《关于进一步加强中小学班主任工作的意见》中指出“中小学班主任工作是学校教育中极其重要的育人工作”。培养育人能力是师范生培养工作中的重要内容之一。小学阶段的学生还未形成自己独立的思想观念、价值取向，在价值观判断上依附性较大，小学教师对学生价值观的塑造具有基础性意义。城乡环境差异在一定程度上造就了城乡小学生在价值观上的差异。乡村小学生在农村长大，环境的简朴性使其价值取向单纯，易受外界影响，但也正因乡村环境过滤了复杂、多元的因素，当乡村孩子处于复杂环境时，更易产生价值冲突，被不正确的价值取向误导，迷失自我。基于价值观塑造的重要意义及现实状况，乡村教师应该在学生的价值观教育上承担起主要责任。鉴于此，乡村教师塑造学生价值观的能力也在很大程度上影响了学生价值观的形成。要切实提升乡村定向师范生的育人能力，一要提升师范生培养课程的育人质量，二要强化教师职业道德

课程的德育作用，三要充分发挥各类课程的协同育德功能。

1. 提升师范生培养课程的育人质量

要想充分发挥乡村定向师范生培养课程的育人功能，就要推进其改革创新，提升课程的育人质量。首先，在教学理念上，要坚持马克思主义指导地位，善于将教材上深奥的理论语言通过教学转变为学生容易理解的大众话语，用理论与实践相结合的方式将“高大上”的理论讲得“接地气”，将“有深度”的知识讲得“有温度”，将“有意义”的事情讲得“有意思”，使师范生更容易接受并理解教育理论的深刻内涵。其次，在教学内容上，要注重与时代的发展变化相结合，根据党的教育方针政策的变化和社会发展及时充实新内容，将习近平新时代中国特色社会主义思想融入课堂教学，印刻在师范生的头脑中。同时还要把思政小课堂同社会大课堂结合起来，以社会现实为切入点，就师范生普遍关注的社会热点话题进行探讨和师生互动，使枯燥单一的课堂变得生动丰富，有利于聚焦师范生的注意力，提高师范生教育的实效性。最后，在教学方式上，采取学生喜欢、易于接受的方式拉近与师范生之间的距离，用贴近师范生生活实际的方法实现与师范生之间的良好互动和交流。在教学过程中，善于运用现代化教学手段，借助互联网信息技术多形式地开展教育教学活动，使教学展示的内容更加生动形象，富有吸引力。

2. 强化教师职业道德课程的德育作用

目前，不仅是 Y 校，很多师范高校对师范生师德的培养都设置了专门的教师职业道德课程，并依托于思想政治理论课和教育学、心理学等教育类课程。尽管，师范类院校已经开始重视教师职业道德课程的育德功能，但由于理论性强，实践性不足，导致此类课程的实际效果并不佳。因此，高校应为师范生设置专门的教师职业道德课程的同时，还需要进一步强化教师职业道德课程的育德作用。通过教师职业道德课程教学，增强师范生对教师职业的认同感，使师范生真正地从内心深处热爱未来从事的教师职业，并在课程学习中逐步领会为人师表、教书育人的真谛，从而坚定自己的从教信念，在道德实践的过程中不断提升自己的职业道德水平。在教师职业道德课程实施的过程中，应坚持以下原则：第一，以教育法律法规为重点，让师范生了解教育法律法规对教师的要求。第二，以《教师职业道德规范》为核心，使师范生明确新时期我国中小学教师师德的具体规范。第三，以教师职业价值意义为目标，加强师范生的职业情感教育，培养师范生积极的教师职业情感，使师范生把握师德价值精神，将师德思想与师德实践有机结合，从而达到社会所期望的教师职业要求。第四，要与时俱进，将时代要求的新内容融入教师职业道德课程中，让师范生学习和了解“四有好老师”“四个相统一”“四个相服务”这些当下对教师师德提出的新要求。同时，增设实践课程比例是十分必要的，让师范生自己动手去挖掘师德先进典型，宣传新时代优秀的教师形象。

3. 充分发挥各类课程的协同育德功能

长期以来，思政课是高校教育思想价值引领的主渠道，其他课程只是做到守好一段渠，仅完成自己课程所承担的任务，没有与思政课形成协同效应，致使在教育过程中经常出现“德”“能”教育分离的现象。因此，高校应及时改变“思政课程”独自作战的模式，加强各类课程与思政课之间的联系，充分发挥各类课程的协同育德功能。高校其他课程的教师也应提升自己的育人意识，将对师范生的道德培养的责任贯穿到自己所任教的课堂中去。首先，要充分发掘思政德育元素。各门课程教师要合理开发课程资源，对本专业知识中蕴含的德育资源进行深入研究挖掘，将其作为课程教学实施计划中的重点内容。在课堂讲授中，使德育教育与知识教育相结合，从而实现对师范生知识传授及道德素质培养的目的。其次，在专业课程或通识课程的知识传授过程中，要融入社会主义核心价值观的相关内容，加深师范生对社会主义核心价值观内涵的理解和领会，使其在未来执教过程中能成为社会主义核心价值观的模范践行者。最后，其他课程教师应加强和思政课教师的交流沟通，逐渐打通阻隔在专业课程教学与思想政治理论课教学之间的坚实壁垒，实现信息共享，积极关注学生的思想状态。

（三）加强乡村定向师范生实习基地建设，深入推进教育实践活动

1. 优化教育实践时间安排

就Y校目前实习时间而言，近八成的师范生希望获得更长的时间。短期的实习让师范生的教学仍停留在认知水平上，与真正的实践能力获得还有差距。只有在复杂的教学情景中，不断积累经验，应对各种突发事件，并辅以指导老师的有效指导和帮助，才能够让实习师范生获得真正的教学能力。而上述途径的实现根本条件是延长实习时间。为推动教师教育综合改革，教育部颁发了《教育部关于卓越教师培养的建议》，其中明确

指出“将实践教学贯穿培养全过程，分段设定目标，确保实践成效切实落实师范生到中小学教育实践不少于 1 个学期”。并且在 2016 年 3 月 17 日颁布的《教育部关于加强师范生教育实践的意见》中明确指出：在师范生培养方案中应设置足量的教育实践课程，切实落实师范生教育实践累计不低于 1 个学期的制度。同时，参考国外经验，从美国伊利诺伊大学芝加哥校区教育学院的各学期课程模块分布来看，大学低年级主要完成通识教育过程和专业课程，配合教育基础课程的开设，安排师范生进行教育见习，在大学高年级，逐渐形成教育见习、教学实习和大学课程共融的格局，最后还有教学实践的安排以及职业教育课程的开设。由此，师范生的从教能力的提升需通过多样化的实践教学途径来实现。这就需要丰富师范生教育实践形式，也可以开展多种形式的教育实践活动，例如开展中小学教育考察、走进中小学进行教学观摩等。

2. 与中小学建立合作伙伴关系

为了克服教育实习效果不佳的缺陷，高校应与中小学之间加强联系，建立相对稳定的实习基地，寻找高校与中小学合作的契机，充分发挥各自的互补性作用。在高校和中小学合作的模式中，美国的教师专业发展学校（Professional Development School，简称为 PDS 学校）取得卓越成效。美国教师专业发展学校成为大学和中小学之间的沟通桥梁，为二者形成合作伙伴关系提供平台。PDS 学校的重要功能是通过改进教育实习改善教师职前教育。近年来，我国不少大学引进美国 PDS 学校的成功经验，为师范生培养服务。当前，我国教师专业发展学校十分重视以中小学实践为基础，但在此基础上建立的大学与中小学伙伴合作关系着眼于解决教师培养过程的实习环节问题，而忽视了中小学教师专业成长的过程，出现伙伴学校教育资源互补性差的问题。

高校与地方中小学并无直接隶属关系，因此，二者的合作完全建立在自愿的基础之上，双方都致力于达到平等共赢的结果。高校和中小学合作的过程中，高校应更加注意规避单方获益的问题，充分利用其自身丰富的知识资源，为中小学教育教学中出现的问题提供理论指导和智力支持，促进中小学教师丰富理论知识，以便指导日常的教育教学。同时，中小学接纳师范生进行教育实习，可以为师范生提供真实的教育情境，帮助师范生获得基础教育教学经验，丰富实践性知识。只有充分利用教育资源的伙伴合作，才能使高校和中小学共同分享发展的成果。

第二节　乡村教师职后专业发展现状调查

一　S省乡村教师队伍建设现状调查研究设计

（一）研究背景

S省乡村教师约有26万人，占全省72万教师总数的36%，乡村教师素质发展已占据了S省教育工作的首要战略地位。自“十一五”以来，S省乡村教师队伍整体素质得到了一定的提升，然而优质师资稀缺的现象仍较为突出。实施农村教师培训是农村教师专业化发展的重要途径，是农村教师队伍建设的重大举措，其对于解决当前农村教师发展方面存在的突出问题、缩小教育差距、促进教育公平、提升教育现代化水平，具有十分重要的意义。

本研究将采用质性研究和量化研究相结合的方法，在总体把握S省乡村教师队伍发展的现实情况的基础上，关注S省在《乡村教师支持计划2015—2020》实施后乡村教师队伍建设取得的成就，总结S省不同地区支持乡村教师发展的好的经验和做法，重点研究现阶段乡村教师队伍发展中所存在的问题与障碍，并提出具体的应对措施和相关政策优化建议。研究目的在于：一是总体评价，对现阶段S省乡村教师队伍的总体情况进行把握，总结S省《计划》实施后对乡村教师队伍建设的积极作用，并发现乡村教师队伍发展现存的主要问题。二是总结经验，为我省乡村教师队伍能够更快更好地发展提供可借鉴的经验。三是逐步优化，为调整乡村教师相关举措实施的有效性提供依据。

（二）研究内容

本研究将围绕江苏乡村教师队伍现状及其中存在的主要问题展开，主要考察现阶段我省乡村地区教师队伍的基本结构情况、个体发展情况、生存情况以及师德水平，将主要针对教师待遇、编制、职称、结构、培训、师德等维度展开具体调查。

第一，待遇调查方面，本研究对省域内乡村教师的薪资水平、住房、交通等待遇的具体情况进行调查以了解乡村教师在生活上的切实需求；第二，编制调查方面，试图了解现阶段乡村教师的编制构成；第三，职称调查方面，针对教师队伍的职称构成展开调查，并掌握县域内各地职称评定的规则、难易度情况；第四，结构调查方面，包括性别结构、年龄结构以及学科结构等基本情况；第五，培训调查方面，试图掌握现阶段乡村教师参加进修、培训的意愿以及机会情况；第六，师德调查方面，调查乡村教师的师德水平、接受师德教育情况、师德考核情况。

研究将发现并揭示现阶段乡村教师队伍发展过程中存在的主要问题与障碍，并对这些问题进行客观、系统的阐述，结合现有乡村教师的相关政策，对乡村教师队伍发展的主要问题与障碍的成因进行剖析，分析问题产生的原因，针对性地提出解决方案，为乡村教育事业献言建策，为基层乡村教师队伍建设提供有益的参考与借鉴，也为教育部门实施行政管理提供依据。

（三）研究思路

本研究将紧扣现状、问题、原因、对策这四个主要方面，按照理论铺垫、现状调查、问题分析、原因分析、对策探寻的逻辑结构依次展开，具体技术路线见图 2-5。

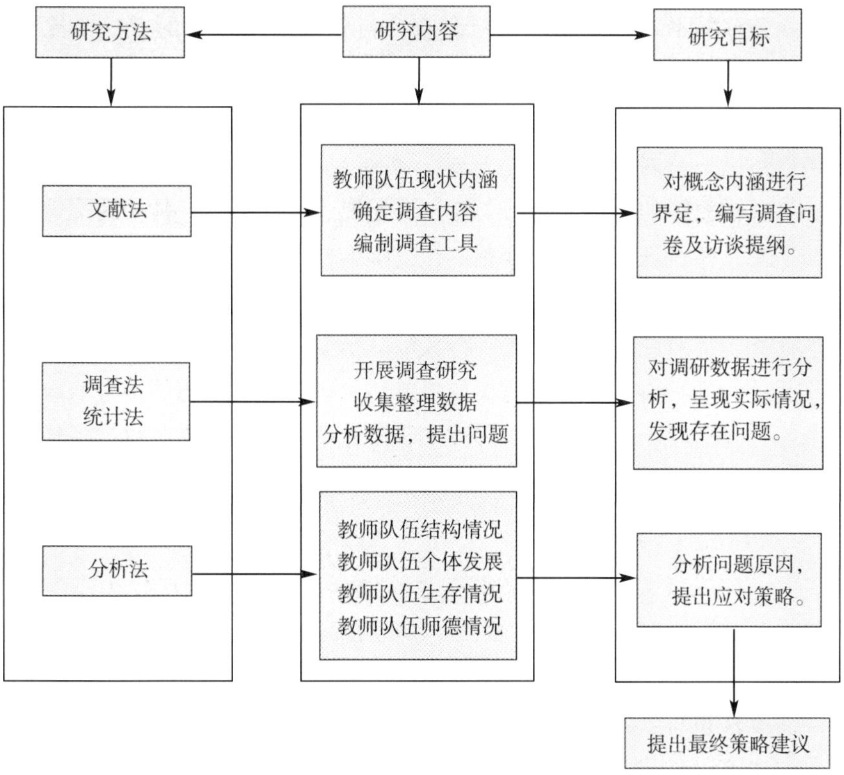

图 2-5　研究思路图

其一，从教师队伍状况的内涵出发，对研究对象与范围进行界定。通过对国内外教师队伍的研究现状的分析，对研究中的基本概念进行界定，确定本研究的研究空间与突破点，并介绍研究意义、思路以及所要使用的方法等。

其二，根据已确定的研究对象与范围，编制调查工具。本研究拟采用问卷调查法和访谈法对省域内乡村教师队伍现状进行调查研究。调查问卷和访谈提纲的内容将主要涉及乡村教师的结构情况（编制、性别、年龄、学历、职称、学科等）、个体发展情况（培训、职称评定、学历提升等）、生存情况（待遇、住房、交通、生活压力、工作压力等）和师德情况这四个方面。

其三，对研究对象展开调查，收集调查数据并进行分析。通过对数据和访谈结果的整理与分析，展现我省乡村教师队伍发展的现实情况，并发现其中存在的主要问题。一方面，肯定现阶段我省乡村教师队伍发展所取得的成绩；另一方面，明确乡村教师队伍发展的困境与障碍，揭示问题的存在所造成的不利影响，以期对全省乡村教师队伍现状形成一个比较全面、系统、深入的认识。

其四，就乡村教师队伍所存在的问题进行成因分析。乡村教师队伍发展问题是由一系列客观原因造成的，本研究将试图建构起原因分析的框架，从乡村教师的结构情况、个体发展情况、生存情况、师德情况这几个方面出发，结合现阶段政府针对乡村教师的相关政策，对乡村教师队伍现有问题的原因进行完整、清晰的分析。

其五，针对性地提出我省乡村教师队伍发展的若干政策建议。本研究将从教师管理、教师专业发展、教师待遇、教师职业道德等多方面政策的改革与完善出发，提出提升乡村教师队伍专业水平、优化乡村教师队伍整体发展的若干政策建议。

（四）研究方法

本研究采用文献法、问卷调查法、访谈法以及实地观察法作为核心手段。

1. 文献法

文献法也称历史文献法，是搜集、分析各种现存的以文字、图形、符号、声音、视频等为载体的有关文献资料，从而找出事物本质属性的一种研究方法。本研究涉及我省乡村教师队伍发展以及有关教师政策的历史、现状与问题。因此，需要通过对相关教育文献资料所积累的有关教育事实和数据进行分析研究。并且，将对《乡村教师支持计划（2015—2020年）》内容进行深入分析，进而收集了S省各地市关于《计划》的实施方案以及与之相关的政策措施，对各地市的政策文本进行了分析和比较。

2. 问卷调查法

问卷调查法就是研究者用这种控制式的测量对所研究的问题进行度量，从而搜集到可靠的资料的一种方法。在问卷调查方面，采用分层随机抽样的方式，在保障样本代表性的前提下，对各样本地区的乡村教师队伍情况进行摸底，以深入了解乡村教师队伍的真实情况，并尽可能地掌握各个层面对乡村教师队伍发展的政策需求与建议。

3. 访谈法

访谈法是通过访员和受访人面对面地交谈来了解受访人的心理和行为的基本研究方法。本研究将深入乡村学校，对部分乡村教师、乡村学校校长进行访谈，并前往各县区教育局组织相关管理者进行座谈。通过研究省内乡村教师队伍发展的现状与问题，了解乡村教师的切实需要，并综合进行分析，确定我省乡村教师队伍结构的调整目标与方向。

4. 实地观察法

实地观察法是观察者有目的、有计划地运用自己的感觉器官或借助科学观察工具，能动地了解处于自然状态下的社会现象的方法。通过深入我省乡村学校，走近乡村教师，收集我省乡村教师队伍的真实资料并加以分析，找出乡村教师队伍存在的主要问题，分析问题形成的原因，探索相关原因的解决策略，再综合所有分析进行探讨，提出相应的对策与建议。

二　S省乡村教师队伍建设现状调查研究过程

S省总面积10.72万平方公里，地处长江经济带，下辖13个设区市，全部进入百强，是全国唯一所有地级市都跻身百强的省份。S省域经济综合竞争力居全国前列，是全国经济最活跃的省份之一。截至2019年末，S省常住人口8070万人。S省是教育大省，共有普通高校142所，普通高等教育招生58.5万人，在校生187.4万人，毕业生48.9万人；研究生教育招生7.4万人，在校生21.5万人，毕业生5.0万人。高等教育毛入学率达60.2%，高中阶段教育毛入学率达99%以上。全省中等职业教育在校生 62.2 万人（不含技工学校）。特殊教育学校招生 0.3 万人，在校生 1.9 万人。全省共有幼儿园 7608 所，在园幼儿 253.9 万人。学前三年教育毛入园率达 98%以上。小学 4103 所，小学在校生数 560.44 万人，小学专任教师 31.61 万人；初中 2765 所，初中在校人数 323.84 万人，初中专任教师 28.64 万人。S 省教师总人数为 72 万，其中乡村教师总人数约为 26 万人，占总教师数的 36%。

（一）调查问卷设计

在对 S 省乡村教师队伍发展现状进行调查之前，本研究根据《乡村教师支持计划（2015—2020 年）》编制《S 省乡村教师队伍发展现状调查问卷》，确定了调查内容、方法以及对象，对所收集的资料进行了描述统计分析、对比分析，初步得出了 S 省苏南、苏中以及苏北地区乡村教师发展现状的相关研究结论。根据乡村教师支持计划的内容和要求以及文章研究框架，将调查问卷分为九个部分。第一部分是乡村教师的个人基本情况，其他部分主要对与乡村教师发展息息相关的内外部需求和现实情况进行专门了解。

本研究旨在通过量化统计的方法对 S 省苏南、苏中和苏北的乡村教师是否“下得去、留得住、教得好、走得远”进行调查研究。调查问卷的维度具体包括乡村教师的职业认同程度、对乡村教师生活待遇的满意程度、留教意愿情况、对教师流动现状的认识水平、自我教学能力的判断、全面提升乡村教师能力素质的需求水平、乡村教师补充渠道的认可水平、职称评聘向乡村学校倾斜的感知程度、统一城乡教职工编制标准的认识水平以及对乡村教师荣誉的需求程度等诸多方面做描述性的分析和相关性分析，对乡村教师的发展中存在的问题进行推断分析。

（二）调查对象选择

对于调查的总体为 S 省乡村教师队伍，考虑到调查的覆盖面问题，研究选取苏南、苏中和苏北的部分城市的乡村教师发放网络问卷，以这些调查区域来充当研究样本。苏南地区选取苏州市，回收问卷 318 份；苏中地区选取的是扬州市，回收问卷 992 份；苏北地区是以盐城市为代表，共回收 467 份问卷。问卷有效率 100%。本研究所调查的乡村教师样本基本情况如下：

表 2-21　各区域样本数量及百分比情况

区域	频率	百分比%	有效百分比%
苏南	318	17.90	17.90
苏中	992	55.82	55.82
苏北	467	26.28	26.28
总计	1777	100.0	100.0

被调查教师的性别、年龄以及教龄情况如表 2-22 所示。被调查教师中女性居多，占总样本量的 59.2%，男性占 40.8%。年龄构成方面，被访教师年龄结构以中青年教师为主，30 周岁以下占 21.6%，31 至 40 周岁的教师占 34.1%，41 至 50 周岁的占 29.7%。教师教龄方面，拥有 20 年以上教龄的教师占 41.1%，11 至 20 年的占 28.1%。

表 2-22　被调查教师性别、年龄及教龄情况

选项		频率	百分比%	有效百分比%
性别	男	725	40.8	40.8
	女	1052	59.2	59.2
年龄	30 周岁以下	384	21.6	21.6
	31—40 周岁	606	34.1	34.1
	41—50 周岁	528	29.7	29.7
	51—60 周岁	257	14.5	14.5
	60 周岁以上	2	0.1	0.1
教龄	3 年以下	195	11.0	11.0
	3—5 年	161	9.1	9.1
	6—10 年	191	10.7	10.7
	11—20 年	500	28.1	28.1
	20 年以上	730	41.1	41.1
总计		1777	100.0	100.0

被调查教师中，具有中级职称的教师占总样本量的 48.1%，未评职称的教师占 10%。在学科构成方面，被调查的语文教师占 30.6%，数学教师占 25.5%，英语教师占 15.7%。43.4%的被调查教师承担了班主任工作，骨干教师占总样本量的 38.2%。有近一半的教师曾获得县级荣誉称

号，达到45.7%，21.0%的教师获得市级荣誉称号。在编教师占86.2%，如表2-23所示。

表2-23 被调查教师职称、学科、编制等情况

选项		频率	百分比%	有效百分比%
职称	未评职称	178	10.0	10.0
	初级	394	22.2	22.2
	中级	854	48.1	48.1
	高级	348	19.6	19.6
	正高	3	0.2	0.2
学科	语文	544	30.6	30.6
	数学	454	25.5	25.5
	英语	279	15.7	15.7
	其他	500	28.2	28.2
班主任	是	771	43.4	43.4
	否	1006	56.6	56.6
骨干教师	是	679	38.2	38.2
	否	1098	61.8	61.8
荣誉级别	没有	330	18.6	18.6
	校级	169	9.5	9.5
	县级	812	45.7	45.7
	市级	374	21.0	21.0
	省级	71	4.0	4.0
	国家级	21	1.2	1.2
编制身份	县、校聘任教师	49	2.8	2.8
	在编教师	1531	86.2	86.2
	代课教师	156	8.8	8.8
	其他	41	2.3	2.3
总计		1777	100.0	100.0

三 S省乡村教师的调查结果与分析

调查问卷共26题，分为职业认同、留教意愿、教学能力以及专业发展动力四个部分，题目数量分别为 4 道、10 道、8 道和 4 道题目。问卷回收后，研究组对问卷记号和编码，将数据录入 SPSS 软件，对于完全不符合、不符合、基本符合、符合、完全符合的类型题用 1、2、3、4、5 进行设置变量标签值输入。对于多选类型题，每个选项分别进行赋值，选择该选项赋值 1，不选择该选项赋值 0，最后汇总分析。对于问卷的不同模块进行了相关的信度分析，情况良好。如表 2-24 所示，问卷的整体信效度 α 值为 0.926，平均值 3.818。其中教师的教育教学能力量表得分最高，教师留教意愿量表得分 3.434，在四分量表中最低。本研究对各量表分别进行了因子分析和交叉分析。

表 2-24 乡村教师队伍现状调查量表的信度（Cronbach's Alpha）

量表	题目项数	均值	α
教师职业认同量表	4	3.875	0.509
教师留教意愿量表	10	3.434	0.766
教师教育教学能力量表	8	4.176	0.886
教师自我发展内力量表	4	4.040	0.863

表 2-25 苏南、苏中、苏北乡村教师各量表得分情况

地区		职业认同	留教意愿	教育教学能力	自我发展内力
苏南	平均值	4.12	3.65	4.26	4.12
	标准差	0.835	0.497	0.575	0.668
苏中	平均值	3.75	3.35	4.16	3.99
	标准差	0.820	0.544	0.550	0.677
苏北	平均值	3.82	3.44	4.14	4.07
	标准差	0.867	0.582	0.639	0.730
总计	平均值	3.83	3.43	4.17	4.04
	标准差	0.846	0.557	0.580	0.692

表 2-25 给出了苏南、苏中、苏北地区各量表得分情况，通过雷达图可以更为直观地了解各地区乡村教师在职业认同、留教意愿、教育教学能力以及专业发展方面的得分情况。由图 2-6 可知，苏南地区各量表得分均处于领先水平，苏北地区次之，除教育教学能力的自我评价方面，苏中

地区均分略高于苏北地区，其他量表的得分均低于苏北地区。总体上，各地区教育教学能力得分最高，而留教意愿的得分最低。在职业认同和留教意愿方面，苏南地区与苏中、苏北地区拉开的分差较大。

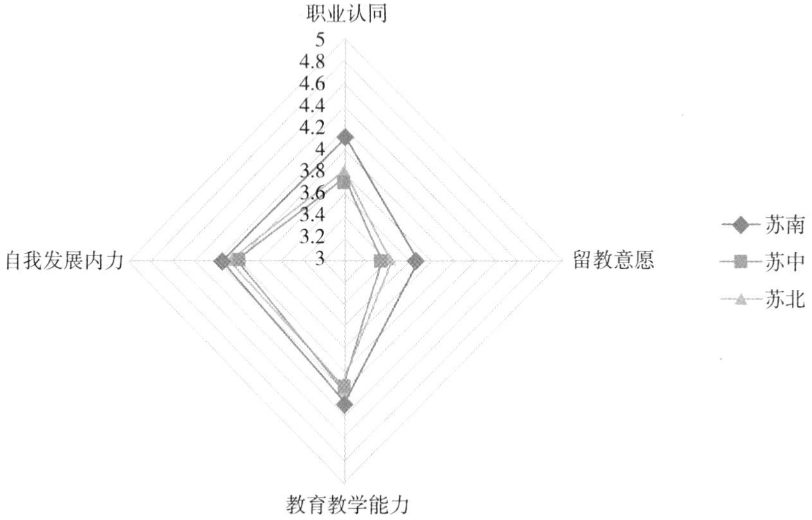

图 2-6　苏南、苏中、苏北各量表得分雷达图

（一）乡村教师职业认同现状分析

为了掌握 S 省乡村教师的职业认同水平，本研究对教师职业的评价、自我从教意愿、他人评价以及在农村工作的意愿的倾向程度展开调查。该部分变量较少，但仍进行了因子分析以进行综合评价分析。

1. 变量因子分析

（1）分析原有变量

表 2-26　乡村教师职业认同量表 KMO 和 Bartlett 的检验

取样足够度的 Kaiser-Meyer-Olkin 度量		0. 771
Bartlett 的球形度检验	近似卡方	3327. 492
	df	6
	Sig.	0. 000

由表 2-26 可知，球度检验统计量的观察值为 3327. 492，对应概率近似为 0。当显著性 α 为 0. 05，因为 p 值小于显著性 α，所以能够拒绝零假

设，认为相关系数矩阵与单位矩阵有显著性差异。与此同时，KMO 值为 0.771，根据 Kaiser 给定的 KMO 度量标准可以知道，原先变量是能够进行因子分析的。

（2）提取因子与因子命名解释

根据原有变量的相关系数矩阵，通过分析主成分提取到因子同时选出特征根的值大于 1 的特征根。本次采用方差最大法对因子载荷矩阵施行正交旋转来让因子具有命名解释性。按照第一因子载荷降序的顺序得出来旋转后的因子载荷以及旋转后的因子载荷图。结果得出 2 个因子，其中成分 1 为从教意愿，成分 2 为服务农村意愿。

表 2-27　乡村教师职业认同量表因子载荷矩阵

成分矩阵[a]		
	成分	
	1	2
我一直就想当老师	0.900	
我的家人和朋友都认为我很适合当老师	0.897	
教师是个稳定的职业	0.767	
我愿意长期在农村学校工作		0.714

提取方法：主成分分析法。

a. 提取了 2 个成分。

2. 乡村教师职业认同情况

如下表可知，乡村教师普遍认为教师职业较为稳定。一直想从事教师职业的被调查者也占多数，该题的均值达到 3.88。觉得家人和朋友都认为自己适合从事教职的均分也几乎达到 4。但在问及是否愿意长期在农村学校工作时，得分相对较低。可见，教师们对教师职业本身基本持肯定态度，但部分教师并不希望扎根农村。

表 2-28　乡村教师职业认同水平情况

题目	均值	标准差
教师是个稳定的职业	4.09	0.882
我一直就想当老师	3.88	1.032
我的家人和朋友都认为我很适合当老师	3.98	0.996
我愿意长期在农村学校工作	3.40	1.225

（二）乡村教师留教意愿情况分析

为了掌握S省乡村教师的留教意愿，本研究对工作环境、福利待遇等满意程度展开调查。该部分变量较少，但仍进行了因子分析以进行综合评价分析。

1. 变量因子分析

（1）分析原有变量

由下表可知，球度检验统计量的观察值为6110.330，对应概率近似为0。当显著性α为0.05，因为p值小于显著性α，所以能够拒绝零假设，认为相关系数矩阵与单位矩阵有显著性差异。与此同时，KMO值为0.857，根据Kaiser给定的KMO度量标准可以知道，原先变量是能够进行因子分析的。

表2-29　乡村教师留教意愿量表KMO和Bartlett的检验

取样足够度的Kaiser-Meyer-Olkin度量	0.857	
Bartlett的球形度检验	近似卡方	6110.330
	df	45
	Sig.	0.000

（2）提取因子与因子命名解释

由下表可知，在第一因子上有8个变量有较高的载荷度，说明其与第一因子相关性较强，突出了第一因子的重要性；而第二个因子与原有变量相关性较弱，它对原有变量的诠释效果并不明显。而且还可以看到，这两个因子的实际含义有些不清晰。研究采用方差最大法对因子载荷矩阵施行正交旋转来让因子具有命名解释性。按照第一因子载荷降序的顺序得出来旋转后的因子载荷以及旋转后的因子载荷图。教师工资待遇在第1因子上有较高负荷，第1因子主要解释了这几个变量，可解释为工作环境与待遇。第二个因子较为模糊。

表2-30　乡村教师留教意愿量表因子载荷矩阵

成分矩阵a		
	成分	
	1	2
当地人对教师很尊敬	0.799	

续表

成分矩阵 a		
	成分	
	1	2
我校的教师评价制度和奖励制度很公正合理	0.793	
学生家长对我的工作很支持	0.760	
我对我的岗位工资及待遇很满意	0.753	
我在工作中能够获得很好的个人专业发展	0.737	
我的家人很支持我在农村工作	0.683	
我对我校的教师周转宿舍很满意	0.610	
我与周围同事相处很融洽	0.557	
我不愿意到经济更为发达地区的学校工作		0.759
我的工作压力比较小		0.687

提取方法：主成分分析法。

a. 提取了 2 个成分。

2. 乡村教师留教意愿情况

表 2-31　乡村教师留教意愿情况

题目	均值	标准差
当地人对教师很尊敬	3.38	0.914
我校的教师评价制度和奖励制度很公正合理	3.45	1.009
学生家长对我的工作很支持	3.68	1.059
我对我的岗位工资及待遇很满意	3.08	1.059
我在工作中能够获得很好的个人专业发展	3.66	0.902
我的家人很支持我在农村工作	3.68	0.883
我对我校的教师周转宿舍很满意	3.18	1.241
我与周围同事相处很融洽	4.46	0.722
我不愿意到经济更为发达地区的学校工作	2.12	0.966
我的工作压力比较小	2.11	0.954

从表 2-31 中可以看到乡村教师留教意愿量表各题目的得分情况。其中，教师们普遍对工作环境中的同事相处较为满意，得分高达 4.46。同时，乡村教师对自己家人以及学生家长对其工作的支持比较满意。教师对

个人专业发展情况、学校的教师评价制度和奖励制度的满意度水平较高，均分都在3.5分左右。相对地，教师对学校的周转宿舍以及工资待遇的满意度水平较低。图2-7中，苏南、苏中、苏北乡村教师岗位工资及待遇满意度呈“U”形趋势。苏南与苏北乡村教师对其岗位工资及待遇满意度水平相对于苏中地区较高。图2-8给出了不同地区乡村教师对学校提供的周转房的满意程度，苏南地区的教师满意度相对较高，苏中地区满意度最低，教师们愿意到经济更为发达地区的学校工作。教师们普遍认为工作压力较大，工作压力得分在整个留教意愿量表中最低，仅为2.11。图2-9给出了不同学科教师工作压力情况，可见各学科教师工作压力存在一定差异。

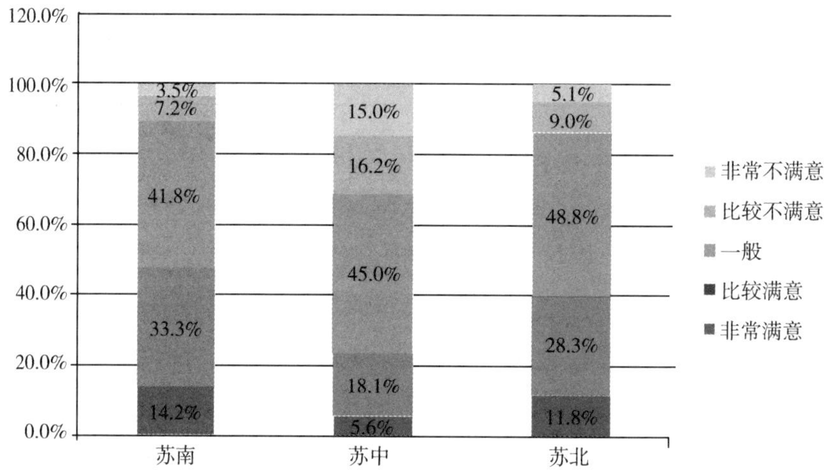

图2-7 各地区乡村教师岗位工资及待遇满意度情况

（三）乡村教师教育教学能力状况分析

1. 变量因子分析

（1）分析原有变量

由下表可知，该量表的球度检验统计量的观察值为6814.249，对应概率近似为0。当显著性α为0.05，因为p值小于显著性α，所以能够拒绝零假设，认为相关系数矩阵与单位矩阵有显著性差异。与此同时，KMO值为0.887，根据Kaiser给定的KMO度量标准可知，原先变量是能够进行因子分析。

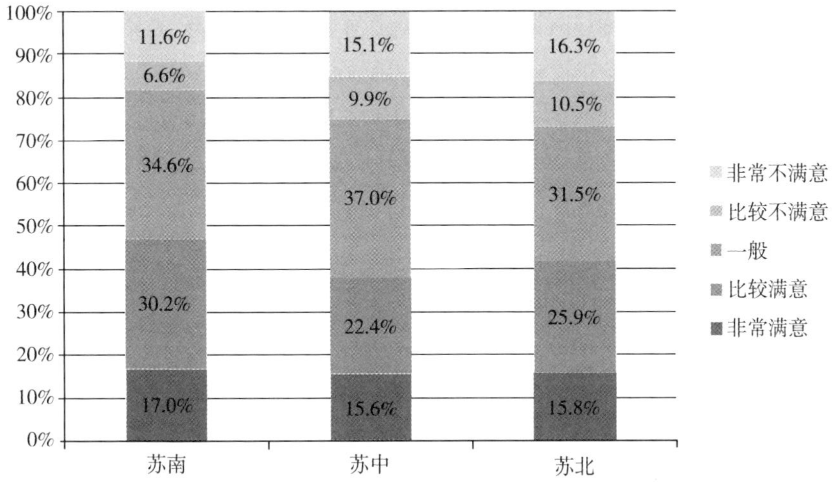

图 2-8　各地区乡村教师学校提供的周转房满意度情况

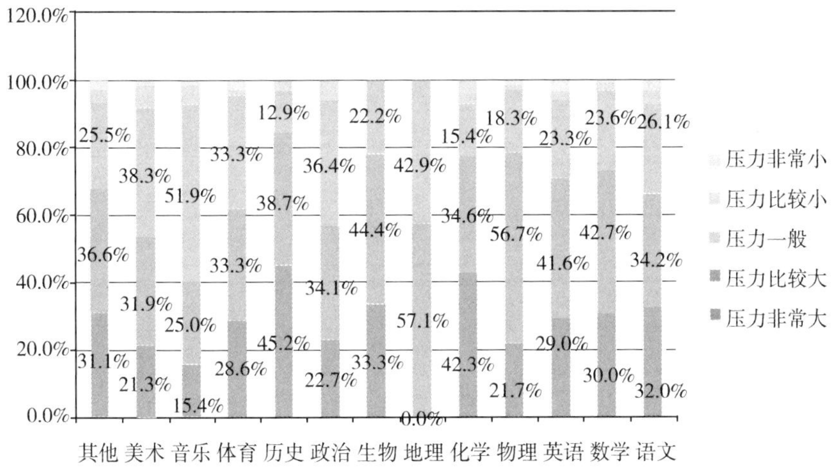

图 2-9　不同学科教师工作压力情况

表 2-32　KMO 和 Bartlett 的检验

取样足够度的 Kaiser-Meyer-Olkin 度量	0.887	
Bartlett 的球形度检验	近似卡方	6814.249
	df	28
	Sig.	0.000

（2）提取因子与因子命名解释

从表 2-33 可以得知，在第一因子上有 4 个变量有较高的载荷度，说明其与第一因子相关性较强，突出了第二因子的重要；而第二个因子上有 3 个变量与其有较高的载荷度。第一因子主要由教师的教育教学理念相关因素构成，因而第一因子可以命名为教师教育理念；第二因子主要由课堂驾驭能力、学科知识储备、信息技术和班级管理能力组成，可以解释为教师的具体教育实践能力。

表 2-33　　乡村教师教育教学能力量表因子载荷矩阵

成分矩阵 a		
	成分	
	1	2
我认为以学生为本并不会弱化教师的主导地位	0. 828	
以学生为本的课堂对教师要求更高	0. 806	
我评价学生并不以考试成绩为唯一标准	0. 778	
我从未对学生进行过体罚或变相体罚	0. 764	
我能够很好地驾驭课堂教学		0. 734
我的学科知识能应对学生提出的各种学科类问题		0. 729
我在课堂教学中经常运用现代教育技术开展教学		0. 668
在管理班级或处理学生的问题行为时，我总是得心应手，成效显著		0. 658

提取方法：主成分分析法。

a. 提取了 2 个成分。

2. 乡村教师教育教学能力情况

表 2-34 中给出了乡村教师教育教学能力量表中各题得分。该部分得分在整个问卷调查中均值是最高的，可见省域内乡村教师对自身的教育教学能力普遍持肯定态度，无论是在教育理念方面还是在教育实践能力方面都予以较高的评价。具体来看，教育理念方面的题目得分最高。教师们均表示以学生为本的课堂对教师要求更高，但以学生为本并不会弱化教师的主导地位。对学生的评价并不以考试成绩作为唯一的标准。并且，多数教师从未对学生进行过体罚或者变相体罚。在教育教学实践能力方面，教师们表示能够很好地驾驭课堂教学，能够使用信息技术开展教学活动，其知识储备也能够应对教育需求。得分最低的是在班级管理方面，在问及管理

班级或处理学校问题行为时，是否得心应手，成效显著，被调查教师中有超过25%的教师认为自己的班级管理和问题行为处理能力一般，如表2-35所示。与此同时，苏南地区乡村教师在该方面的自我评价要明显高于苏中和苏北地区教师。

表2-34　乡村教师教育教学能力情况

题目	均值	标准差
我能够很好地驾驭课堂教学	4.22	0.704
我在课堂教学中经常运用现代教育技术开展教学	4.22	0.754
我评价学生并不以考试成绩为唯一标准	4.30	0.773
在管理班级或处理学生的问题行为时，我总是得心应手，成效显著	3.95	0.766
以学生为本的课堂对教师要求更高	4.35	0.738
我的学科知识能应对学生提出的各种学科类问题	4.01	0.779
我从未对学生进行过体罚或变相体罚	4.29	0.839
我认为以学生为本并不会弱化教师的主导地位	4.07	0.902

表2-35　乡村教师班级管理能力

	苏南	苏中	苏北	合计
非常不符合	2	6	5	13
	0.6%	0.6%	1.1%	0.7%
比较不符合	3	15	6	24
	0.9%	1.5%	1.3%	1.4%
一般	57	241	123	421
	17.9%	24.3%	26.3%	23.7%
比较符合	173	520	214	907
	54.4%	52.4%	45.8%	51.0%
非常符合	83	210	119	412
	26.1%	21.2%	25.5%	23.2%
合计	318	992	467	
	100%	100%	100%	100%

（四）乡村教师自我发展内力情况分析

1. 变量因子分析

（1）分析原有变量

由下表可知，该量表的球度检验统计量的观察值为 3423.950，对应概率近似为 0。当显著性 α 为 0.05，因为 p 值小于显著性 α，所以能够拒绝零假设，认为相关系数矩阵与单位矩阵有显著性差异。与此同时，KMO 值为 0.806，根据 Kaiser 给定的 KMO 度量标准可知，原先变量是能够进行因子分析。

表 2-36　　KMO 和 Bartlett 的检验

取样足够度的 Kaiser-Meyer-Olkin 度量	0.806	
Bartlett 的球形度检验	近似卡方	3423.950
	df	6
	Sig.	0.000

（2）提取因子与因子命名解释

从表 2-37 可以得知，在第一因子上有 2 个变量有较高的载荷度，说明其与第一因子相关性较强；第二个因子上 2 个变量也与其有较高的载荷度。第一因子主要由教师的教学自我反思以及教育教学知识更新相关因素构成，因而第一因子可以命名为教学水平提高意愿；第二因子主要由学历提升计划和参加培养的愿望组成，可以解释为教师提升学历与参加培训的意愿。

表 2-37　　乡村教师自我发展内力量表因子载荷矩阵

成分矩阵 a		
	成分	
	1	2
我经常进行教学自我反思以提高自身的教学水平	0.866	
我平时经常阅读教育、教学方面的期刊或书籍	0.889	
我有学历提升的计划或者已经提升了自己的学历层次		0.821

续表

成分矩阵 a		
目前，我有较为强烈的参加专业培训的愿望		0.790

提取方法：主成分分析法。

a. 提取了 2 个成分。

2. 乡村教师自我发展内力情况

表 2-37 给出了乡村教师自我发展内力量表的具体得分情况。其中得分最高的为教育反思情况，教师们经常进行自我反思以提高自身的教学水平。被调查教师也普遍有提升学历的计划或者已经提升了自己的学历层次，且目前有较为强烈的参加专业培训的愿望。得分最低的为教育教学知识的更新。

表 2-38　　乡村教师自我发展内力情况

题目	均值	标准差
我经常进行教学自我反思以提高自身的教学水平	4.17	0.734
我平时经常阅读教育、教学方面的期刊或书籍	3.96	0.819
我有学历提升的计划或者已经提升了自己的学历层次	4.02	0.872
目前，我有较为强烈的参加专业培训的愿望	4.00	0.870

（五）结论

通过以上数据以及相因分析，可以得出以下结论：

1. 乡村教师队伍发展整体态势良好

从数据中可以看到，省域内乡村教师的职业认同、留教意愿、教育教学能力以及自我发展内力，在这四分量表中有两份的得分率超过 80%。教师的教育教学能力自我评价水平最高，达到 83.52%。其次是教师的自我发展内力量表得分，得分率为 80.8%。可见，乡村教师有较高的学历提升需求和专业培训参加意愿。乡村教师的职业认同和留教意愿水平较低。其中最低的是留教意愿水平得分，为 68.68%。

2. 乡村教师愿意去经济更为发达地区工作

问卷数据显示乡村教师愿意去经济更为发达地区工作，但一半的教师愿意长期在农村学校工作。被调查的乡村教师中，65.2%的教师表示想去经济更为发达的地区工作，有28.7%的教师不置可否。但在问及是否愿意长期在农村学校工作时，46.9%的教师愿意长期服务于农村学校，仅20.3%的教师表示不愿意长期在农村执教。在问及所在学校是否存在教师流失情况时，10.9%的教师表示教师流失严重，14.5%的教师认为教师流失比较严重，还有34.9%的教师认为一般。苏南地区教师队伍稳定性与苏中和苏北地区相比较强。

3. 乡村教师工作压力普遍较大，学科差异明显

被调查乡村教师的工作压力水平普遍较高。其中，29.7%教师认为自己的工作压力非常高，38.4%的教师认为工作压力比较高，25.9%的教师表示工作压力一般。不同学科的教师工作压力情况有各自的情况。各学科教师压力从高到低排序分别是历史、物理、生物、化学、数学、英语、语文、体育、政治、地理。历史教师中有83.87%的教师表示工作压力非常大或者很大。物理、生物、化学教师中认为工作压力大的教师均占学科总人数的75%以上。语数外教师中，语文教师的工作压力最高，占比67.2%，英语教师次之，认为工作压力比较大或者特别大的教师超过半数。

4. 乡村教师对工资待遇满意度低，苏中最显著

工资待遇问题一直是乡村教师队伍发展的重要影响因素，直接关系到乡村教师能否下得去、留得住。尽管近年来教师待遇的水平在不断提高，但乡村教师仍旧表示对岗位工资、福利待遇等不满意。调查数据显示，乡村教师普遍对其岗位工资、待遇以及学校提供的教师周转宿舍不满意，特别是苏中地区教师的满意度最低，苏北地区次之。

5. 乡村教师对自身班级管理能力信心不足

乡村教师对自身的教育教学能力总体评价较高，是各量表中得分最高的。但该部分得分最低的为乡村教师对自身的班级管理以及问题行为处理的能力。可见，乡村教师对自身班级管理能力的信心不足。两成以上的教师认为自己在管理班级或处理学生的问题行为时，成效一般或者效果较差。仅23.2%的乡村教师认为自己在该方面问题的处理上非常得心应手，效果显著。

6. 由南至北乡村教师队伍发展呈“U”形趋势

从苏南、苏中和苏北的各量表得分可以看出，省域内各地区乡村教师队伍发展不均衡。苏南地区乡村教师在职业认同、留教意愿、教育教学能

力和自我发展内力量表的得分都高于其他地区。苏中地区得分最低，而苏北地区的得分略低于苏南地区。江苏的社会经济发展水平由苏南至苏北呈现由高至低的趋势，研究者假设乡村教师队伍的建设水平也是同样的发展趋势，但结果显示，省域内乡村教师队伍的发展呈“U”形趋势。

四　乡村教师队伍发展影响因素分析

（一）影响乡村教师队伍稳定的因素

1. 年龄与长期在农村工作意愿的关系

研究假设乡村教师的年龄与乡村教师的从教意愿、留教意愿有相关性。年轻教师往往不愿意留在农村地区工作，在选择就业地点时倾向于选择城市地区或经济发达的农村地区，且这种倾向随着年龄的增加呈逐渐减弱的趋势。通过数据分析结果可知，年龄与是否愿意长期在农村学校工作有显著相关性，如表2-39所示。由表格中数据可知，将乡村教师年龄与其是否愿意长期在农村学校工作进行线性回归分析，Sig. $P<0.05$，即显著性水平小于0.05时，都应拒绝零假设，说明两者之间存在显著相关性。

表2-39　乡村教师年龄与是否长期在农村学校工作相关性

系数a						
模型		非标准化系数		标准化系数	T	显著性
		B	标准错误	Beta		
1	（常数）	2.363	0.123		19.154	0.000
	我愿意长期在农村学校工作	0.283	0.034	0.193	8.288	0.000

a. 应变数：教师的年龄。

2. 学历与长期在农村工作意愿的关系

研究假设学历越高的乡村教师越是希望能够去城市地区或经济发达地区工作。研究对乡村教师学历与乡村教师是否长期在农村学校工作的意愿进行了回归分析。如表2-40所示，当显著水平小于0.05时都应拒绝相关系数检验的零假设，认为两个总体之间存在线性关系。因此，乡村教师学历对其是否愿意长期在农村学校工作有着显著影响。

表 2-40　　教师学历对是否愿意长期在农村学校工作相关性

系数 a						
模型		非标准化系数		标准化系数	T	显著性
		B	标准错误	Beta		
1	(常数)	3.972	0.025		160.499	0.000
	我愿意长期在农村学校工作	-0.021	0.007	-0.0713	-3.017	0.003

a. 应变数：教师的学历。

3. 教龄与长期在农村工作意愿的关系

教龄和学龄在一定程度上有着相似的意义。研究假设乡村教师教龄同年龄一样，与教师是否愿意长期在农村工作有着相关性。线性回归分析结果也验证了这一假设。如图 2-41 所示，显著性为 0，Sig. P<.05，即显著性水平小于 0.05 时，都应拒绝零假设，说明两者之间存在显著相关性，即教龄与年龄一样对教师是否愿意长期在农村学校工作有着显著影响。

表 2-41　　教师教龄对是否愿意长期在农村学校工作相关性

系数 a						
模型		非标准化系数		标准化系数	T	显著性
		B	标准错误	Beta		
1	(常数)	3.243	0.171		160.499	0.000
	我愿意长期在农村学校工作	0.156	0.026	0.141	5.938	0.000

a. 应变数：教师的教龄。

4. 职业认知与长期在农村工作意愿的关系

本研究假设认为教师是一份稳定职业的乡村教师会更愿意长期留在乡村学校工作，将两者进行了线性回归分析，结果显示，两者之间的确存在着正相关的联系。在显著性水平小于 0.05 时，应该拒绝相关系数检验的零假设，认为两者存在线性关系。乡村教师对教师职业稳定性认可程度越高，越乐于在乡村学校服务。

表 2-42　　教师职业认知与愿意长期在农村学校工作相关性

系数 a						
模型		非标准化系数		标准化系数	T	显著性
		B	标准错误	Beta		
1	(常数)	3.160	0.057		55.283	0.000
	我愿意长期在农村学校工作	0.273	0.016	0.3793	17.280	0.000

a. 应变数：教师是个稳定的职业。

综上可见，年龄、教龄、学历以及教师职业认知都与教师是否愿意长期服务农村有着显著关系。此外，研究还对乡村教师的编制性质、性别与其是否愿意长期在农村学校工作无关。乡村教师的编制性质与其留教意愿无相关性。乡村教师性别与其是否愿意长期在乡村工作以及是否去经济更发达地区工作的相关性检验结果分别为 0.185 和 0.202。可见，乡村教师性别与其留教意愿并无相关性。

（二）影响乡村教师工资待遇满意度的因素

1. 年龄与教师工资待遇满意度的关系

研究假设乡村教师的年龄越大，对工资待遇的满意程度越高，继而对两者进行了线性回归分析。结果显示，年龄对乡村教师周转宿舍满意度有着显著影响，但对教师岗位工资及待遇满意度并无显著影响。

表 2-43　　教师年龄与工资待遇满意度相关性

系数 a						
模型		非标准化系数		标准化系数	T	显著性
		B	标准错误	Beta		
1	(常数)	2.880	0.0643		44.88954	0.000
	我对我的岗位工资及待遇很满意	0.035	0.044	0.021	0.797	0.426
	我对我校的教师周转宿舍很满意	-0.149	0.037	-0.103	-3.997	0.000

a. 应变数：教师的年龄。

2. 职称与教师工资待遇满意度的关系

研究还假设教师的职称与对岗位工资以及待遇的满意度相关。职称越高，其满意度处于较高水平，即职称与满意度呈正相关。但数据分析结果表明，教师职称对岗位工资及待遇满意度并无相关性，如下表所示。

表 2-44　　教师职称与工资待遇满意度相关性

系数 a						
模型		非标准化系数		标准化系数	T	显著性
		B	标准错误	Beta		
1	（常数）	2.880	0.0643		44.88954	0.000
	我对我的岗位工资及待遇很满意	-0.0383	0.020	-0.040	-1.697	0.090

a. 应变数：教师的职称。

3. 从教意愿与教师工资待遇满意度的关系

本研究对乡村教师从教意愿与教师对工资待遇的满意度进行了线性回归分析。从教意愿包括教师是否一直从事教师职业以及教师是否愿意长期在农村学校工作。结果显示，它们的相关系数检验概率近似于 0。因此，在显著性水平小于 0.05 时，应该拒绝相关系数检验的零假设，认为两个总体存在线性关系。即从教意愿对乡村教师面对教师的岗位工资及待遇满意度起着正向影响。可见，从教意愿较高的教师，对教师的工资待遇满意程度也越高。

表 2-45　　教师从教意愿与工资待遇满意度相关性 1

系数 a						
模型		模型		模型	模型	模型
1	（常数）	1.494	0.087		17.176	0.000
	我对我校的教师周转宿舍很满意	0.352	0.023	0.362	15.539	0.000
	我对我的岗位工资及待遇很满意	0.124	0.019	0.149	6.419	0.000

a. 应变数：我一直就想当老师。

表 2-46　　教师从教意愿与工资待遇满意度相关性 2

系数 a						
模型		模型		模型	模型	模型
1	（常数）	1.494	0.087		17.176	0.000
	我对我校的教师周转宿舍很满意	0.141	0.022	0.143	6.298	0.000
	我对我的岗位工资及待遇很满意	0.474	0.026	0.410	18.059	0.000

a. 应变数：我愿意长期在农村学校工作。

综上可知，乡村教师是否有强烈从教意愿直接影响其对工资待遇的满意度，而职称的提升并不能带来教师对工资待遇的高满意度。

（三）影响乡村教师班级管理能力的影响因素

1. 师范教育背景与班级管理能力相关性

研究对乡村教师是否具有师范教育背景与其班级管理能力进行了相关性分析。数据结果显示，有无师范教育背景与乡村教师在管理班级或处理学生问题行为时是否得心应手并无相关性。即无论是有师范教育背景还是没有师范教育背景，教师在处理班级管理事务以及学生问题行为的时候，所遭遇困难程度没有区别。

表 2-47　　教师有无师范背景与班级管理能力相关性

变异数分析					
在管理班级或处理学生的问题行为时，我总是得心应手，成效显著					
	平方和	df	平均值平方	F	显著性
群组之间	1.701	1	1.701	2.905	0.088
在群组内	1039.113	1775	0.585		
总计	1040.814	1776			

2. 年龄与班级管理能力相关性

研究提出假设，教师年龄越大，资历越丰富，其班级管理能力越强，随即对教师年龄和班级管理能力进行了相关性分析。结果显示，其显著性水平小于 0.05 时，应该拒绝相关系数检验的零假设，认为两个总体存在线性关系，验证了研究的假设。

表 2-48　　教师年龄与班级管理能力相关性

系数 a						
模型		非标准化系数		标准化系数	T	显著性
		B	标准错误	Beta		
1	（常数）	2.547	0.223		11.424	0.000
	在管理班级或处理学生的问题行为时，我总是得心应手，成效显著	0.197	0.055	0.084	3.554	0.000

a. 应变数：教师的年龄。

3. 教龄与班级管理能力相关性

教龄与年龄具有类似的意义，因而在经过线性回归分析后发现，两者之间的显著性结果小于 0.05，即与教师班级管理能力的相关性也非常显著。

表 2-49　　教师教龄与班级管理能力相关性

系数 a						
模型		非标准化系数		标准化系数	T	显著性
		B	标准错误	Beta		
1	（常数）	3.068	0.168		18.317	0.000
	在管理班级或处理学生的问题行为时，我总是得心应手，成效显著	0.184	0.042	0.104	4.406	0.000

a. 应变数：教师的教龄。

4. 班主任与班级管理能力相关性

研究假设承担班主任工作的乡村教师的班级管理能力要强于未承担班主任工作的教师，即教师是否承担班主任工作与其班级管理能力有着一定的相关性。在经过单因素 ANOVA 检验后得出，两者之间的显著性水平低于 0.05，证明两者之间的确存在着显著相关性，如表 2-50 所示。

表 2-50　教师是否是班主任与班级管理能力相关性

变异数分析					
在管理班级或处理学生的问题行为时，我总是得心应手，成效显著。					
	平方和	df	平均值平方	F	显著性
群组之间	3.248	1	3.248	5.556	0.019
在群组内	1037.566	1775	0.585		
总计	1040.814	1776			

综上可知，乡村教师的班级管理能力与其年龄、教龄、是否是班主任呈正相关关系，与是否拥有师范教育背景无关。此外，研究还对工作压力与乡村教师是否是班主任进行了相关性分析，显著性结果为0.335，大于0.05。因此，乡村教师工作压力与其是否承担班主任工作无关。

五　促进省域乡村教师队伍发展的对策

（一）保障乡村教师生活待遇水平

1. 提高工资收入，改善教育财政管理体系

马斯洛需求层次理论将人的需要从低到高分为五种需求，其中生理的需求是最基本的需求，满足基本的温饱是根本。对于教师来讲，工资收入低是制约工作动力、生活水平的直接因素，提高乡村教师的工资待遇是改善教师生存状态的基础，也是激发乡村教师工作热情的关键点之一。从三位教师的访谈中了解到，他们均认为自己的工作量和工资收入不成正比。乡村教师能够享受相应补贴，且确实对于留住部分教师发挥了相应的作用，但部分教师认为补贴额度不高，普遍对其工资收入并不满意，相应的福利待遇也不能满足教师的需求。

乡村教师工资收入的提高可以通过两个基本途径，一是加大政府投入，二是改革工资制度。加大政府投入是提高教师收入的根本，是所有改革的前提。我国现行的教育财政体系是"以县为主、省级统筹、中央支持"，教育经费的投入主要是县级政府部门负责，而一些偏远地区县级财政部门资金薄弱，教育经费投入低，这样必然导致教育投入不足，教师的待遇差，教师生存状态不理想的问题。据此，国家正在改变"以县为主、省级统筹、中央支持"的教育财政体系，根据各县实际的经济发展水平，合理划分教育财政经费的承担比例，适当加重上一级政府对教育经费的承

担比例，改变“以县为主”的教育财政管理体系，形成“以市为主”，甚至“以省为主”的教育财政体系，转移县级政府财政部门的教育经费投入压力，保证教育经费的投入总额，实现教育均衡。

2. 转变激励方式，优化教师绩效考核体系

教师的工资构成是基本工资和绩效两个部分，基本工资是固定不变的，改变的是绩效工资的部分。在进行绩效考核的过程中应该进行合理的定义，学校等相关部门按照绩效评估结果进行奖励惩罚，用绩效激励教师的工作热情和积极性。教师进行完善和调整，改变工作方式和方法，提高教学质量，取得良好的绩效。对于绩效考核结果优秀的教师除了增加收入以外，还有其他方面的奖励措施。第一，考核结果与职位挂钩。对于考核优秀的教师，可以通过职位的晋升进行激励，在学校里从普通教师升为学科组长、年级组长、教导主任等。既是对教师教学和工作成果的奖励，激励再接再厉，又对其他教师起到榜样示范的作用。对于考核结果有问题的教师，在连续三次不合格、改正效果不明显的情况下，可以对教师采取降级的处理措施，重新考核该教师的专业能力，由优秀教师一对一帮扶，提升教师的专业能力。第二，考核结果与学习培训挂钩。相关部门可以根据绩效考核的结果，决定教师学习培训机会，对于绩效考核良好的教师学校可以提供更多的外出培训机会，对教师本身产生促进的作用。对于考核结果不理想的教师，针对考核的具体结果，进行有针对性的培训，以弥补专业技能的缺陷。第三，完善绩效工资的工资构成比例，适当加大补贴和奖励占工资构成的比例，提高教师工资收入。根据经济发展水平和物价水平，提高教师的工资收入，以物价水平为指导，物价水平提高，工资收入也要相应增加。第四，国家优先拨付教育经费，在财政预算上要保障教育经费的投入，不能以减少教育经费的投入保证经济的发展，这是得不偿失的。第五，对乡村教师绩效工资制度的实施进行监督。乡村教师的绩效工资在义务教育阶段薪资的大环境下，受到的关注程度依然较弱，相对于中学或高等教育，乡村教师可以说是“弱势群体”了。加大对乡村教师绩效工资的监管，完善相关部门的执行力度。上有监管，下有监督，形成一套完整的体系，有助于乡村教师绩效工资的实行，对于创建公平公正的绩效工资体系起到重要的作用。

对于绩效工资制度的改革，应在增加投入量上下功夫，而不是通过计算绩效的比例而动存量。教师更加在意的是收入的增长而不是工资结构的

改变。加大政府的投入是绩效改革的根本性措施，只有加大存量，切实提高每位教师的工资收入，才能真正激励教师工作的积极性，而不是冻结存量，重新进行再分配。绩效管理涉及教师工作的方方面面，是一个全面的过程，每一个环节之间相互作用和影响，优化绩效考核体系，使整体发挥最大的作用，使绩效工资制度更好地激励教师，激励教师工作的积极性，改进教师的专业能力。

（二）保证教师源的稳定和活力

1. 探索反向流动机制，引导教师形成向村性

受“离农”或“向城”思想的影响，长期存在乡村教师想方设法进城的单向流动，乡村学校留不住骨干教师的情况。到现在，仍然有教育部门把选调乡村教师进城作为一种激励乡村教师的办法。从访谈中发现，乡村学校校长极其反对这种做法，因为乡村学校培养的优秀教师都进城了，乡村学校缺少教师和优秀骨干教师的形势就会更加严峻，教学质量必然会滑坡。从国内外的一些有效做法中可以看到，浙江省的乡村教师反向流动机制和日本的教师轮岗制度在均衡城乡教育资源方面取得了良好的效果。打破当前城乡二元体制，仅仅通过招聘教师到乡村学校解决不了乡村教师队伍整体质量不高的问题，因为名师不是可以速成的，要经过教学实践的磨炼和时间的沉淀。因此建立有效的教师反向流动机制可以缓解二元体制带来的弊端，带动整个教育系统的发展。

为此，部分教育主管部门进行充分调研，调查城乡教师的课时量、教学科目、年龄、教师个人意愿等，在县或区内的教师定期流动到乡村学校，时间为三或五年。遵照个人意愿进行申请和行政调配相结合的办法，避免强制流动带来负面影响；其次，反向流动制度和保障制度并行。对于流动到乡村的教师，在经济上给予补贴，在职称评定方面优先考虑，在偏远学校建造安置房，为离家远的教师解决住宿问题，在规模非常小的学校建食堂不现实的情况下，统一生活津贴标准按月发放。对于按照约定完成流动任务并取得优异成绩的教师进行表彰和颁发荣誉证书。对于教师反向流动，国内和国外有一些成熟的做法，但是我国是一个多民族、地理条件又非常多样化的国家，要考虑当地的实际情况，具体问题具体分析，找出适合当地的教师反向流动方法。有些省份交通发达，尝试反向流动机制体现了较大的可行性和合理性。

2. 扶持乡村师资队伍，解决生活实际问题

稳定教师队伍，对在岗教师进行重点扶持。尤其是这两类群体，一是处于弱势群体的乡村教师，特别是村级小学和教学点，这些地方的教师，生存状态极为恶劣，很大概率会迫于生活的压力放弃教师职业，所以率先对这些地方的教师进行扶持，正在有效地起着稳定作用；二是乡村教师中优秀的年轻教师和骨干教师，这一类教师如果长期待在条件较为落后的乡村地区，如果收入和待遇没有得到改善，很大程度上这些教师会选择条件更好的学校或地区任教，甚至放弃教师职业，选择收入较高、生活环境较好的职业从事。稳定这一类教师，重点扶持，对于改善这类教师的生存状态，促进教育公平有重大的作用。政府部门应通过设立奖励基金，对于工作中表现优秀的乡村教师给予奖励，尤其是处于弱势群体的乡村教师和职称晋升受限的中青年教师，给予物质的支持，帮助他们开拓上升空间。

3. 采取差异化管理，增强乡村教职吸引力

在教师管理体制中，乡村教师处于权力的最低层，一方面教学任务在身，另一方面还要兼顾与教学有关或无关的考核、评比和检查等。乡村人口多，“撤销并点”后，学校较之前减少，教师退休多，补充少，班级多，学生多，教师工作量大。从教师调查中可以发现，乡村教师兼课现象普遍存在。长期以来教师疲于应付这种超负荷工作，教科研停滞不前。相较之下，城区学校课程开设齐全，教学活动多样，教学内容丰富，教师人员充足，教师来源较为多样，有通过招聘补充的教师，通过选调从乡村选拔优秀教师，城区和乡村在师资力量方面极端不对等。乡村教师所处的教育环境不同，生源不同，教育方式和难度不同。在教师评价方面，教育主管部门应该对城乡教师实行差异化管理，建立不同灵活评价方式，对乡村教师的教育教学业绩给予适切的评价与指引，调动乡村教师工作的积极性。

此外，要采取差异化管理方式着力提升乡村教师的教育教学质量，如采取城乡教师结对活动，一名乡村教师和一名城区教师结对，一周去城区学校听课一次，一学期在城区学校上公开课一次，由城区教师打分，不做绩效考核项目，另外拨款给予奖励，每位新入职教师必须结对三年。

对乡村教师的继续教育也要有别于城区学校，建立地方师范院校和乡村中小学校长期合作培养机制，定期互动。让长久走不出中小学校园的乡村教师通过大学生顶岗实习，能够再次走进大学课堂，与职前教师交流，

向大学教师学习，提升自己的专业知识和接触新知识技能和信息，为成为研究型、专家型教师打下基础。

在薪酬方面，对不同年龄段的教师进行访谈时发现，年轻教师的基本工资过低，年龄大的教师对基本工资基本满意，需要通过缩小教师级别工资，调整教师级别工资，提高刚入职教师的基本工资，缩小教师因级别工资差距过大产生的不良情绪。为激励教师改进职业态度、提高教育教学质量，可以将绩效工资与级别工资分开核算，规范教师绩效工资考核标准。绩效工资每人的标准应设定一样，再按工作业绩、工作态度、工作技能进行综合评估，在实际工作中做到多劳多得，不让多干活的人吃亏。

（三）乡村教师培养赋予自身特色

1. 完善教师培训体系，提高乡村师资质量

教师队伍建设是教育发展的核心，师资培训是提升教师专业素质的有效途径之一。马斯洛认为“基本需要会满足人的健康和生活需要，发展性的需要会让人觉得幸福。”通过教师培训可以满足教师的发展性需要，提升乡村教师幸福感。目前，教师培训类型是在职培训、短期集中培训和脱产培训，对于乡村教师培训，应完善培训体系，提高乡村教师质量，优化乡村教师生存状态。

提高乡村教师培训的有效性。培训前制订培训计划、考核标准，并明确相关细则，明确通过此次培训希望达到的预期效果，同时注意培训计划的合理性和可操作性。培训中穿插对教师的微型考核，抽选个别培训者，进行培训效果的抽查。培训后依据考核标准，对培训者进行系统考核，记录存档，制成乡村教师个人成长计划，以备后续的教师培训，增加教师培训体系的系统性和连贯性。

改善乡村教师培训方法。入职后，采取多种措施有针对性地对乡村教师开展培训，相关部门结合当地的实际情况合理安排培训工作。将有经验的教师送到当地进行实地培训，亲自指导，节省教师的时间、成本和培训之后师资协调不够的问题。同时改变纯理论专业知识讲解的培训形式，形成理论与实践相结合、听与讲相结合、记与动相结合的多形式培训方式，多种感官体验的培训方式，从培训中有所体悟，唤起培训者的内在感受性，内化为自己的感受和思想，真正有所学、有所用。

增加非在编乡村教师培训机会。相关部门应将教师培训的名额涵盖代课教师、民办教师，使每一位教师在正式上岗之前接受正规的职业培训，

了解作为教师的日常工作内容，增加工作的信心，有利于更好地开展工作。对于同一内容的培训，不管是在编教师还是非在编教师，每一位老师都要参加，覆盖范围达到百分之百；相关部门开展针对不同年龄段、不同教学水平的、不同内容的培训，扩大培训范围至非在编教师，使民办教师和代课教师也能够有机会参加培训。通过培训，教师从中吸收先进教学理念，学以致用，改善非在编教师质量，从而切实提高整体乡村教师师资质量，保证省域乡村教育水平。

2. 以乡村学校为根，制定特色化教师培训

“说起教研活动，哪有老师会愿意花这个工夫去聚齐来研究教学，发现问题，找寻方法，都觉得这种事情无用，浪费时间。他们心里按照有利无利划分出来明确的分内之事和分外之事。如果有的老师工作积极了，不仅不会被赞许和效仿，反而会被嘲笑和排挤，从而形成一种排斥积极教学的氛围，反而消极成了潮流。”某小学校长说。这反映了乡村教师的主动性和发展意识薄弱，产生了消极的学习氛围。而且“县城里或者市里有培训，老师都不愿意去，一方面对那个一点兴趣没有，一方面他走了课谁来帮忙带，没人愿意多带课，于是培训积极性不高，就算培训过了，依然按照以前的来，不会去改变或者学习一些好的经验”。

要改变乡村教师培训向城性的现状，要结合自身切实需要制定特色化的乡村教师培训方式，以乡村学校自身的发展为根，让专门的教育培训与自身教学实际相联系，可以联合成立专门的教师发展学校，可以鼓励发展灵活的教研发展小组或者研究会，定期通过网络或者集中演讲等方式交流各自创新的见解和实践经验。对于教研有极大成果的乡村教师，当地给予丰厚的带薪休假奖励和相关荣誉授予，能够培养出有很强认同感的乡村教育专业人才，甚至可以发展区域性乡村教育培训基地，建立与全省各个地区乡村教师的联系，为日后乡村教育的高质量发展奠定良好的教育基础，为乡村教育的发展培育出坚实的后备力量。

3. 优化职前情感培养课程，提升职业认同感

要想乡村教师“下得去、留得住、教得好、走得远”，师范生培养中应贯彻情感教育，弥补当前高等教育人文关怀的缺失。当代大学生受功利主义影响，导致高等教育理性与情感的剥离，导致师范性缺乏对教学工作的真正理解，缺少社会责任感。只有加强师范生情感教育，进一步引导师范生热爱学生、热爱教育，提升其对教师职业的认同水平，进而引导其热

爱乡村教育，为乡村教育的发展贡献力量。

应进一步优化职前教师培养中的情意课程，通过相关课程渗透教师职业情感，培养师范生的社会性情感，促进师范生产生对教育事业的热爱和对教师职业的憧憬。朱小蔓指出：情感教育作为完整教育的组成部分，它不是教学方法，而是一种教学思想，一种教育观念。不能仅靠一门课程来实施。各门课程、各个教育环节、各种教育资源都是构建教育平台的基础。除了优化显性课程，还需要加强校园文化建设、提升教育者的情感育人能力、探索情感教育路径等，全方位、多途径培养师范生职业情感。

4. 增强乡村教师归属感，实现内生性发展

要实现乡村教师内生性发展，首先，要不断地改善外部环境，通过宣传教育使当地人民理解乡村教师的价值，扭转错误价值观。其次，也要通过思想教育提升乡村教师自身对责任和担当的理解，唤醒他们对于爱的教育的认同，自愿在国家最困难的地方去实现自己生命的升华。让每位乡村教师能够融入当地风土人情中去，培养出一批批热爱家乡造福家乡的热血青年。因此，在创建关心乡村教师内在价值诉求的过程中也要注意师德的培养。师德是一种风气，好的师德氛围会感染人，会让乡村教师重新获得信任和尊重，让他们真正由内而外地担负起大国先生的重任。

其一，通过组织形式多样的主题活动，加强乡村教师与乡村大环境中各层人员的联系，增进了解，获得归属感。政府、社会与学校三方努力，形成以教师为主体，政府外围支撑为物质基础，媒体的宣传为良性循环，创造积极和谐的社会环境，让乡村教师实现自己的人生价值。如地方教育行政部门针对乡村教育的实际情况，制定一系列有关师德的规范要求，认真落实师德评价标准，营造尊师重教的良好氛围，做尊重教师和提高教师社会地位的引路人。其二，通过媒体的组织宣传、正确引导，促进社会形成尊师重教之风，提高乡村教师的社会认可度和社会地位。布迪厄说过："对于教师来讲，位置的重要性远比制度更为重要。"如通过开展讲座等形式传播乡村教师坚守岗位、默默奉献的精神，树立乡村教师的典型形象，从而调动教师的工作积极性，让教师体悟职业的幸福和光荣，获得归属感。

第三章

乡村教师专业发展三重困境

2018年2月发布的《中共中央国务院关于实施乡村振兴战略的意见》（以下简称《意见》），提出振兴乡村战略的最终目标是：乡村全面振兴，农业强、农村美、农民富全面实现。《意见》中提到的多个方面都与教育密切相关。如《意见》指出：乡村振兴，生态宜居是关键。乡村中有学校，才有学生欢声笑语，才有居民生气活力，乡村才宜居；如果没有一所环境美丽、教育优质的学校，乡村就留不住人，留不住人就根本谈不上宜居，如果达不到宜居的要求，就谈不上振兴。且从教育生态学的角度来看，教育与外部周围环境之间存在着本质的、必然的联系。教育与教育生态系统之间有着物质流、能量流和信息流的交换，存在着协同进化的机制。《意见》还指出：乡村振兴，乡风文明是保障。乡村体现了中华文明，有效地传承中华民族优秀的传统文化，对于形成新时代的文明乡风具有重要意义，乡村学校和教师在这方面有着独特的优势。

因此，在乡村振兴背景下，对乡村教师的要求：由“下得去、留得住”到“教得好、走得远”，由关注乡村儿童到关心乡村教育、再到对农业和农民发展问题的思考，在促进新农村建设发展的同时实现与乡村社会元素在共建共享发展中互融共生。

第一节　乡村教师在乡村社会中身份地位的确立

一　乡村教师应成为立足乡村的专业自主发展者

实施“乡村振兴战略”为乡村教师立足乡村的专业自主发展提供了机遇、也提出了挑战。“乡村振兴”把乡村的发展尤其是主动发展放在了重要位置，让乡村社会、经济获得公平而有质量的发展。“乡村振兴”不是“改造乡村”，而是越来越注重发挥乡村的主动性，激发乡村的发展活力，建立更加可持续发展的乡村人才队伍建设的内生增长机制。改变了以往单一的“需求”思维，使乡村教师有改造乡村社会的精神和能力，主动地成长与发展，而不是被动接受改造或教育。

主动发展是发展意识的唤醒，主动发展是每一位卓越教师应有特性。乡村教师需要思考如何进行立足乡土的专业发展？“发展越来越被看作是一种唤醒的过程，一个激发社会大多数成员创造性力量的过程，一个释放社会大多数成员个体作用的过程，而不是被看成是一个由规划者和学者从外部解决问题的过程。”①

在城镇化进程中，部分乡村教师从乡村走向城市，走向城市学校甚至是另谋他业，但也不乏立志在乡村走向卓越者，乡村教师通过自己的所作所为，通过增进对自己正在做的事情和为什么做这些事情的理解力，通过增进知识和能力，通过全面地参与他所在的生活而获得发展，这样案例虽然不是层出不穷，但每个时代都有，信息化时代为无论身处何处乡村的教师提供了更多的可能。

乡村教师要走个性化自主发展之路。以往教师的发展主要依靠自上而下的外力推动，这种外源性变革的结果，使教师的发展缺乏活力，而且也必然造成发展模式的趋同。尊重乡村教师的个性化自主发展，是其建立专业自信的体现，避免与城市教师发展的趋同化和同质化。乡村教育与城市教育，两者之间有着较大的差别，乡村教育复杂而特殊，乡村教师对农村教育最熟悉，最有发言权，这也为乡村教师个性化自主发展提供了可能性。当然这种个性化自主发展，是一种有机的群体对话历程，是乡村教师相互之间或与乡村学校之外的同行之间，将乡村教育现场实践中所创造与淬炼的有效知识，彼此参照与彼此切磋，透过深刻反思而产生的协同学习过程。

二　乡村教师要成为乡村学生成长的引路人

乡村学生更需要成长道路上的引路人。身处乡村的家长多数知识水平不高，且不重视或不懂得家庭教育，更何况乡村家长到城市打工，乡村里为数不少的留守儿童欠缺来自家庭的养成教育。在城镇化进程中，乡村教

① ［美］杰罗姆·布鲁纳：《布鲁纳教育文化观》，黄小鹏、宋文里译，首都师范大学出版社 2011 年版，第 110 页。

师作为乡村儿童身边为数不多（甚至可能唯一）的有智识的人，相比城市教师而言，重要他人的角色对于乡村学生来说显得尤为重要。

对于儿童而言，挖掘其主体性是一个漫长而复杂的过程，合适的教育理念、教师队伍、教学模式、教育资源等多种因素有机匹配缺一不可。乡村儿童因为获得的来自家庭、社区的支持有限、文化资本投入较低，主体性发展动力或能力不足。乡村教师需要担负乡村教育的重要使命，成为学生知识学习的引导者，帮助学生解决学习障碍的重要角色；更新教育教学观念，把重点从“教”转移到“学”，注重培养乡村学生自主学习和自我教育的能力，使得乡村儿童在自我成长过程中发挥自我意识和主体作用。

更重要的是，乡村教师需要担负关爱学生成长的重任，成为学生形成正确的价值观念的引领者，借由乡村教师服务乡村教育的机会，开乡村社会文明之先进风气，提升整个乡村的生活品位。

乡村教师需要培养新农村建设者，成为学生参加乡村社会实践的指导者。紧密联系乡村社会活动，带领学生进行充分的社会生活实践，锻炼学生的生存技能，在实践中培养学生综合运用知识的能力，让乡村学生真正领略所学知识中蕴藏的经济价值和改造乡村现状的快乐。培养具有扎实学识和较强服务能力的现代新农村建设的劳动者成为乡村教师义不容辞的社会责任。

三　乡村教师需成为乡村文化传承与发展的助力者

乡村振兴的重要支撑是教育振兴，乡村教育振兴离不开乡村教师队伍质的提升。这里的质，不仅包括教师的职业德行、学科专业素养、执教能力，且能够成为新农村建设的精神资源之一，成为参与乡村公共事务的行动者。即除了教书育人还能承担起作为乡村先进文化传承与发展的责任：如陶行知所提出乡村教师应该：“第一要有农夫的身手，第二要有科学的头脑，第三要有改造社会的精神。”①

乡村教师一直以来是乡贤的中坚力量，承担着传承或重新构建乡村文明的重任，现今作为乡贤形象有些式微、新时代的乡贤形象有待重塑，乡村教师要积极参与乡村建设。提升乡村教师公共精神，承担文化传承责任，是乡村社会健康发展的重要保障。随着乡土社会的变迁，传统的

① 陶行知：《中国教育改造》，东方出版社 1996 年版，第 88 页。

“熟人社会”和乡村独特的礼治秩序已经衰落，乡土社会仍然存在的坚韧的内生调节机制，不断确立新的社会秩序。不可否认的是，在现代知识的强势背景下，地方性知识在逐渐消失，地方性差异也愈来愈小。这就要求我们在未来采取更加谨慎和灵活的态度，来维护地方性知识的持续性。乡村教师践行先进文化传承与发展的责任，理应体现知识分子应有的文化担当，做乡村文明传承者、乡村经济发展的服务者；自觉担当传递传统文化、保存地方性知识的角色，重塑作为乡村先进文化传承与发展的知识分子形象，为乡村社会的发展做出应有的贡献。

第二节　乡村社会场景中的教师专业发展的困境

乡村振兴战略对乡村教师角色和责任提出了一些新的要求，乡村教师对乡村社区、乡村学校、乡村儿童甚至乡村家长都在某种程度上具有了一定的责任。本研究围绕乡村教师队伍基本情况、乡村教师职业认同、生存生活状态、教育教学水平、专业发展内驱力等方面，对 S 省 3055 名乡村教师进行了网络问卷调查，并深入乡村学校对 129 名乡村教师进行了深度访谈。调研结果显示：现实当中乡村教师是嵌入在各种管理制度和组织文化约束之下的结构性存在，乡村教师的思考逻辑和行为逻辑通常只能在“结构-个体”连续谱系之下做出即时性选择。结构性约束下的乡村教师在被规定了发展范围之后，无法倾力于学生全面发展；嵌入在教育体制机制科层体系之下，也难以摆脱社会身份认同危机；在满足了诸多组织要求和制度规约的前提下，便很难觅得各自自身的足够发展空间。主要表现在以下方面：

一　乡村教师无法倾力于学生全面发展

就目前的乡村学校的人才培养目标与方式来看，仍然延续的是“移植”模式。这种移植模式源自 1902 年及 1904 年壬寅与癸卯学制的颁行，现代教育制度建立。主要目的是通过培养新式人才，而达致国家富强，其基本框架与结构沿袭至今。“这种学制从一开始就没有将乡村改造与乡村发展问题考虑在内。他的眼光集中在国家的建构与城市工商业的发展上。他只是将乡村作为人才选拔的一种来源而已。这种学制背后所包含的逻辑中，却并不是完全不涉及乡村的。他实际上是意味着在国家与城市工商业发展与发达之后，再用城市的资金按城市的模式将乡村复制成新的城市，这从本质上乃是一种移植思路”。“在这套学制中，乡村教育与城市教育是一体化、同质化的。”① 乡村学生与城市学生的培养目标是一致的，但乡村儿童成才的路径单一，“考试升学”几乎是他们唯一的“向上生长”的机会。

学校对教师的业绩评价主要是学生的学业成绩，虽然说城市也是如此，但是城市学校的师资与管理水平、家长资源也同时为学生提供多种发展的可能与全面发展的机会。乡村教育师资队伍相对薄弱，乡村教师在信息相对闭塞，学生家庭、社区支持不足、教学资源开发不充分的情况下，同样在追求高升学率和考试高分，需要投入更多的精力。即使体会到“乡村少年的健康发展就是乡村教育的根本目标，如何有效地促进每个乡村少年的全面健康发展才是乡村教育的核心与根本问题”②，也必须更关注学生的学业成绩。结果有可能“经过现行招生考试机制的不断筛选，农村学校在为城市输送少量农村优秀学生的同时，亦为农村‘制造’了大量失望而无奈、既不热爱乡村又无实际技能的‘教育性边缘群体’”。③ 当然乡村儿童发展问题的责任不能仅由教师承担。

更何况，现代乡村教师的评价模式也与城市无异，受到“学历”“教学业绩”“科研能力”等评价指标的影响，评价主体也不是乡民而是教育行政部门。“一个人能否教书、如何评定职称、如何调动工作等都有严格的制度安排，而所有制度安排都与乡村是否同意无关。”④ 在评价杠杆的指挥调控下，在教学内容以城市为中心的背景下，在应试教育的影响下，乡村教师同样重视教学目标的实现，以课堂教学为主，注重知识的传授，很少将乡村学生熟悉的文化背景注入课程中，让学生在学习过程中将课本知识和乡村的文化背景建立联系。

调研数据结果显示，近 40%的乡村教师认为所在学校的教师评价制度和奖励制度并不合理，仅 19.5%的教师非常认可现有评价标准。访谈

① 李书磊：《村落中的“国家”——文化变迁中的乡村学校》，浙江人民出版社 1999 年版，第 161 页。

② 刘铁芳：《重新确立乡村教育的根本目标》，《探索与争鸣》2008 年第 5 期。

③ 葛新斌：《关于我国农村教育发展路向的再探讨》，《中国农业大学学报》（社会科学版）2015 年第 1 期。

④ 段会冬：《乡村教师文化困境的再思考——对〈乡村教师的文化困境与出路〉一文的回应》，《上海教育科研》2011 年第 11 期。

中，有教师在谈到针对乡村教师提出的“职称评定向乡村教师倾斜”政策时，教师们反映并不能满足实际需求。部分教师认为“倾斜幅度比较小，教师没有真正得到实惠。所增加的名额对于庞大的教师队伍来说，职称评定的难度并没有发生变化。依旧是僧多粥少”。

仅有不到两成的教师表示在日常教学当中注重融入乡土元素。访谈中，部分老师举例自己在平时的教学中，如何把学生在生活中常见的农用物品或农村特有现象与教学内容相结合，并取得较好的教学效果。但多数教师还未意识到乡村元素对于乡村教育的重大意义，缺乏深度思考。

表 3-1

题目	人数/比重				
	非常不符合	比较不符合	一般	比较符合	非常符合
我在日常教育教学中充分融入了乡土元素	126	489	1631	523	56
	4.1%	16.0%	53.4%	17.1%	1.8%

“乡村教师所传授的也和他们接受的知识一样，是一种来自城市的别处文化，是一种与自己生存环境毫无联系的他者知识。”① 在这些背景下，乡村教师虽然在教书的同时，承担了更多的本应由社会、家庭承担的育人责任，但仍无法实现引导学生全面发展的目标。

二　乡村教师难以摆脱社会身份认同危机

调研中，在被问及是否愿意长期在乡村学校工作时，仅 36.2%教师表示非常愿意或比较愿意长期在乡村工作，且年龄多为 45 岁以上教师；64.4%的教师愿意去经济更为发达地区的学校工作，且 45 岁以下教师最多。仅 33.9%的教师表示家人较为支持其在乡村工作，只有近 40%的教师认为当地人对教师较为尊重。42.9%的教师表示工作没有得到学生家长的支持。

① 唐松林、刘丹丹：《知识的生命意蕴：兼论乡村教师的知识困境》，《教师发展研究》2014 年第 8 期。

表 3-2　　乡村教师职业认同情况

题目	人数/比重				
	非常不符合	比较不符合	一般	比较符合	非常符合
我愿意长期在乡村学校工作	441	487	1022	604	501
	14. 4%	15. 9%	33. 5%	19. 8%	16. 4%
我愿意到经济更为发达地区的学校工作	91	98	909	1085	882
	2. 7%	3. 2%	29. 8%	35. 5%	28. 9%
我的家人很支持我在乡村工作	420	420	1179	651	385
	13. 7%	13. 7%	38. 6%	21. 3%	12. 6%
当地人对教师很尊重	93	393	1354	1017	198
	3. 0%	12. 9%	44. 3%	33. 3%	6. 5%
家长对我的工作很支持	49	142	1122	1177	565
	1. 6%	4. 6%	36. 7%	38. 5%	18. 5%

教师发展的专业主义强调教师教育教学专业技术的精湛，忽视教师社会功能和公共责任的培育。青年教师虽然来到乡村，但不是出于主观意愿，也缺少家人的支持。随着乡村教师的国家化和专业化，国家把乡村教师的聘任、管理和考核纳入行政管理，高校毕业生成为当前乡村教师的主要来源，即使这部分大学生有些来自乡村，但其中绝大部分人在长期的校园生活中主要接受的是系统的学科知识，受城市文化的熏陶，较少关心和了解乡村的生产活动和农民的社会生活。

“乡村教师的专业发展完全局限于主体外部的技术力量设计的范畴之中，乡村教师的责任、权利、义务、意识与行动被局限在与专业性有关的事件上，具有浓烈的强制与规训的意味。”① 乡村教师陷入社会身份的认同危机，在当下乡村民俗社会生活世界和各项改革事业中已经很难找寻到乡村教师活跃的身影，他们作为乡村公共知识分子的身份日渐消解，甚至得不到当地人应有的尊重与学生家长的支持。

教学为导向的考评机制也使乡村教师置身于学校教学活动中无暇旁顾，乡村教师要想在体制内求生存和发展，必然受到体制内考评机制的影响，将工作重心放在学生学业成绩的提高上，往往身处乡村学校多年，却

① 唐松林、丁璐：《论乡村教师作为乡村知识分子身份的式微》，《湖南师范大学教育科学学报》2013 年第 1 期。

对乡村生产活动不了解且缺乏乡村社会生活知识。乡村教师社会功能弱化和乡村社会话语权缺失也会导致乡村学校与乡土社会关联性不强。

所以，作为乡村教师“离土”“离农”，难以融入当地社会，作为乡村为数不多的知识分子群体无法为乡村社会代言；作为在乡村的教师发展“被动”“迟缓”，难以建立专业自信，难以成为区域学科教学的带头人、课堂教学改革的推动者。乡村教师个人的主体态度和意愿并非是社会身份认同危机的实质原因，乡村教师与乡村发展两不相干之外的深层原因在于工业化和城市化发展所带来的国家发展重心的转移，城乡二元结构的不断强化和相关制度安排。“乡村教师处于系统排斥中，从而导致了乡村教师社会地位的边缘化”。[①]

三 乡村教师在制度规约下自主发展不易

人事、职称、培训等制度规约下乡村教师专业发展外部支持不足和结构性约束，影响了教师专业情感的持续、专业目标的确立、专业思维的形成、专业成就感的提升。

从编制管理看，目前城乡教师编制的标准是统一的，乡村学校从生师比上看，教师缺乏并不严重，可乡村地广人稀，教学点多而规模小，这样的“麻雀学校”还得开齐课程，教师人数及结构就显得严重不足。[②] 从队伍流动看，当乡村学校生源减少，城市学校生源增加，城市学校需要更多的教师填空，教育行政部门通过公开选聘、招考、借调等方式，使得乡村学校的优秀教师一批批考走、被借出、选走、调走，这使本已存在结构性缺编的乡村学校雪上加霜。余下的教师不得不身兼数门课程的教学任务，疲于奔命。本研究的问卷调查结果显示 38.6%的乡村教师感到自己工作压力比较大，还有 34.0%的教师表示工作压力非常大。

从职称评聘看，教育行政部门对每个学校教师限定了各个级别的职称人数比例，学校里某个职级数满编，后续申请职称晋升的教师则不能按期获得聘任，对于教师专业发展积极性、主动性产生影响。

从培训效果看，近年来，尤其是《乡村教师支持计划》颁布实施以来。乡村骨干教师培训，在国培、省培计划中占有越来越大比例。很多乡

---

① 沈原等：《边缘化的打工者：中西部地区乡村教师工作和生活状况调查研究报告》，社会科学文献出版社 2014 年版，第 32 页。

② 林润之：《边远乡村教师的生存困境及其突破》，《贺州学院学报》2017 年第 1 期。

村教师通过各种形式的培训学习活动，走出乡村，与专家、名师面对面。感受教育改革发展的形势，了解最新的教育教学方法。接受培训的乡村教师，一定程度上更新了教育教学理念，丰富了学科知识储存，提升了课堂改革与反思能力。但是，乡村教师听取大同小异的专家报告、接受同一模式的培训，针对性不强。例如《“国培计划”课程标准》中规定的三个月的培训项目的规定动作：集中理论培训一个月——基地学校跟岗培训一个月——返岗研修一个月，“据调查，很多参加培训的乡村教师觉得这种培训，教师仍然是被动的，培训的理论未能消化，在城市基地学校跟岗学习的教学方式不适应乡村学校，返岗研修又不得其法，仍然未能解决教师教学中的困境”。①

问卷调查结果显示，仅有近一半的乡村教师认为在工作中获得了很好的个人专业发展。七成的被调查教师表示自己有较为强烈的参加专业培训的愿望，但仅有合计 3. 8%的教师认为自己有充分的机会参与相关专业培训。访谈过程中，有教师反映，“培训是有的，但是市级或者更高级别的培训对于一般教师来说机会很少，因为名额很有限。老师们都是想提高自己专业水平的，希望能给基层老师多一些这样的机会”。

表 3-3　　　　乡村教师专业发展情况

题目	人数/比重				
	非常不符合	比较不符合	一般	比较符合	非常符合
我在工作中能够获得很好的个人专业发展	76	127	1033	1292	527
	2. 5%	4. 2%	33. 8%	42. 3%	17. 3%
目前，我有较为强烈的参加专业培训的愿望	45	71	793	1238	908
	1. 5%	2. 3%	26. 0%	40. 5%	29. 7%
我有充分的机会参与专业培训	908	1238	793	71	45
	29. 7%	40. 5%	26. 0%	2. 3%	1. 5%

教育行政化管理导致乡村教师专业自主权缺失。市、县（区）、乡镇（街道）都有权力通过各种指令性文件、通知，来指导、检查、干预学校

① 戴斌荣：《乡村卓越教师的培养》，北京师范大学出版社 2018 年版，第 22 页。

工作。乡村学校无法专注于教育教学、教师难以全力从事教科研，却要花很多时间与精力去应付来自方方面面的各种形式的检查、评估、验收，甚至还有可能被抽调去参与乡村扶贫工作等，耗散了学校领导和教师的办学精力，让校长、教师工作的主动性、创造性难以发挥。

第四章

乡村卓越教师教育课程整体优化的多重比较

乡村教育教师资源短缺、职业吸引力不足、留任困难、专业发展受限等带来的乡村教育问题是世界各国教育公平的难题，许多教育发达国家也不例外。尽管发达国家较早完成城镇化且已经开始逆城镇化，仍旧存在乡村教师不足、流失严重和水平不高等问题。为让乡村教师“下得去、留得住、教得好”，发达国家已在乡村教师数量补充、岗位吸引和专业培训方面积累了诸多经验可供我国参考。

第一节　美国乡村卓越教师教育课程经验及启示

在美国，乡村学生约占小学到中学（K－12）公立学校在校生数的20%（Showalter Klein Johnson & Hartman，2017）。乡村教育往往与紧密结合的社区认同，以及学校和社区之间的高度伙伴关系联系在一起。乡村教育也与高贫困、高辍学率和资源挑战背景相关。在美国，四分之一的乡村学生被确定为有色人种学生，几乎一半的农村学生生活在或低于贫困线。有色人种的农村学生比他们的白人同龄人更容易经历贫困，而教师对这些学生的期望值更低（Means，2019）。目前，美国乡村教育发展正处于一个不稳定的时期，面临着资金问题、资源减少、人口减少以及为现有空缺招聘困难等诸多问题。普通中小学校与他们的社区本质上是相互交织在一起的，有着相互依赖的关系，各学校的兴衰成败都会相互影响，每一所学校都必须成功，这样其他的学校才能继续生存。如今，许多学校的经费被削减。经费的减少导致资源、人口的相应减少和教师空缺人数增加。职前教师因为其在较小的乡村学校中几乎没有实地工作经验，在择业时往往会在较大的城市或郊区寻求教学岗位。各中小学校，特别是乡村学校急切地想找到合格的教师来为学校教学工作配备人手。因而，这些学校对教师资源的需求就主导了附近大学的服务足迹。在美国，现今有超过 1400 所的综合性大学或文理学院在其教育学院或教育系开设了多种类型的教师教育专业和课程，以培养小学和中学教师。美国教师教育课程的发展历史由来已久，美国教师教育课程理念也经历了从封闭到开放的蜕变历程。

一　美国乡村教师教育课程的发展历程

19 世纪 50 年代起，美国初步形成了以学科知识为课程主要内容，注重教学“技艺”传授的课程理念。20 世纪初，卡内基教学促进基金会成立以来逐步架构了美国教师教育课程体系的基本框架，提出教师教育课程应包括基础课程、教育专业课程以及任教科目课程这三个部分。20 世纪中期，西方国家教育界发起了“学科结构运动”，这是一场试图实现教育内容现代化的课程改革运动，并在此过程中形成了一种全新的课程形态，即“学术中心课程”。该阶段的教师教育课程同样也呈现出明显的尊崇科学、重视科学知识教育的特点，有着显著的学术性倾向。紧接着，以“4+1”教师教育模式为代表的行为科学主义课程出现，该类课程强调师范性理念。至此，美国教师教育课程的价值取向融合着学术性、专业性与社会公正这三种特征。

自 20 世纪 70 年代，美国高等院校开展乡村教师培养计划。乡村教师的培养在课程设置上首先要满足乡村教育的需求，其实是要帮助职前教师充分了解乡村，激发教师对于乡村的热爱。熟知并充分理解乡村文化被认为是优秀乡村教师的评判标准之一，因而在乡村教师教育课程设置中，除了乡村教学，乡村社会、乡村文化、乡村教育发展史等相关课程也被纳入课程之中，以培养出能够满足乡村教学要求且热爱乡村教育的卓越乡村教师。美国所实施的乡村教师培养课程主要分为三种模式：

（一）“2+2”模式

“2+2”模式，即 2 年的普通教育课程和 2 年的学科专业和教育专业课程。以陶森大学为例，陶森大学小学教育专业的学生在大学的前两年主要学习通识教育课程，后两年主要学习专业教育课程，同时参与教育实践活动。小学教育专业必修的课程总数是 37 门，平均每学期接近 5 门。小学教育专业要求 62 学分的核心/专业预科课程和 61 至 62 学分的专业课程，总共 123 至 124 学分。所修课程学分大致 2 至 4 学分。其中，通识课程学分和专业教育课程学分各占总学分数的 50%，实习学分包含在专业教育课程学分中，约占总学分的 14.5%。基础教育课程的第一个学期，学生们开始在识字和数学方面进行实地实习；第二个学期，学生们学习以文学和科学教学为主的课程，并参加实地实习；第三个学期，是在一所或多所职业发展学校进行为期一年的实习的开始，实习生要学习各种各样的高级课程，并在业余时间参加实习；最后一个学期，实习生返回专业发展学校完成三级实习，并完成全日制学生实习。陶森大学小学教育专业的通识教育课程有如下特点，首先，通识教育课程内容较为全面，它包含艺术与人文科学、哲学和社会科学、数学与自然科学，但以人文社会科学为主；其次，通识教育的课程设置比较全面，包含各个领域，人文社会科学和自然科学相互交织。这种课程能够提升职前教师人文素养，赋予其较为全面、多元的文化知识，提高其伦理道德修养，并帮助其形成一定探索研究精神和分析解决问题的能力，从而能够更好地胜任学科教学工作。

（二）“1+1+2”模式

该模式是在“2+2”模式基础上的改进，即将前 2 年中的第一年为高中定向，以弗吉尼亚乡村教师项目为主要代表。1996 年弗吉尼亚州实施家乡教师项目，该项目由乡村社区学院与当地大学共同合作完成。威斯维尔社区学院和瑞德福大学联合培养优秀乡村教师，该项目为面向对教学感兴趣的中学生，由 2 年的社区学院学习和 2 年的大学学习共同构成，学成后可获得瑞德福大学的学士学位。项目参与者可获得两所学校共同提供的奖学金，但须签订定向服务合同，毕业后需在乡村学校任教至少 3 年。该项目乡村教师的职前培养分为三个阶段：第一阶段即高中阶段，有兴趣成为农村教师的学生高二时选修威斯维尔社区学院开设的有关心理课、教育基础知识和教学的基本理论，并完成 32 个学分。第二阶段即威斯维尔社区学院阶段，为期 2 年完成从事教师工作所需的相关课程，并根据已有基础和未来职业定向设置一些课程，如农村社会、农村环境等与农村文化相关课程内容，同时参与一些实践。第三阶段即瑞德福大学阶段。为期 2 年学习教育教学理论并进行教育实践。大学学习第二年的上学期被安排在农村公立学校进行实习（非其原毕业后去的农村学校），第二学期，学生回到格雷松县的农村学校直接从事教学工作。

（三）“远程教育”模式

“远程教育”模式，以印第安纳大学的乡村教师培养课程为主要代表。1987 年印第安纳大学与当地农村小学一起合作实施了一项乡村教师培养计划，参加该培养计划的学生需在 3 年内修满 36 学分的远程教育课程。第一年学习有关特殊教育方面的课程（针对残障儿童的教育），包括课程设计、课堂组织、有效的教学实践三门，合计 12 学分；第二年关注行为失控和情感障碍方面的问题，包括课程管理方法、行为管理方法和自我管理方法三门，12 学分；第三年关于学生发展和在农村教学相关议题的研究，12 学分。

此外，在一些教育薄弱地区，教育实习具有重要意义。学校实习指导老师（Mentor Teacher，MT）在培养上起着重要作用，指的是小学本位的教师教育者，熟悉学校环境，具有丰富的课堂实践经验，愿意和实习生分享经验。在这里，指导老师示范教学思维，学习者观察指导老师的行为同时也能够“看到”他们的指导老师如何思考特定任务和问题。例如在小学全科教师培养质量一流的密歇根州立大学，学校实习指导老师有效引导实习生在语文、数学、科学和社会研究中的计划、教学和评价，帮助实习生将理论学习与临床实践结合起来，促进实习生社会化、专业化，并构建自己的教学风格。

二　恩波利亚州立大学的职前教师教育项目探析

美国高校中的教师教育培养工作也存在着不被专家学者重视的情况，一些地区的政府部门也未对乡村教师的培养给予应有的关注。然而全美教师名人堂的故乡——堪萨斯州的恩波里亚州立大学的教育学院多年来培养了很多教育人才——教师、管理人员、咨询师和学校心理学家。教育学院创建于 1863 年，是美国四所模范教师预备学院（其余三所为斯坦福大学、弗吉尼亚大学、阿尔维诺学院）之一，作为堪萨斯州第一所州立大学教育学院，美国恩波利亚州立大学的主要目标仍旧是培养教师和其他教育人才。教育学院的目标是在专业领域内培养具备基本知识和专业技能的应用人才。教育学院有两个乡村教师培养项目。2002 年秋天，ESU 通过约翰逊县社区学院和堪萨斯城堪萨斯县社区学院（简称 ESU-KC 计划）在堪萨斯城地区推出了其全国知名的基础教育项目。自 2004 年秋天以来，伊苏大学通过巴特勒社区学院（Butler Community College，简称 BEST，巴特勒/恩波利亚学生对教师的评价）在威奇托地区开展了基础教育项目。

师范学院为那些希望成为未来领导者以及寻求个人满意和持续发展的职业的有才华的学生，提供全面而富有挑战性的基础教育课程。作为堪萨斯州最早的高等教育机构之一，恩波利亚州立大学通过在大学范围内参与教师教育，继续开创卓越教育。课程设置注重广泛的观察和参与计划，让师范生在选择专业时充分探索职业选择；一年的专业发展学校（PDS）实践经验，由一名硕士教师指导，并与恩波利亚州立大学的教员保持密切联系；在基础教育咨询中心协助规划师范生的课程。在小学教师教育项目的早期，学生通过教学课程介绍探索教学专业、教育问题以及课堂教学的本质。后来的课程建立了成功的课堂管理、教学计划、复式教学以及学习评估所需的知识和技能。方法课程提供了在包容性课堂上向不同学生教授主题内容的策略。

自 20 世纪 80 年代初以来，全国各地都强烈呼吁改革各级教育。恩波利亚州立大学师范学院长期以来一直是变革的倡导者和实践者。专业发展学校的加入为新手教师提供了在大学和学校教师合作的学校环境中学习专业的机会，行政机构鼓励所有参与者的专业发展和授权。恩波利亚州立大学的专业发展学校模式是一种协作式的、100%基于现场的、为期一年的专业发展学校经验，适用于师范学院的高年级学生。由学区和学院人员设计、实施和评估的基于结果的计划，充分体现了师范学院教师教育计划的主旨内容。虽然专业发展学校的主要目的是为学生的教育和新教师的准备提供一个独特的环境，但环境可以提供更多的实践体验。随着大学教师和课堂教师在新的教学方法和手段上的合作，它允许创新教学实践的发展。它为大学教师提供了进行研究、实地测试和传播教育创新的机会。最后，它还为参与的学区提供了在职研修的机会和实践。

恩波利亚州立大学与巴特勒社区学院、约翰逊县社区学院（堪萨斯州奥弗兰德公园）和堪萨斯城社区学院有合作项目，允许学生在不搬迁的情况下完成基础教育课程。学生通过社区大学合作伙伴完成前两年普通教育和预备教育课程。然后，学生们通过恩波利亚州立大学完成最后两年的学业。在这两年中的第一年，课程可以方便地在晚上或网上提供，适合平衡学校、生活和工作的个人。在这两年的第二年，师范生将在堪萨斯城或威奇托地区学校完成为期一年实习。

在课程的具体设置方面，表 4-1 给出了该学院艺术教师培养的通识课程内容，从课程的学科构成与内容可见其通识课程较为全面、充实，分为核心技能、创意艺术、人文科学、生命与物理科学、社会与行为学科、多元文化视角和个人和社会福利，共计 7 个组成部分，涵盖文学、美术、音乐、生命科学、心理学、人类学、信息技术、政治学、社会学、地理学、商学等 10 多个学科领域知识。

表 4-1　恩波利亚州立大学教师学院艺术教师（本科）培养通识课程情况

<table>
<tr><th>类别</th><th>课程</th><th>学分</th><th>说明</th></tr>
<tr><td colspan="4">核心技能（15—17 学时）</td></tr>
<tr><td rowspan="2">写作</td><td>写作 1</td><td>3</td><td rowspan="2">第一和第二学期完成写作 1 与写作 2，成绩为 C 或更高</td></tr>
<tr><td>写作 2</td><td>3</td></tr>
<tr><td>说与听
（完成 1 门课程）</td><td>演讲</td><td>3</td><td>专业/学位要求：
中等教育 = 演讲</td></tr>
<tr><td>定量与数学推理
（完成 1 门课程）</td><td>大学代数或
大学代数复习</td><td>3—5</td><td>专业/学位要求：
教育专业学生必须选择大学代数，或大学代数复习，或硕士微积分</td></tr>
<tr><td>信息技术
（完成 1 门课程）</td><td>中学教育的教学技术</td><td>3</td><td></td></tr>
<tr><td colspan="4">创意艺术（5 学时）——选择两门课程——每门课程来自不同的领域</td></tr>
<tr><td>艺术</td><td>基础制图</td><td>3</td><td rowspan="3">学位要求：艺术教育专业 = 选择基础制图和一门来自不同领域的课程</td></tr>
<tr><td>音乐</td><td>音乐欣赏</td><td>2</td></tr>
<tr><td>歌剧</td><td>歌剧欣赏</td><td>2</td></tr>
<tr><td colspan="4">人文学科（6 学时）——选择两门课程</td></tr>
<tr><td rowspan="2">艺术史</td><td>艺术史：从史前到文艺复兴</td><td rowspan="2">6</td><td rowspan="2"></td></tr>
<tr><td>艺术史 2：文艺复兴至今</td></tr>
<tr><td colspan="4">生命与物理科学（9 学时）——从以下两个领域各选择一门课程</td></tr>
<tr><td>生物科学/实验</td><td>普通生物学和普通生物学实验</td><td>4</td><td rowspan="2"></td></tr>
<tr><td>物理科学/实验</td><td>地球科学导论/实验</td><td>5</td></tr>
<tr><td colspan="4">社会与行为科学（6 学时）——选择两门课程——每门课程来自不同的领域</td></tr>
<tr><td rowspan="2">心理学</td><td>心理学导论</td><td>3</td><td rowspan="2">专业/学位要求：中等教育专业 = 心理学导论和心理学</td></tr>
<tr><td>发展心理学</td><td>3</td></tr>
<tr><td colspan="4">多元文化视角（6—8 学时）——选择两门课程——每门课程来自不同的领域</td></tr>
</table>

续表

<table>
<tr><th>类别</th><th>课程</th><th>学分</th><th>说明</th></tr>
<tr><td>人类学</td><td>文化人类学导论</td><td>3</td><td rowspan="7">学生也可以通过以下方式满足这一要求：参加海外学习课程或参与大学相关研究国外的经验。联系公司董事有问题的通识教育批准不适合英语的国际学生，他们的母语可能会与英语相适应成功完成项目后的要求</td></tr>
<tr><td>种族与性别学习</td><td>民族与性别研究中的问题</td><td>3</td></tr>
<tr><td>地理</td><td>世界区域地理学
文化地理学</td><td>3</td></tr>
<tr><td>音乐</td><td>世界音乐</td><td>3</td></tr>
<tr><td>政治学</td><td>国际关系</td><td>3</td></tr>
<tr><td>特殊教育</td><td>特例调查</td><td>3</td></tr>
<tr><td>现代语言</td><td>多国语言文化（10 类可选）</td><td>3—5</td></tr>
<tr><td colspan="4">个人和社会福利（4—6 学时）——选择两门课程</td></tr>
<tr><td>商学</td><td>个人理财组织中的道德决策</td><td>3</td><td rowspan="3">专业/学位要求：中等教育专业=社会中的关键健康问题和决策以及另一门课程来自个人和社会幸福</td></tr>
<tr><td>健康与幸福</td><td>社会中的关键健康问题和决策积极生活（1）</td><td>1—3</td></tr>
<tr><td>社会学</td><td>亲密关系</td><td>3</td></tr>
</table>

三　堪萨斯州立大学职前教师乡村实地体验项目考察

堪萨斯州立大学，位于美国中西部地区。大学的地理服务区呈三角形，由该州的东北、西北和西南角组成，贯穿堪萨斯州广阔的乡村地区，包括了该州 105 个县中的 66 个。堪萨斯州立大学教育学院自多年前就致力于乡村教育发展，通过其乡村教育中心为乡村学校提供服务的历史悠久。30 年前，教育学院主办了一次全国乡村学校领导会议，会议生成了一份关于乡村教育的论文集，其乡村教育研究中心由一名全职教授和助理院长领导，但该组织并未真正实现其应有的功能与价值。在大约 30 年的时间里，由于政府政策导向和乡村教育发展现实的变化，教师教育的发展趋势已随之改变，教育学院将其重点转向一些合作地区，将注意力从其领土内的乡村学校转移出去。

堪萨斯州立大学教育学院实施乡村艺术日项目（RAD），试图帮助缓解美国乡村教师队伍发展中的一些问题。该项目目的在于传达了乡村学校教学的价值，让师范生认识到在广阔乡村地区任教所带来的益处，同时注重学校和社区精神，强调学校和社区之间的联系。乡村艺术日（RAD）旨在通过在K-12学校环境中的实地体验，让职前教师更加了解乡村学校可以提供什么，从而解决乡村学校面临的招聘困难问题。由于取得了积极成果，这个试点项目已成为推动全州各地定期实施方案的动力。这种大学、学校合作关系，在整合STEM（科学、技术、工程和数学）主题的音乐、写作和绘画的同时，也注重学校与社区精神的表达，全面传达了乡村学校教学的价值。

（一）RAD项目产生背景

自19世纪80年代初以来，美国政府对高等教育的支持力度有所下降，这是有据可查的（Kane和Orszag，2003）。相关统计数据显示了国家财政投入、学费收入以及慈善筹款数额均呈下降趋势。财政支持与经济效益对教师教育的影响普遍，特别是对乡村地区一些较大的机构影响更为显著。这迫使学院以牺牲服务使命为代价，通过市场导向的教育方式，将注意力集中于招生和毕业生满意度等领域。在同一时期，乡村地区人口的下降进一步加剧了经费投入削减的情况。当高等院校被迫采取营利式的办学策略时，它们的注意力自然会被吸引到潜在生源丰富的领域。因此，各教师教育学院把注意力集中在城市而忽视了乡村。

大约从1990年至今，“专业发展学校”模式的兴起（Shroyer、Yahnke、Miller、Dunn和Bridges，2014）以及坚持让师范生尽早进入“真正的”课堂的思潮，逐渐成为教师教育领域的主要关注点。堪萨斯大学教育学院对“专业发展学校”模式进行了大量投入，并从中获得了可观的回报。教育学院设置的教师教育课程包括一系列精心设置的缜密的实习活动，实地经验的获得主要是通过与城市地区学区多年来培养的伙伴关系发展来的。这种对“专业发展学校”模式狂热的思维倾向也让学院的专注力从原本服务领域内大约140个潜在乡村地区合作伙伴身上转移至城市地区。由于需要和城市学校建立深厚的伙伴关系，并将这些伙伴关系融入其办学理念中，尤其是在考虑到上述财政和人口现实的情况下，教育学院不可避免地忽视了自身对乡村学校提供领导力的重要作用。

过去30年中，教育学院教师教育发展的另一个推动力是美国教师教育认证委员会（NCATE）标准四对教师、培养对象、培养过程等多样性的要求（Miretzky和Stevens，2012）。在这一时期，类似地区的教师教育学院都面临着这一挑战。堪萨斯州立大学教育学院严格审查了教师、学生以及师范生实习学校的多样性。这已表明创造了一个强有力的激励机制，与培养各类 K-12 学生群体的地区建立伙伴关系，并为了保持教师队伍的多样性，招募了研究兴趣倾向于城市的教师，并从不同地区招募本科生和研究生。

回顾过去，强调削减成本、扩大招生、师资引进以及在大型、多样化学区之间建立伙伴关系的效果是显而易见的。尽管，教育学院并不是刻意地放弃乡村学校，但其对乡村学校的服务使命所产生的影响并不那么明显。在资源日益紧张的时代，学院办学视野的范围必然集中在最紧迫的优先事项上，在这种情况下，建立“专业发展学校”模式伙伴关系并解决教师教育认证委员会对更多多样性的关注。事实证明，这些发展变化影响了学院对乡村学校的投入。

此外，从乡村到城市的转变是战略（和财政）的转变，从全面的 K-12 教育到专注于核心内容，包括 STEM 教育也受到了影响。随着学校紧缩预算，选修课逐渐减少，其中最受打击的是艺术。艺术往往是学校董事会在面临预算困境时希望削减的首要项目。自 21 世纪初以来，该州的艺术经费一直处于涨落状态（布莱尔，2001；汉娜，2015；洛瑞，2016）。2001 年，堪萨斯州艺术委员会的经费从该州预算中取消，政府默认通过私人捐款为委员会提供全部资金；但是，除了最初的削减外，艺术经费的投入还是以每年 100 万美元的幅度递减（布莱尔，2001 年）。相关数据显示，在 2009—2015 年，有近 600 个音乐教学职位被取消。尽管音乐教学职位减少，但政府与社会对音乐教育的工作量和期望值并未产生变化。随着研究范围的扩大，对这些教师来说，专业发展和支持网络的需求变得至关重要。

（二）RAD 项目课程内容

在此背景下，乡村艺术日项目（RAD）应运而生，该项目倡议解决了上述所有需求。音乐、语言艺术、社区和专业发展是平等融合的，这种平等融合指的是多学科在课堂上的代表性和教学平等以及经验平等。乡村艺术日项目（RAD）致力于为教师和学生介绍一个完整的现场体验，通过艺术活动整合学校课程、文化、社区以及学生未来的学习，影响学生对知识的应用和对以上概念的理解。

在帮助学院再次重视乡村元素的同时，乡村艺术日项目（RAD）还着重帮助乡村社区重新审视自己的身份。随着人口的减少和经济挑战的增加，社区成员往往面临艰难的选择——是留在自己的家乡社区或者在某些情况下继续忍受经济压力，还是搬到有更多就业机会的城市和郊区？对于一些乡村学生来说，“成功”被定义为背井离乡，在人口密集的城市地区过上更好的生活（Ross，2003），乡村学校学生在毕业前往往被迫进行艰难的选择，这种择业导向会导致学生脱离他们的教育和社区环境（Donovan，2016）。标准化课程可能不能充分体现乡村学校和乡村社区的独特文化，当学生参与标准化课程时，这种疏离感会进一步加剧（Donovan，2016；科贝特，2009；西奥博尔德，1997）。从社会文化的角度审视这种疏离感，可以揭示乡村学生面临的困境。社会文化理论探讨了人们对其生活经历的社会、文化、历史、心理、生理和政治方面的理解，以及个体如何在权力情境中塑造自己的身份和功能。同一性是一种稳定的、内在的存在状态，它考虑了个体在社会、经济和历史关系等特定环境中所采取或执行的不同立场。个人在这些环境中形成身份，根据环境重新配置身份。个人也可能基于他人对自己的期望来定义其身份，即基于他们社区或社会中其他人的信息来定义自己的身份（Lewis，Enciso，Moje，2007；就业机会较多的地区。福柯，2004）。

1. “地方”实践写作活动

身份定位受到地点的影响（罗斯，2003）。乡村学生基于他们的地方感形成身份认同。同时，乡村学生也会根据社区现有的和发展中的权力结构重新定位自己。尽管乡村学生可能觉得被疏远，但脱离社区的乡村学生往往仍被社区给予厚望，被期望担任社区的管理者（Donovan，2016）。当他们挣扎于对过去的渴望，同时面对未来的不确定性时，重新联系社区或加强与社区的联系可以帮助乡村学生审视自己的身份，并考虑自己在当地文化中的角色。全国各地的乡村学校往往处于社区中心力量的位置。当学校将办学重点扩展到标准化课程之外，并重视当地社区文化时，便有了将乡村学生与已经疏远了的当地学校、环境重新联系起来的机会，能够逐步丰富和强化乡村学生的公民意识（布鲁克 R. E，2003）。以地点为基础的活动给了乡村学生机会以培养对当地环境的认识和欣赏（斯基伦，2010），并考虑在此环境中如何保留或重塑自己的身份。

基于地点的写作活动是以“地点”为核心的实践或作业，“地方”可以指家、学校或社区，也可以指一个人的自我认知或存在感。以地方为中心的写作活动可以为乡村学生提供机会，让他们审视自己的身份以及他们的处境和文化继承所带来的影响。作为当地文化的一员，他们可以重新思考自己的身份，并通过关注写作中的地方，尝试与社区重新建立联系。当学生创作文本时，可能会解码在世界上经历的图像（格吕内瓦尔德，2003）。在创作歌词和曲目等文本时，学生不仅要考虑所在社区，同时也有机会赞美自己的社区。

2. 艺术融入学校体验

跨学科研究或综合课程的研究一直是教育研究领域的热门主题之一（福加蒂，1991；凯西卡，1998；马利克，2011）。探索让学生获得多学科方法对于提供全面发展教育是至关重要的。关于音乐和写作，pel（2006）阐述了涉及将艺术融入学校体验内容的综合课程，以及艺术教学如何探索多学科融通，通过课程内容和艺术创造力的融合来改变支持学生学习的环境。巴里探讨了采用注重艺术整合的学校教育改革模式，并揭示了几个线索，其中包括一些学校竭力为学生提供一个独特的和具有挑战性的环境，这使得学生在标准化考试中表现良好，“一般处于或明显高于州和地区的平均水平”，教师对艺术持更有利的态度，特别是将艺术融入儿童的整个教育。与此同时，社区也看到了艺术在学生教育中的价值。

作为一个试点项目，乡村艺术日项目（RAD）旨在引导一个更大的教师教育的革新。该项目不是单一的、独立的表演服务，相反，它提供了有影响力的艺术表演者和观众群体。这不仅仅是一个为期一天的活动，而是一个机会，让职前教师看到乡村学校的可能性，同时也强调艺术的感染力。在现实中，即使是那些只观看或体验过一次的表演也能对观众和参与者产生强大的影响。这个项目对乡村教师职前培养有着重要影响力，因为它提供了唤醒师范生乡村情怀的机会。

在最初的阶段，乡村艺术日项目（RAD）在各级教育中提供了各种各样的好处给 K-12 学生、教师、ADMS、教师、管理员、大学职前教师和大学教师。作为一项外展活动，其目标是与乡村地区建立伙伴关系。

不过，首先也是最重要的是职前教师在体验乡村学校环境的同时，帮助教授整个学生群体所获得的实践经验。对一些人来说，这是他们在一个小的乡村地区的第一次经历。它提供了一个真实的实地经验，使他们更好地了解乡村学校以及他们作为教育者的新角色。这是大学生在回到大学三个小时的路程期间的对话所证实的。当他们和教授讨论他们的经历，思考当天的事件时，他们的回程演变成了专业发展。评论包括对学生小组讨论的评论（“我们小组真的参与了!”还有“我的团队一直在谈论阿比!”），认识到这个项目在让学生参与其中方面的价值（“听到他们喜欢这个城市的什么很有趣”和“我很惊讶足球运动员们是如何真正参与到为孩子们表演中来的。”）。但当他们讨论自己的角色时，这个问题又上升到了另一个层次，一位职前教师说：“这比我难多了我想会的。”这些经历帮助他们在把自己视为教育者的过程中走得更远。

四　美国乡村卓越教师教育课程带来的启示

（一）课程目标突出实践倾向

培养目标是培养人才时想达到的结果，是对需要培养出来的人才在质量方面和规格方面的总规定，不仅是培养人才的方向，也是培养人才的依据。培养人才的目标决定了培养人才的过程及结果。美国在培养小学全科教师时指定的目标通常是其能够胜任未来的职业活动，美国希望能培养出有足够能力胜任小学多科教学工作的专业化教师，并让其能开展多功能教育活动，以至在未来的职业生涯中更加具有竞争力。比如，培养优秀的全科教师一直以来是美国基础教育阶段教师教育工作的主要目标。考虑到现实情况对教师素养提出越来越高的要求，职前教师的培养越发具有挑战性。因此，各高校在制定教师培养策略与模式时，注意培养教师学科知识、教学技能的全面性与专业性，以此来保证小学全科教师能掌握全科教学的基本知识，还能具备全科教学最基本的能力。从培养人才的模式上看，其内容主要体现在课程的设置上。美国设置的实践性课程占了较大比重，希望以此来培养未来乡村卓越教师应该具备的专业能力。为了提高实践教学类课程的实际效果，美国还为此特地明确了有关教师教育实习的要求和规范，也明确规定了对实习指导老师的相应要求。

（二）课程内容渗透乡土特色

现在部分乡村地区还存在教师数量不足、高素质教师匮乏的情况，为了弥补师资数量与质量的不足，国家推行了免费师范生计划。但是，现行的免费师范生培养政策或者模式与普通师范生无明显差别，存在着“城市化”倾向。由于培养师范生的各类高校基本都分布在城市地区，见习、实习单位也多为城市中小学校，这些免费师范生很少接触真实的乡村教学环境，在学校期间也缺少机会了解乡村文化。因此，这种无差别的职前教师培养模式下的师范生很难产生热爱乡村、服务乡村的情感，也导致不少免费师范生对乡村教师职业认同水平低的后果。要培养乡村教师必须调整现有的课程内容，让课程尽可能地体现乡土特色。在美国，理论教学课程与乡村教育实践的结合是乡村教师教育课程的一个重要特点，这一特点对于教师从事乡村教学有很大作用。中国的乡村教师培养模式与之相比则具有明显的“去农化”特征，在课程的设置上缺少对乡村教学的实际情况的涵盖。因此，想要培养免费师范生成为乡村教师，在其职前培养的课程设置上必须要重视面向乡村的知识与技能的培养，否则必然会对乡村教师的专业发展产生影响。因而对现有的乡村教师职前培养课程设置进行相应调整是非常有必要的。一方面要在课程内容中融入乡土特色内容，同时要将乡村中小学拉进乡村教师的职前培养工作，充分发挥高校与乡村中小学协作培养教师的作用与价值，在乡村中小学建立免费师范生实习基地，定期进行见习、实习，在实习基地学校为其配备实习导师，指导其教育教学实践，实现高校理论学习与乡村中小学教学实践的完美融合。

（三）课程模块需逐步优化

过去，“重学轻术”是我国高校的职前教师教育项目长期存在的问题，具体体现在重视对师范生学科专业知识的培养，但是轻视传授教育理论知识与培养教学技能，导致师范生教育见习与教育实习时间短，还存在师范生教学技能不扎实的问题。各高校在最近几年开始重视教育专业课程，特别是注重开展教育实践课程。然而，某些高校逐渐产生“重术轻学”的问题。据调查，一些国内高校在职前教师教育项目中过于注重“强化实践”，在制订师范生培养计划中过分注重培养师范生从事教育的教学技能，在一定程度上忽略了改变教师的教育思想观念以及对于“为什么这样教”的问题的引导。美国的职前教师教育项目的表现十分优秀的原因是其在培养卓越教师的课程方面具有一定的优势。美国的职前教师教育项目在课程相关性上要求以培养美国卓越中小学教师为目标拓展课程，这反映了未来培养中小学卓越教师的需求。师范生的培养要着眼于其所必备的教育专业知识、学科专业知识与教育技能，使课程严谨、连贯一致、组织安排得当，通过大学与中小学实习学校的合作，还有大学通识课程教师、学科课程教师、教育类课程教师、中小学实习指导教师等专业人士的共同协作进行培养。

第二节　澳大利亚乡村教师职前课程经验及启示

澳大利亚疆域辽阔，但人口极度不均衡，全国大部分人口集中在东部海岸城市，经济发展水平自东向西逐渐落后。澳大利亚农村地区在自然条件恶劣、地广人稀、土著人口比例较大等特征中形成了其特有的教育形态。我国与澳大利亚乡村教育的发展相似，也受到乡村教师数量不足且质量不高的制约。偏远乡村的教育薄弱的状况想要得到改变，优化师资队伍是首要任务。改善澳大利亚教育格局的现实需求是加强乡村教师教育，增加乡村教师的数量。

澳大利亚加强对职前教师的体验式教育来扩大乡村教师的供给。在乡村教师的体验中，学生得到作为乡村教师的感受，体验师生关系，感受乡村教师与学生的互动，深化他们对乡村教师身份的认知，提高他们的大学教师教育乡村适应性。乡村教师体验式教育项目的四个着力点是国家教师标准、乡村课程体验、乡村实地体验、反馈分享，三大领域是乡村、乡村学校、乡村教室，主线是体验，促进培养乡村师资。重视拓展乡村体验的内涵，关注教师教育的乡村导向是其主要特点；在学生乡村体验中重视发展理论学习的先领作用；重视深入乡村场域，在实践中务实体验教师的角色；重视共享优秀资源继承，探索乡村教师体验的示范性；重视形成大学、乡村学校及社区等合作的共同体，发挥政府的引领作用。

一　澳大利亚乡村教师职前准备高校项目观察

（一）项目实施的背景

澳大利亚是典型地广人稀的国家，在悉尼、墨尔本等大城市里居住了绝大部分人口。截至 2020 年 12 月 31 日，在澳大利亚，大约每平方公里有 3.3 人，其中约有 30%的人在农村居住。澳大利亚联邦政府将人口低于十万的非城市区域尽数归类为农村或偏远地区。澳大利亚的农村和偏远地区往往在当地仅设小学，且学生数较少；中学一般设在附近的镇上。在全国，小规模学校大约占了四分之一，其中一些学校所有的学生甚至不足 10 人。以国王镇为例，该镇位于新州内陆，全镇居民人口数仅 137，距国王镇较近的阿米代尔镇居民人口数超过 2 万人，属于规模较大的镇。国王镇的儿童一般在本镇完成小学课程，小学毕业后前往阿米代尔继续完成中学学业。澳大利亚联邦政府充分意识到这两个镇在地理上的隔离造成了文化教育资源匮乏的问题，城乡教育水平产生了差距，特别是农村和偏远地区的教师经常感受到孤独。

要吸引教师和其他专业人员到乡村和偏远地区十分具有挑战性，最大的乡村在澳大利亚西部偏远地区。就读于非城市学校的学生超过总数的31%，还有23%的学生就读于省级地区，最后有8.2%的学生就读于偏远和非常偏远的地区（西澳大利亚州教育部，2012）。总共有300多所乡村学校在西澳大利亚州；其中约有120所学校被认定为招募教职员工有困难，另外还有40多所学校被认定为偏远学校（西澳大利亚州教育部，2012）。当局的乡村教育工作的巨大瓶颈便是吸引优质教师去这些学校，学生的学习成果要实现公平。依据全国数据，在乡村学生与城市学生之间，他们的表现存在明显差距（Green & Reid，2004）。在国家评估项目——识字和算术数据（澳大利亚课程、评估和报告机构，2012）报告中，在教育成果方面，偏远地区学生在所有领域中都低于城市学生。如果算上偏远地区的土著学生，那么结果会更为糟糕。这些数据结果说明想要有效支持非城市地区，特别是偏远地区的学生学习，就很有必要吸引和留住高质量教师。

澳大利亚政府对于乡村教育问题十分重视，做出很多努力去缓解乡村学校困境。政府不断改革教育制度，尝试从顶层设计开始解决乡村教育问题，提供相应的政策依据来解决乡村教育资源的分配问题。在1999年发布《阿德莱德宣言》（*Adelaide Declaration on the National Goals for Schooling in the Twenty-First Century*），在2000年发布《澳大利亚人权和平等机会委员会的报告》（*Australian Human Rights and Equal Opportunity Commission Report*），在2002年发布《教师教育报告》（*Teacher Education Reports*）、《墨尔本宣言》（*Melbourne Declaration on Educational Goals for Young Australians*），2013年的《澳大利亚质量框架》（*Australia Qualifications Framework*），还在2017年发布《澳大利亚教育法令》（*Australian Education Act*），在规定教师职前培养的知识、能力要求方面，在提高学校教育资源公平性方面，种种方面要求所有学生都达到规定的培养质量的要求，之后再设定对不同区域、不同规模学校的拨款，有利于所有学生成长的教育资源与条件都要能获得保障。

尽管，政府为乡村教育做出了很多努力，各级教育主管部门也积极响应政府的号召，但现阶段的乡村教育在学者眼里依然是一个被低估、研究不足和资金不足的领域。学者们在小规模的研究中通常进行独立的工作，只解决比较本地化的问题。第一届乡村教育创新国际研讨会（ISFIRE）在2009年召开，大会提供了一个全球平台以便来自四所西澳大利亚公立大学的四位学者交流，并扩大他们的实践社区（Lave & Wenger，1991年）对于乡村教师教育领域的改进。这些学者在2010年成立了高等教育工作者乡村地区和偏远地区网络项目（Tertiary Educators Rural，Regional and Remote Network，以下简称为TERRR Network）。由于学者们关注在乡村和偏远地区的职前教师教学准备的充分情况，还关心着这些教师在乡村和偏远地区的生活与工作是否有孤立的感觉，是否有必要对其改进一些。上述项目是澳大利亚的四所得到了国家教学委员会（ALTC）支持的大学合作设立的，他们还尝试与政府、学校及社区等合作，尽可能为乡村师范生提供体验乡村文化与生活、提升乡村知识与认知、加强乡村体验与实践的计划，努力增强师范生对乡村的理解与情感，进而致力于乡村教育的发展。该项目旨在通过以上活动让师范生感受“乡村性”，逐渐减弱“城市性”。

（二）项目介绍

TERRR Network的大学互动创造了能量和协同效应，大大支持了学者的个人工作，不仅如此，乡村教育领域的研究和发展也由此获得了集体机会。TERRR Network拿出了资金，致力于培养乡村教师的就业能力，培养就业能力这个项目的目的是强化各大学培养乡村学校职前教师的就业能力。即使这一举动具有挑战性，乡村教师教育中职前教师的成果还是能因大学与学术界之间的这种合作而得到改善，乡村教育领域的学术也得以持续发展。

缺乏城市外围地区以外的生活知识是大量职前教师正面临的一个问题。这个问题导致学生考虑在乡村和偏远地区教书的可能性降低。在澳大利亚的首都设置了大多数职前教师的教育课程。参加教师教育课程的所有学生里来自城市学校的学生占大多数。在学习这些课程的学生眼里，给他们的感觉是“未知的”“令人恐惧的”“被回避的”，这些学生的生活经历和乡村学校及其社区几乎没有联系。有学者强调，要让职前教师能体验未知的事物，并且获得机会，这十分重要，因为这样能让他们理智地对于乡村地区和偏远地区的教学和生活做出决定和判断（Halsey，2005）。

尽管人权与平等机会委员会（HREOC，2000）等做出了一定的努力，学生仍然未能从教师的准备中获得在乡村和偏远地区教学的知识和技能。提供乡村职前教育在博伊兰（2004，p9）看来是“零碎的”，不仅如此，毕业生们有了一个清醒的认识，那就是他们还没有做好充分的准备去融入乡村环境（Frid，Smtih，Sparrow&Trinidad，2009）。在工作前保证准备的有效性，并且让职前教师尝试在乡村和偏远地区生活，熟悉那里的环境，这些可以降低其对于未知和陌生的恐惧感（Sharplin，2002、2010），吸引他们去体验乡村和偏远地区的工作（Davis，2002；吉布森，1994；哈尔西，2005；人权高专办，2000）。为了方便在理论和实践之间建立联系（Ramsey，2000），职前教师不仅要对乡村和偏远地区的情况有一个了解，也需要实际经验。

更新乡村和区域教师教育课程（White，Kline，Hastings & Lock，2011）这个项目是在教师教育工作者获得资源支持后，发展乡村教师方面取得重大进展的一个项目。TERRR Network 试图扩展和补充更新乡村地区教师教育课程项目，其方法便是得到偏远地区的情况更详细地加以分析。在澳大利亚，一般与偏远环境有关的问题也与许多司法管辖区还有国际环境有关，这些关系的联系性从全球看，在发展中国家体现得尤为明显。为这个项目提供了理论框架的是乡村社会空间模型（Reid，Green，White，Cooper，Lock&Hastings，2009）。该模型做了一个假设：在特定的地理、人口和政治、经济背景下产生教育，这个教育直接建立在先前项目的智力成果之上，该网络把不同地理和不同时间上各不相同的实践知识社区的智力资产整合在了一起，与此同时，该网络探索与拥有连通性的基本哲学信仰的关系，乡村教育领域与社区的关系。

构建乡村教育课程体系，引导教师教育脱离“城市化”。澳大利亚绝大多数的高校在乡村教师培养课程设置上都未对乡村类课程加以重视，没有将其设为核心课程，忽视其重要性，对于乡村的描述也很局限，视野较狭小。TERRR Network 重视开发乡村理论课程，希望偏远乡村面貌能系统性呈现，其目标包括：将乡村教育的知识与技能教授给学生；培养学生的生存能力去适应乡村环境。总的来说，分为三个模块：

第一，通识性课程。TERRR Network 集合涉及偏远乡村的常规知识，帮助学生了解澳大利亚的偏远乡村，用于引入课程体系（引入模块 Introductory Module）。在通识性课程的教学中，重视信息技术的使用，对信息技术的使用实现了课程的全覆盖，将不同距离的学生联系在一起；此外，远程教育一定程度上给予身在城市的师范生视觉上的乡村知识、文化体验。

第二，前期意愿评估。在完成通识课程学习后，为获知学生对乡村及乡村教育的想法，对学生做一个事前调研（Prepracticum Survey）来评估，以便准备实践性体验。学生通过理论性学习对于乡村有了一定的概念性体验，对于是否入职乡村有了考量。对乡村产生的“先见”，有利于学生明确自身意愿与改进之处，从而在乡村实践性体验中把握方向。

第三，课程培训指南。TERRR Network 以《国家教师职业标准》为依据，并结合乡村情境，开发出乡村教师课程培训的七条指南：能够理解“偏远”对学生学习的影响；能够在偏远乡村地区学习；能够对来自偏远乡村不同背景的学生进行教学；能够对土著和托雷斯海峡的学生进行教学；能够发现和规划自己的职业成长需求；能够与偏远乡村的同事、家长和社区进行职业学习；能够开发促进职业学习的资源网。[①] 每条指南都有丰富的内涵，包括了结果、主题、任务和资源四方面。指南不仅告诉学生要做什么，还提供了做法的参考。

二　迪肯大学小学全科型教师职前课程例析

（一）培养目标

在 2010 年出台的《澳大利亚 2020》规划纲要中，澳大利亚政府明确指出基础教育革命的侧重点是“提高教师质量”，即培养善于反思、具有创新能力、了解小学教育规律、掌握教学方法、懂得基本知识的全科型小学教师（Generalist Primary Teach）。迪肯大学培养本科与硕士两个层次的小学全科型教师。2020 年，该校教师教育学院在小学全科教师本科阶段的培养目标为：能够引导孩子完成学龄前至小学六年级的课程学习，作为一名小学教育工作者要对从数学到科学，再到视觉艺术、技术等领域有坚实而充分地理解。培养目标对于师范生培养有着重大的指导意义，迪肯大学将个人能力与社会需求相结合，致力于培养具有以学生为本的引导实践性能力的小学全科教师。小学全科型教师的重要任务便是所学知识和教育对象（小学生）的学习、生活联系起来，引导小学生全方位地探究真实存在的世界。

（二）课程设置

培养小学全科教师的重要途径便是有清晰的培养目标的课程体系。在

① 时广军：《澳大利亚乡村教师体验：价值与实践——以 TERRR Network 项目为例》，《比较教育研究》2019 年第 9 期。

迪肯大学，小学教育本科生的培养实行的是 4 年学制，32 个学分，硕士则为全日制 2 年 16 个学分。以本科生培养为例，毕业要求为修满 32 个学分，必修学分有 26 个、选修学分有 6 个，以及学术诚信学分，那是具有强制性的 80 天监督专业经验的，不仅如此，学生还必须完成初级教师教育识字和数字考试，这两个考试是零学分的。学生必须完成培养规划中写明的所有必修科目以满足专业途径的要求，这些科目有：4 个基础学科方向学分、7 个教师教育方向学分以及 15 个小学教育方向学分。如果是选修课程，便可以基于个人意志从任意学院选取，如果有意向，也使用叠加教学法及教学实践去得到更高层次的资格证书。严格根据按照相关法律条款、取得教师资格证的要求、校内相关法律规章制度、自身的进展以及毕业导向来规划小学教师培养课程结构。同时，可以供选择的还有小学、中学 12 年制的硕士学历或者包含学前及小教通用的硕士学历，选择修习生本化不仅极大便利了个人就业需求，也使教育资源得到了优化，培养效率和效益由此提高。迪肯小学以“全科”为目标来设置教师的课程。为了实现学习者在认知方面、情感方面和意义方面的综合发展，重视具有复杂性规律的知识学习和课程知识所蕴含的意义价值。培养全科教师的基本立足点是分配课程的比重。注重培养教师理论知识的系统性和全面性，还有他们的学科能力、专业能力和应用能力，把课程差异分层，重视能否连贯统一的课程设置，课程还体现出极强的综合性。该校教师培养课程突出课程整合的理念，整个课程由通识课程、学科专业教育课程、教育专业课程共同构成。师范生凭借教育知识学习与教学实践经验的积累，将学科知识、通识知识、应用知识和科学文化整合在一起，保障了师范生在今后的成长中能学到较为全面且系统的知识文化，让他们对这个广阔的世界有更多的了解，更好地融入社会生活。

表 4-2　　迪肯大学小学教师培养专业课程结构①

课程性质	学分（学士）	课程占比	课程占比
核心必修课	26	81.2%	16.7%
专业必修课	4	12.5%	33.3%
选修课	2	6.2%	50%

① 张佳然：《澳大利亚小学全科型教师职前培养模式》，博士论文，长春师范大学，2021 年。

续表

课程性质	学分（学士）	课程占比	课程占比
合计	32		

2020年，迪肯大学从八个方向设置小学教师本科课程结构，分别是：健康与体育、人文科学、语言、文学及师资、数学与数字、科学、特殊教育需要和视觉艺术，硕士课程除了以上八点，还有自我管理、团队合作、全球公民的方向的倾向。就拿小学教育本科课程来举例，要获得教育学士学位（小学），学生必须完成32个学分的学习，包括26个核心学分，主要学科专业化的4个学分和选修课2学分。每门课程要求每周学习3个小时，还包括80天的教育实习经验，学生必须成功完成迪肯教学绩效评估。学生还需要完成初级师范教育读写和计算能力测试两个零（0）学分单元，才能完成学业。

每一门课程都有详细的要求是课程设置的另一个亮点，并且设置了强制性的标准来检查学习成果。如果学生想知道每个科目的详细介绍，可以在校园网上阅读，课程指南包括介绍课程的内容、要求和安排，课程进展到哪里、有哪些教材推荐、哪些书目值得阅读、哪些问题需要辅导和讨论、课程成绩怎样构成等，开课时课程协调员会把课程指南发给每位课程学习者。通过翔实落地的科目要求让课程管理变得有理有节、考核也是有据可循，让学生的学术期望和学术标准变得清晰。想要培养出符合时代需要的全科型教师，就要把有限的学分充分运用起来去平衡必修课与选修课的分配。

表4-3　　　　肯迪大学小学教育专业（本科）核心课程

第1年	第2年	第3年	第4年
·澳大利亚识字测试 ·澳大利亚算术测试 ·早期阅读发展理解 ·科学知识与实践基础 ·对学习和教师工作的看法 ·教育社会背景 ·通过体验式教学法实现人文学科 ·数学基本概念 ·艺术教育参与和探索 ·小学体育	·早期环境中的多文化学习者 ·学生健康与福祉 ·儿童与数学：发展数学概念 ·课堂关系 ·澳大利亚土著教育：承认、关系与和解 ·小学科学教育1	·教师与数学：创造有效课堂 ·特殊学生教育 ·课程与教学论 ·多文化学习者 ·小学艺术教育：集中学习	·人文探究教育学 ·识字教师——新时代的研究者 ·小学科学教育2 ·专业实践与数学：设计包容性课程 ·初级技术教育：创意与设计 ·评估：了解学习者的方式 ·从大学到工作的过渡

迪肯大学应用性的教育教学让他的教育专业在国际上拥有较高声誉。培养小学学士的课程内容从始至终不放弃整合思维，结合小学教育的特征，对理论学科做了必要的精简，同时增加关联度较高的科目，做到行之有效且与时俱进。覆盖性广和持续性长的教学理论知识可以提升教师对教育的理解，并且能够把这种理解深入应用到教学中去，从而进一步提高教师特别是小学教师的教学能力。人际交往的能力、数学与识字的能力、解决问题的能力、自我管理的能力、团队协助的能力、承担责任的能力和处理社会问题的能力，都是迪肯大学培养教师的要求和侧重点，以人为本去规划教师的一生，对应的便是教师在提升幸福感的同时，能把积极的人生态度传达给学生，可以看出，迪肯大学在培养在校学生的同时，也在提升在校生未来教学方法和态度，也是对待他们未来学生的态度。

（三）实践环节

在迪肯大学，小学教师的培养过程极为强调实践教学，强调教学与理论的相互促进与补充。该校以就业为基本立足点来设计小学教师课程，紧密联系行业的专业机会，与国内外超过 1400 所学校建立了合作关系，为师范生的专业发展提供了诸多有价值的实践课程。在我国，职前教师的培养表现出偏重理论学习，教育科学知识学习挤占教学技能学习的情况比比皆是。与我国大部分教师教育培养模式不同的是，迪肯大学小学教师专业培养计划中的 80 天教学实践环节并不是集中在后半段学程，而是被分散到本科 4 年逐年进行。实践环节中，师范生的主要任务为进入实习中小学校观摩课堂教学、体验中小学教学管理工作、观察小学生发展规律、开展教学研究、完成教学反思报告等。在入校时，学校便给师范生们配备对应的实践导师。实践导师将指导学生完成整个实践过程，对学生的实践情况定期进行评价，且评价结果作为学生教师资格认定的主要参考标准之一。

在实践课程的具体安排方面，第一年主要任务是观察班级教学活动，第二年开始开展教学活动，但是是在学校实习导师的要求下开展，第三年在时间方面和权限方面扩大实习的范围，第四年是最后的一年，要实现顶岗教学的目标。迪肯大学这种分阶段的实习安排，目的是让学生们利用间隔时间返回学校学习其他课程，实现充足的教学反思。大学一年级的两个学期，学生须每周去一次实习学校，去学校的日子被称为“下校日”。这期间的实践工作属于志愿性质，是没有酬劳的。学生需要做的是熟悉校园、了解小学教师工作内容与管理制度、观摩小学教师课堂教学、参与小学生活动等。在后两年安排连续性实习，而连续性实习是一种专业实践活动，因为它把见习、助教、针对小组的教学和针对全班的教学结合在了一起，时间一般是 3—10 周，在最后的阶段，实习生被要求能够独立设计和实施教学内容，并且能够承担管理全班的工作。

在前两个阶段的实习结束后，大部分的课程会增加一个部分，类似于“班主任完全责任工作”，这部分早在 20 世纪 90 年代初被澳大利亚借鉴，加入前教师培养模式当中，这部分持续时间一般是 4 周到 10 周，这一阶段的实习生被叫作“助理教师”或者“副手教师”，这个身份类似于“代理班主任”或“副班主任”，实习生在有指导的情况下全权负责小学一个班级的一门学科的教育教学工作、中学一个或几个班级的一门学科的教育教学工作，这时的实习生可以说成了学校的一个编外教师。依据情况来决定这个阶段是否给实习学校或指导教师付费。此外，这一阶段都根据大学和中小学之间的校本合作项目或特殊的协议来安排实践活动。

实习学校指导教师、大学实习导师和协调实习教师的人组成一支分明权责，兼具理论性和实践性的指导队伍。起指导作用的是学校实习导师，考察的频率是整个实习期一次，帮助实习者在课程内容的方向上给出中肯建议，指导队伍会鼓励实习生对学校内各种事项和实际管理深入地了解，指导他们定时自我评论并且记录，而实习者要能够客观地、批判性地来评价自己的表现就要提交从实习计划到阶段实习的各类书面评论。

迪肯大学小学职前教师培养实践课程目的，在于引导未来教师对小学生成长的特点与差异有更进一步的理解，希望未来教师创设的学习环境富有支持性和挑战性，能够满足小学生表现自我的欲望和求知学习的欲望；能够重视小学生的发展规律与现实生活的意义，从而能够设计出更适合小学生的各项活动，引导小学生开展自主学习、团队合作与探究学习，帮助学生养成良好的学习习惯；能够理解小学生人际交往的独特价值，学会以促进学生交往为目的的集体活动的组织。通过教育教学实践与教育科学知识学习的反复交替，加之以实践后反思，反思后再实践的不断循环，教育素养便在这之中形成了。实习经历让师范生在每个阶段不同的实习任务中能从教学延伸到班级管理再到校内外各种活动，在实习者和教师的角色转换中让其切实地理解教学技能与方法，丰富了师范生的教学经验，提升了教学技能与水平，加深了对小学教育整体和学生实际情况的了解。[①] 有了长时间的职前实践活动，后期进入教师岗位的新手适应期便极大地缩短了。

三 澳大利亚乡村卓越教师教育课程带来的启示

1. 澄清全科型特质，加大课程开发

全科型培养只是小学教师培养的下位概念，应该在真实情景中培养师范意识和学术能力，培养小学全科教师的重点应该是将其教育教学知识转化为实实在在的教育教学能力。在学习中，不管是通识科目、学科科目、教育课业，还是教育实践课程，都应该从简单学起，再到复杂，层层递进，模式总体呈现螺旋式上升。澳大利亚小学全科型教师培养在课程结构综合性上对我国师资培养有以下几点启示：第一，应适当调整不同性质课程的比重，增加选修学科比重，选修课程在整个培养课程中的占比须在10%以上；第二，在小学教育专业分设两个方向，即教育研究和教育管理，学生可以根据个人兴趣与真实能力来进行专业选择，同时在这两个专业方向上都增加核心课程，并在教育实习阶段有目的地帮助学生施展其特长和本领，真正做到让师范生学有所长；第三，拓展师范生的通识课程类型，应提高对通识课程的重视程度，制定出针对教师职业的特殊通识课程，而非简单套用其他专业的课程设置。抓住高校自身的办学特色，结合教育教学研究、其他选课课程等，突出教师教育的特殊性，打造出面向职前教师培养的且具有高校办学品牌效应的特色课程。

2. 全程实习，完善相关责任划定

社会实践与教育关系密切，要培养小学全科型教师既要重视文化课的理论知识，也要增加实践课程的设置。实践能够促进教育科学理论知识的理解与吸收，提早步入小学课堂、融入教育工作环境，了解小学生生理与心理的发展规律，有了自身的感受，准教师们就能更好地为教育对象考虑。相比较而言，我国小学教育职前教师培养课程中，实习时间较短且任务不明确。小学教育专业师范生只需在大学三年级或四年级完成一段时间的教育实习，且实习偏于形式化。我国高校的实习模式应该借鉴澳大利亚的全程实习的模式，在师范生培养的全过程中穿插实习、见习。此外，在

① 张佳然：《澳大利亚小学全科型教师职前培养模式》，博士论文，长春师范大学，2021年。

我国现阶段师范院校的教学中存在着这样一种现象，负责教授理论知识的高校教师缺乏中小学校一线教学的经验，与基础教育缺少必要的联系，与师范生的实习指导老师也无交集。高校教师的知识传授依赖于教材讲义，与教育教学实际容易产生脱节。这样便导致了高校教师与实习指导教师对对方的教学、指导内容不了解，实习指导教师并不了解实习生在课堂上接收到的教学方法和培育模式，回到课堂后，校内教师也不能依据学生实习的现实情况给师范生提供现实意见和有针对性的帮助，进而不能将教材上的知识与实践活动有效结合。要改变形式主义实习的现状，一方面，需要教育主管部门出台相关的应对政策，加强对实习工作相关责任的划分与认定，将实习、见习活动贯穿于小学教师整个职前学习生涯，对师范生经历的每个阶段都进行充分的指导与详尽的评价，使师范生在各个阶段都能够掌握自己的专业发展需求，提供的政策让教师教育者们的学习更具有科学性。另一方面要使实习评估制度更加完善，形成风险评估、形成性评价和终结性评价相结合的综合实习评估制度，并能够切实推荐使其发挥其促进作用，让在实习阶段的小学教育师范生能获得技能方面的切实提升。

第三节　加拿大乡村卓越教师教育课程经验及启示

在加拿大，人口低于 1000 人、人口密度每平方公里低于 400 人不连续区域界被政府规定界定为乡村地区。政府还依照城市对乡村的影响程度将乡村地区划分为“强”“中”“弱”“无”都市辐射型乡村地区。如育空地区、西北地区、努勒维特地区及曼尼托巴、萨斯喀彻温、纽芬兰等无都市辐射型乡村与小城镇地区，他们以原住民及农业人口为主要居民的地区也属于加拿大偏远乡村地区。

加拿大的多元文化价值观念不能直接转化成为深层次的社会平等，即使它以马赛克式的多元文化著称。在原住民和非原住民共同生活的北部乡村学校，教师面临与繁重的课程和课外活动负担以及由于地理隔离而产生的问题有关的挑战。乡村教育工作者在其专业领域外多年级多学科教学是很常见的。他们难以获得社区中支持课程开发的资源（例如，当地图书馆或携带教室专用用品的商店），也较难获得学生的医学专家或专业/学校顾问的指导。此外，可能与其他专业人士建立网络或受到其他专业人士指导的机会有限，职业孤立感较强。路途遥远带来的时间成本投入也是限制乡村教师专业发展的重要因素。能够支持乡村学校学区的工作人员可能会花很多时间驱车前往乡村社区，因而通常没有足够的代课教师来弥补课堂上的缺勤，导致教师们很少有机会能够花时间陪伴家人。

加拿大政府历来重视教育公平问题，政府一直在为缩小城乡教育水平的差距而做出努力。随着城镇化进程的加速，大量人口迁移至城市地区，乡村学校的入学率也随之不断下降。入学率下降导致政府的教育拨款也相应缩减，公立学校的经费被严重缩减，地方教育部门被迫关闭一些小规模乡村学校，对一部分学校进行整合。由于经费的匮乏，导致乡村学校招募教师变得困难，教育资源愈发紧缺。乡村教师队伍出现老龄化趋势，教职人员不足造成了教学工作繁重且缺乏活力。此外，加拿大北部的原住民、移民子女中的非英语母语儿童、少数族裔、特殊需要儿童需要更多的教育资源倾斜，但教育资源稀缺的现实情况导致他们的教育问题愈发突出。在与他国学生学业能力进行比较时发现加拿大学生的学业成绩、学习效率出现了滑坡。加拿大偏远地区的乡村教育事业步履维艰，成为政府的关注重点，迫切需要采取措施破解这样的困境。

加拿大小学分两个学段，即初级学段与中级学段。教师需要教授学段内的所有课程，包括英语、数学、艺术、科学、健康和社会研究等各类课程。因此，小学教师的培养目标为全科（Generalist）教师，并且由于多年培养工作的经验积累，全科教师的培养已经颇具成效。在英属哥伦比亚大学有一种探究型小学全科教师教育模式，这种模式的目的在于发展学生的探究思维，从而培养职初知识丰富、能力可靠、运用灵活且极度富有同理心的教师。课程体系的内容有教育探究与实践、学科教学方法课程、教育心理学、特殊教育的语言能力、读写能力以及教育学。课程体系呈现出指向全人发展的教育逻辑、融合理论与实践的能力培养路径以及进行与真实世界相关的知识学习的特点。

一 加拿大职前教师培养模式发展历程

加拿大在各种教育体系中均享有良好的国际声誉。加拿大教育部长理事会的工作报告指出，加拿大青年具备充分参与现代社会所必需的基本技能。加拿大教师教育已经拥有一百多年的历史，一直被认为在学生学习和政府政策的实施方面发挥着关键作用。

在过去的几十年里，加拿大的职前教师培养秉承社会建构主义的价值取向，将培训模式由早期的传统技能培养逐步过渡为偏重个人专业发展的、以教育意识与理解能力培养为主的整体培养模式。加拿大各省的教育是不受联邦政府管辖的省级责任，即实行联邦分权的教育体制。这种教育体制未设置国家级的教育主管部门以及具有统一性的国家教育系统，省（区）教育部才是负责提供组织和评估基础教育和高等教育的地方。因此，在各省（区）的教师教育已经多样化。即使各省（区）的教师教育项目在设置、结构、周期等方面都有较大的差异性，从整体上看，加拿大教师教育工作的主要目标即培养“称职的专业人员”（Competent Professionals），“称职的专业人员”能让学生得到较好的发展。加拿大教师教育的目标是让未来教师不仅具备渊博的专业基础知识、扎实的专业学科能力、跨学科能力，还要使其拥有能应对社会变革，不断提高其专业成长能力。加拿大的教育理念特别重视社会正义与公平，为了满足加拿大因为多民族而具有的多元化、多样化发展特点，希望培养的未来教师对于多样性极具尊重。很多教师教育项目都鼓励和支持教师去推动教育变革，教师教育课程的设计也基于此想法，尤其在课程学习和实践经验的关系这一方面凸显这一观点。在加拿大，几乎所有教师教育项目的概念基础普遍包含理论与实践两个层面的设计，注重培养师范生的批判性思维，“实践”和“探究”是教师教育项目关注的重点，这些项目有意识地培养并提升其解决问题的技能，并提供实践机会给师范生将研究付诸行动。

在加拿大，是在各省专业机构制定的标准的指导下进行教师的准备、认证和实践。在哥伦比亚省（不列颠哥伦比亚省），要成为小学教师必须进行专业训练，并且获得相关证书，哥伦比亚省教师委员会制定获得资格证明书的标准的准则是维护公众利益（British Columbia Teachers’ Council，BCTC）。这些准则包括《教师教育项目批准标准》（Teacher Education Program Approval Standards）、《认证标准》（Certification Standards）以及《专业标准》（Professional Standards）。加拿大的教师教育分为本科和研究生两个层次的师范类项目，师范项目一般是免费的，所有费用由政府承担，进入此类项目的门槛较高且入学的竞争非常激烈，录取分数线很高，且大多数学校要求申请者进行面试，申请者的履历以及志愿者工作经历是录取的重要参考之一。教师教育项目种类较为丰富，培养周期为8个月至5年不等。本科阶段的师范生培养主要有连续（Consecutive）与并行（Concurrent）两类模式。其中，连续式培养模式下的学生首先要完成3—

4年的理科或文科课程的学习，然后再进行1—2年的教师教育课程学习。教师教育课程学习内容主要为教育学相关专业知识和教学技能。而并行式培养模式的内容是在4—5年内同时完成某一学科的专业课程和教师教育课程的学习，毕业可获得教育学士学位。加拿大大多数教师的教育项目都是以师范生的早期学术背景为基础的。

二 阿尔伯塔省教师教育改革及课程体系

自从教育成为不受联邦政府管辖的省级责任，在加拿大各省份地区的教师教育已经形成了多样化的发展。十多年来，阿尔伯塔省在教师教育改革措施上表现特别出色。2007年，根据经合组织的PISA的结果，阿尔伯塔省的学校系统被著名的国际咨询集团麦肯锡公司确定为世界十大表现最好的学校系统之一。教育专家们详细评估并肯定了阿尔伯塔省的教育质量，并指出该省教师专业发展与学校效率呈显著的正相关。自20世纪70年代初以来，阿尔伯塔省政府几乎每一份教育改革文件中都包含对教师教育进行改革的要求，教师教育一直是该省教育改革的重心。

几十年来，阿尔伯塔省政府在教育事业上取得了越来越多的成绩，这归功于教育主管部门在地方教育改革中，包括教师准备等方面的积极作为。在阿尔伯塔省，教育政策是由省教育厅制定的，教育厅建立了管理和财务框架，并制定了教学政策、项目和评估策略，为学校司法管辖区提供指导和支持。作为阿尔伯塔省教师协会（ATA）的一部分，高等教育机构和专业组织，在改变教师专业精神方面也发挥了不可或缺的作用。特别要指出的是教师协会在促进教师专业发展方面始终保持着积极的兴趣并占据领导地位。

（一）阿尔伯塔省教师教育改革政策发展过程

追溯20世纪70年代以来阿尔伯塔省教师教育改革政策发展的历史教训，有助于了解该省政府在社会历史转型中对教师专业主义话语的影响。

1. 初始阶段：以技术理性为导向的专业精神（20世纪70—80年代）

（1）教师素质专业化导向

20世纪70年代，阿尔伯塔省发生了一次重大的政治和经济变化。1971年，进步保守党赢得了选举，这次选举逐渐将阿尔伯塔省从一个农业基地转变为一个工业基地。这种转变尤其受到石油勘探和开采的推动。

由于1973年欧佩克的石油禁运，油价翻了两番，阿尔伯塔省的经济状况有所改善。人们表达了他们对教育对改善社会的潜力的信心。1972年发布的《未来的选择：教育规划委员会的报告》调查了阿尔伯塔人可以选择的两个潜在社会：一个以人为本的社会或一个第二阶段的工业社会。另一份由阿尔伯塔省教育部门于1977年发表的报告《更严厉的报告》则例证了对更传统的教育方式的回归，该报告强调了经济生产力的价值，也可以被描述为一种保守的反弹。在这两份报告的刺激下，阿尔伯塔省教育更加重视教师的素质和专业特点。因此，阿尔伯塔省的大多数教师在1972年被要求获得学位。该学位是四年制的教育学士学位，其中包括一个扩展的教师执业资格，只有考取执业资格才能获得学位证书。这一政策在一定程度上推动了阿尔伯塔省教师专业化发展进程。

在20世纪80年代，阿尔伯塔省的收入随着油价的下降而下降。财政收入的减少使得政府对教育的投入紧缩，导致1980年卡尔加里的教师罢工，部分教师开始转行以寻求更好的工作条件。更糟糕的情况是，大众对学校教育和教师职业的信心下降，这也从侧面说明了一些学校管理者对只具有高中文凭教师的技能的不满。至此，政府开始考虑恢复教师12年级文凭考试，并建立长期教师评估制度。与此同时，在20世纪80年代初，北美的教师教育受到了越来越多的审查。加拿大效仿美国开始采用了教学作为一种职业的主要改革理念，这促使加拿大的教师教育工作者和教师教育学院进行了许多改革努力。自20世纪80年代末以来，几乎加拿大所有的教育改革文件都涉及对改变教师教育的呼吁。

（2）教师质量标准化管理

在20世纪70—80年代，阿尔伯塔教育部门要求阿尔伯塔的教师拥有专业知识证明的高学位。由于缺乏公众的支持，教师教育的发展需要阿尔伯塔省政府巨大的改革努力。美国教师教育项目和教师专业话语也影响了教师专业性的定义。与此同时，加拿大一些省份的政策环境也发生了变化。20世纪80年代，富有戏剧性的教师教育改革措施之一是所有进入职前课程的教师都必须有适当的本科学位，并设立了教师教育研究生项目。教师教育改革和政策注重明确的专业知识和技能教育。因此，阿尔伯塔省的教育部门调整了他们的教师准备计划，并使该项目的实践部分得到了扩展和改进。

根据政府的要求，所有的教师教育项目都发生了变化。这些变化也是为了应对20世纪70—80年代阿尔伯塔省的政治和财政限制。在阿尔伯塔省，教学和初始教师教育的管理和监督主要是通过培训和实践标准来提高教师培训和质量控制的标准来管理的。20世纪80年代初，省级教师准备工作开始进入一种“规范市场”。专业精神的本质受到了政府试图在严格的财政框架下运行学校体系的挑战。这种“规范”的专业精神以技术理性和学术取向为主导，认为教学知识和技能对提高教学质量具有重要意义。教师专业发展的治理确保教师有效地实现课堂知识交付的计划目标。

2. 发展阶段：新自由主义思想与问责制话语（20世纪90年代）

（1）新自由主义意识形态

新自由主义是经济自由主义的一种形式，自20世纪70年代以来，新自由主义在国际经济政策中发挥着越来越重要的作用。新自由主义思想加强了对社会的集体控制，权力已经从教育者流向了政府，教育者也面临着更多的结构性限制。教师教育一直受到新自由主义的广泛影响，如教师教育的商业化、减少公共财政支持和加强问责机制等。随着阿尔伯塔省进入20世纪90年代初，财政限制仍在继续。与此同时，大量的关于“治理”“新公共管理”和“新自由主义”的西方改革广泛传播，并被引入阿尔伯塔省。这种转变强调了政府的财政限制和市场自由主义。因此，阿尔伯塔省的政府开始大幅削减公共开支，包括公共教育。

（2）“克莱因革命”

1992年，拉尔夫·克莱因成为进步保守党领袖和阿尔伯塔省总理，这导致了所谓的“克莱因革命”的许多政治和经济变化。新的政治环境还使阿尔伯塔省的教育政策叙述和教师教育政策成为背景，其中涉及教育部提出的一系列重大政策变化：《90年代的愿景：行动计划》（1991年），该文件强调了以成果为基础的省级课程、基本技能、降低辍学率、将有特殊需要的学生融入常规课堂、鼓励科学项目以促进更高的成就和科学职业生涯，以及与强调科学和技术的商业和工业建立伙伴关系。《艰难的选择》（1993年）研究了教育中的财政挑战。《衡量》（1993年）和《应对挑战》（1993年），这些省级问责文件要求大学里的教育部门确保实现教育目标，并确保教育部如何遵守政府的目标。《教育问责制》（1995年）作为一个关于问责制的政策框架发布。1994年，政府宣布削减12%的公共教育支出。这一削减将在四年期间（1993—1997年）内实施，这极大地影响了阿尔伯塔省教师的治理。

在上述情况下，开发了一些关于教师教育的文件，以强调教师的素质，以满足在教育服务方面的利益相关者，包括教育过程和结果。教师应该对学校和公众负责。1994 年，根据第 19 号法案，学校修正案修订了教师认证要求、投诉处理、纪律处分和职业行为指南。所有教师教育政策的变化都反映了教育部为确保教育目标与问责制话语相一致所做的努力。特别是，教师和教学专业直接受到 1996 年两项文件的影响，即《教学专业修正案》（1996 年）和《提高阿尔伯塔省教学质量的综合框架》（1996 年），该文件概述了一些可能会产生影响的战略。

教师及其专业化：

更新教师准备和教师认证要求，以反映对有效教学的最新理解；

为初学者和有经验的教师建立能力；

制定协调一致的方法，为教师提供专业发展机会（《阿尔伯塔学习》，1996 年）。

（3）教师问责制

在教师教育政策文件的指导下，学校对教师教育计划和教师评价政策进行了审查和修订。阿尔伯塔省教育部继续实施教师教育改革，以促进可衡量的教师问责制。1997 年的部长令将标准问题纳入了关于教师认证的讨论，并实施了教学质量标准指导阿尔伯塔省的教师专业学习。教学质量标准（《阿尔伯塔教育》，1997 年）概述了教师所期望拥有的知识、技能和属性，包括作为新手教师和作为永久认证的有经验的教师。

1998 年，教育部重写了阿尔伯塔教学标准委员会的《教师法规实践审查》。同年，教育部在该省教育部长的领导下，提出了另一项教师教育改革议程，以部长命令的形式指导阿尔伯塔省的教师专业学习。教师教育改革的主要政策理念是建立一套框架，将教学标准与教师的知识、技能、态度和教学实践联系起来。该政策要求教师不断提升他们的知识、技能和属性，以满足或超出教学要求。所有教师都应具备这些技能，并接受相应的评估。由学校部门雇用的所有教师每学年都必须完成一个年度教师专业成长计划。

（4）非专业化趋势

20 世纪 90 年代，阿尔伯塔省教师教育政策的变化表现在那促进教师专业的密集运动与措施框架，政府执行不同于以往的教师教育政策框架以及区别于其他省份的专业发展实践。这些政策主要是为了增强教师职业自主权的发展趋势。然而，阿尔伯塔省政府加强了政府主导的非专业化趋势。这主要与该省的政治“右翼”意识形态有关，该思想强调将财政限制、行政管理绩效和问责制作为该政策的优先价值观。有学者指出自20世纪90年代初以来，阿尔伯塔省在政治上转向“右翼”，这是一种非专业化的强烈趋势的开始。

因此，建立了一系列的公共教育改革举措，表明省政府对专业教师越来越“怀有敌意”，拒绝考虑对教师的看法和关切。教师专业化的具体表现面临着来自政府的严重财政挑战，包括强迫教师参加课外活动，改变班级规模，减少教师培训时间。

这些政府政策受到政府的政治控制或监督，体现在教师教育领域的“新管理”意识形态，强调明确的绩效标准、产品控制、精细的等级水平和以市场为导向的操作机制。在此条件下，教师教育改革和政策获得了基于社会政治经济需求的监管和监督模式的特点。此外，还实施了教育改革，以追求市场竞争和最大的经济利益。因此，教师教育治理中的政策议程和举措忽视了教师的反思能力和批判性思维能力。教师教育的相关政策不符合教师职业自主的核心。阿尔伯塔省政府的这种改革和政策制定与英国政府的教师教育改革政策非常相似，后者是在新工党政府的前两届任期内建立的，这导致了一些负面影响。政府出台的一系列教师教育措施削弱了教师作为专业人员应享有合法专业自主权的核心价值观。

这些改革在阿尔伯塔省吸引了许多专业人士和学术上的回应。教师们在2002年1月的罢工中对政府的教师教育政策表示不满，要求政府增加教育经费，并解决班级规模、养老金责任和工作条件等问题。

阿尔伯塔省的教师专业发展监督政策，如教师专业发展计划（TPGPs）。阿尔伯塔大学的学者芬威克（2001年）进行的研究借鉴了一项定性研究的结果，该研究在这些政策实施三年后对教师进行了访谈，教师反映该政策促进了教师的自我导向，同时可能通过加强监督来削弱专业授权；专业成长计划似乎尊重和解放了教师个人的认知方式，同时潜在地将教师的学习范围缩小到一种技术主义模式。

同样，作为该省教师专业组织的教师协会认识到这些政策的潜在风险，并认为在阿尔伯塔省，诊断和回应学生的学习需求以及评估他们的进步方面行使专业的判断力是成为一名教师的核心。因此，教师有专业责任需要跟上教育的新发展，并发展他们的专业实践。

3. 发展新阶段：在再专业化的文化中分担责任（21 世纪）

当前的社会政治、经济和人口格局都发生了很大的变化。在全球化变革的背景下，教育旨在促进学生和社会的可持续发展。阿尔伯塔省教育委员会认识到阿尔伯塔省经济面临的潜在风险，包括受过良好教育和高技能的人才供应不足，无法满足社会需求，特别是在阿尔伯塔省经济变得更加多样化和基于知识的情况下，为了应对全球化发展带来的这些重大挑战，大多数阿尔伯塔人开始考虑该省和社会的发展方向，以及他们如何确保他们的教育系统尽可能得到响应。关键的挑战是确保阿尔伯塔省的儿童和青年为他们的未来做好充分的准备。在此背景下，政府表达了对特殊教育政策、项目和服务的看法，例如 2000 年 11 月阿尔伯塔省特殊教育回顾的最终报告。该报告确定了关键问题，并为省级有特殊需要的学生提供高质量项目提出了具体建议。此外，2002 年至 2005 年阿尔伯塔省学习商业计划强调建立一个“负责任、灵活、方便、负担得起”的系统。

在新的发展时代，教师的治理措施如何促进学生的新学习和可持续发展，成为教师教育改革的重点。为了实现这些目标，阿尔伯塔省的教育机构开始检查教育系统，并提供实用的建议，以提高教师的专业精神。2009 年 10 月，一份题为《每个孩子学习，每个孩子都成功：报告和建议》的报告，概述了教师发展戏剧性改革的许多建议：

· 完善初级教师的教师准备计划和经验；

· 建立一个永久性机制，确保教育学院、督学、教师和阿尔伯塔学习学院之间建立更紧密的联系；

· 要求学校管辖区调整第一年的经验，并为初级教师提供有效的指导；

· 为各学校管辖区、各学校制订和实施全面的专业发展计划；

· 要求所有教师都有针对性的与学校改进计划直接相关的年度专业发展计划；

· 确保对教师进行监督和评价的政策和规定得到充分的理解和有效的执行；

· 将目前的仲裁委员会程序改为与有权在该省集体谈判的雇员的模式一致的仲裁程序（《每个孩子学习，每个孩子都成功》）。

这些改革政策清楚地表明了阿尔伯塔省的教育委员会对其重要性的强调。这表明，职前教育项目和正在进行的专业发展活动为教师提供了政策支持。这一观点也体现在阿尔伯塔省学习委员会 2003 年发布的报告中，该报告指出教学是一项困难、消耗的、但最终有回报的职业。良好的教学需要智慧、奉献精神、洞察力和协作。

虽然教育委员会的报告是基于对阿尔伯塔省未来的人口变化、政治、经济和社会发展转型以及学生个人的身体和心理需求的展望，但它迫切呼吁培养具体的多维和高素质的教师。因此，随着每个孩子走向成功，促进社会发展，仅仅依靠教师自身专业化发展的动力，是不够的。

政府机构已经逐渐重新考虑了恢复教师专业精神的重要性。为了进一步提高教师专业化素质，提高教师准备水平，教育机构考虑了教师教育改革和政策对阿尔伯塔省教师发展的影响。根据教育部的要求，在 2010 年 9 月，由一个致力于实现阿尔伯塔省学校和教室的积极变革的省级教育伙伴工作小组制定了《支持实施指南：基本条件》。省级教育伙伴关系工作组的报告基于这样一种共同信念，即成功实施需要教育伙伴共同协调、协作和全面的努力，为所有学生实现学习成功的共同愿景。它要求所有教育利益相关者共同承担支持在学习文化中实施的责任。在某种程度上，这标志着该省教师教育发展和政策话语的转变。一个新的协作教师专业化的政策模式已经形成，包括教育部、教育厅、教师协会和阿尔伯塔省的其他主要利益攸关方。

三 阿尔伯塔大学小学教育课程内容及结构分析

阿尔伯塔大学（University of Alberta），简称“UA”，始建于 1908 年，是坐落于加拿大阿尔伯塔省会埃德蒙顿的一所世界著名大学，是加拿大最大的研究型大学之一。阿尔伯塔大学提供教师教育的本科项目与研究生项目。本科阶段的小学教育专业又有四年制小学课程、五年制联合学位课程和原住民教师教育计划三个项目可供选择。

（一）四年制小学课程

小学教育四年制课程共包括 120 个学分。尽管该计划被称为四年制计划，但学生可以不必在四年内完成。四年模式基于每年秋冬学期共完成 30 个学分，学生可以设定自己的学习进度。所有的学位课程都设计为在秋季/冬季学期完成，因为这是提供大多数课程的时间。由于每学期提供的课程有限，这使得这些学期非常适合参加一门或两门课程。无论学生以何种速度完成该计划，都将遵循以下的课程顺序。

表 4-4　　阿尔伯塔大学小学教育四年制课程

时间	第一年和第二年	第三年和第四年
课程 1	完成三门介绍性教育课程： EDU 100 -教育背景 EDU 210 -教育技术概论 EDU 211 -专业和个人参与的原住民教育和背景	全科教育 学生发展与学习 学业表现评估 满足多元学习需求的教学技能 教师职业道德与法律责任
课程 2	完成非教育元素课程： 原住民和原住民历史 文化 美术 语言/文学 数学 自然科学 体育和健康教育 社会科学	教学实践 1（为期 5 周） 教学实践 2（为期 9 周）

第一年和第二年需要完成两部分的课程，第一类课程为三门介绍性教育课程，即教育背景、教育技术概论及专业和个人参与的原住民教育和背景，旨在增加对阿尔伯塔省教育和教学领域、课堂技术的了解，以及对原住民教育和背景的理解。此外，学生将学习与小学教授的学科领域相关的课程。这些课程被称为非教育元素几乎占总体课程的一半，这意味着学生前两年的大部分时间将致力于学习这些学科领域的课程。

在四年制课程的最后两年，学生将完成几门与以下相关的高级教育课程：在小学课堂教授不同的学科领域、研究儿童如何发展和学习、评估学生的进步、调整教学以满足所有学生的学习需求以及了解教师的道德和法律责任。此外，课程的最后两年内学生还将完成两个现场体验部分（一个为 5 周，另一个为 9 周）。该计划的现场体验部分为学生提供了在教师指导下在课堂环境中应用所学知识和技能的机会。

在参加与主要和次要学科领域相关的课程方面，该项目建议从入门课程开始，例如 100 级初级课程通常是高级课程的先决条件。通常情况下，学生在他们的主要学科领域平均每学期大约 1—3 门课程，在他们的辅修课程中每学期平均 1—2 门课程。到课程结束时，学生将获得 36 个学分（通常为 12 门课程），辅修课程为 18 个学分（通常为 6 门课程）。

（二）五年制联合学位课程

综合学位课程是阿尔伯塔大学的办学特色之一，该课程允许学生在文学院、本土研究学院、运动机能学院、体育和娱乐学院、理学院或奥古斯塔纳校区完成本科学习的前两年或三年。剩下的时间在教育学院进行学习。这样，参与课程的学生可以在五年内获得两个学士学位。以文学学士（本土研究）/教育学士（小学教育）五年制联合学位课程为例，在这个综合学位中，学生选择以下三个方向之一：本土教育、克里语言或社会研究。课程要求见下表。

表 4-5　　阿尔伯塔大学小学教育五年制联合学位课程

学年/学分	就读学院	课程
第一年 （30 学分）	本土研究学院	原住民研究的历史观点 原住民研究的当代观点 克里文化介绍 研究和探究简介 社会科学（3 学分） 自然科学（3 学分） 社会科学（3 学分）
第二年 （30 学分）	本土研究学院	教育背景 教育技术概论 专业和个人参与的原住民教育和背景 体育与健康教育（3 学分） 初级人文学科（6 学分） 辅修（6 学分） 本土研究（6 学分）
第三年 （30 学分）	本土研究学院	原住民研究专业（3 学分） 原住民研究的研究方法 数学（3 学分） 体育与健康教育（3 学分） 美术（3 个单位） 未成年人（6 学分） 高级人文学科（3 学分） 本土研究（3 学分） 社会科学（3 学分）
第四年 第五年 （60 学分）	教育学院	小学语言艺术 小学社会研究的课程和教学法 300 级课程（3 学分） 400 级课程（3 学分） 教师职业道德与法律责任 儿童学习和发展 未成年人（6 学分） 本土研究选项（6 学分）
	实习学校	实践（30 学分）

（三）原住民教师教育计划

原住民教师教育计划（ATEP）是阿尔伯塔大学教育学院的基础教育

学士学位计划。该计划致力于在所有学校，但主要是在原住民儿童学习的学校中，加深对原住民文化和教学观点的理解。该计划的目标是通过增加原住民教师的数量以及选择该课程学习教师的数量来改善原住民儿童的教育体验，同时了解原住民的世界观、知识体系、历史、教育经历以及认识和存在的方式。

该计划在过去 18 年中取得了巨大成功，通过适合文化的教师教育，在改善阿尔伯塔省北部、东部和中部的原住民儿童教育方面发挥了至关重要的直接作用。超过 95% 的原住民教师教育计划毕业生目前正在教学、担任各种领导职务或攻读研究生。

学生有校内、远距离和校外三种学习模式可供选择以完成该学位。无论选择哪一种学习模式，学生都可以通过该计划一起进步，学习相同的课程。因此，每一种学习模式都有特定的入学要求。要考虑入学，学生必须满足所有入学要求并遵循他们申请的学习模式的所有申请说明。

四　加拿大阿尔伯塔省教师教育课程带来的启示

与阿尔伯塔省教师改革政策相关的“教师专业主义”的核心概念已经被教育学家和改革者重新定义。基于阿尔伯塔省的历史教师教育改革经验，通过对课程体系内容和结构的分析，我们可以总结出阿尔伯塔大学小学教师教育课程体系的特点。

（一）教师专业主义作为一种社会建构观念的转变

主导阿尔伯塔省教师教育的政府机构“塑造”或“锻造”了教师专业主义范式和话语，以提高地区教育质量。相应地，从传统的“技术理性专业”在 20 世纪 70—80 年代“不专业”再到 90 年代“再专业”，在不同的历史背景下，阿尔伯塔省的社会政治、经济、文化和教育改革背景的变化，人们对教师专业这一社会构建概念有着不同的解释。人口、全球和地方发展、资源提供，加上全球化、技术进步以及国际和区域竞争的影响，极大地影响了教师专业精神的发展。

在 20 世纪 90 年代以前，基础教育体系以满足各国国民经济发展的需要而努力。教师的专业发展通常涉及一种自上而下的方法，强调政府的统一规划，并倾向于教师职业的技术性。在这一时期，教师专业性的主要特点是一种技术理性。因此，教师的角色主要是指导或传递知识。阿尔伯塔省大多数相关的教师教育改革表明，他们积极应对教师如何有效地实现课堂知识交付的计划目标的问题。

20世纪90年代，新自由主义的基本概念，包括放松管制、私有化和私有化限制政府在社会资金中的作用被引入教育改革。市场驱动的方法需要加强竞争和提高教师专业发展的效率。在这个阶段，在多大程度上和如何复杂的政治专业实践，特别是增加问责制压力，教师教育政策问责成为讨论的焦点。问责制的压力导致公共教育系统狭隘地专注于改进学习的标准化措施，而不是支持更广泛的学习概念。教师们失去了自我定义自己的专业精神的能力。对于这些相关的政策影响，他们并没有自己的声音。因此，教师的专业精神进入了所谓的“不专业精神”阶段。在我国，同时期的香港的教师发展也出现了同样的情形，香港教师的工作越来越多地受到新兴学校教育市场的影响，而上海教师的工作仍然受到国家的监督。无论是像香港教师那样对“专业主义”有自己的解读，还是像上海教师那样紧紧跟随官方对“专业主义”的解读，两个城市的教师专业主义都可以被视为“局限专业主义”。

新世纪的教育快速全球化激发了对教师专业发展方法的反思。教师需要具有促进学生的个性发展和可持续发展的能力，这就需要教师专业发展的新范式转变。一种新的教师专业主义范式和外部要求可能会导致现有的教师教育在政策框架内，通过良好的同事和专业的学科知识实现教师的“再专业化”。有学者认为阿尔伯塔省的教师教育改革政策环境发生了变化。伙伴关系和合作已经成为阿尔伯塔省实施高质量专业学习的核心。所有的利益相关者都有共同的责任来支持新世纪阿尔伯塔省教师专业发展的关键政策（《支持实施指南：基本条件》）。

根据对阿尔伯塔省的历史分析，教师的专业精神是社会和政治改革的产物。传统上，一些研究是采用教师文化和终身学习的视角来讨论教师的专业发展。然而，研究人员现在更关注强大的外部政治权力。例如，西方国家最近的问责制使教师在全球化时代处于更复杂和更具挑战性的境地。虽然一些国家或地区已采取措施加强教师在教师专业性改革过程中的积极作用，但在课堂教学和学校改革领域将继续进行关于教师非专业化或再专业化的重大辩论。这就迫切需要研究如何提高教师的专业自主性，扩大教师的专业空间。此外，应确定进一步的理论和专业研究的要求，以探索更广泛的社会背景因素，如政府、市场和技术等对教师专业发展的作用。教师教育和专业发展新模式的形成应该基于四个关键特征：包括一个整体的教师管理方法；终身的、可持续的教师教育和专业发展框架；多利益相关者和本地、国际联盟的发展；教师管理和教师教育之间的协同作用。总之，在掌握国际教师教育政策发展的变化时，有必要考虑国际竞争、区域发展和全球化对教师专业水平的巨大影响。

（二）基于动态政策工具的教师教育改革策略

作为加拿大的一个重要省份，阿尔伯塔省的教师教育政策自 20 世纪 70 年代以来一直被用作促进和加深对教师专业发展和教师素质理解的动态工具。作为一种将实质性政策目标转化为具体行动的特殊机制，这些政策文本涉及授权、诱导、能力建设、系统变革等。这些政策文本不仅塑造了专业的范式和话语，而且还提高了区域教育发展的质量和国际声誉。值得注意的是，阿尔伯塔省政府通过一系列政策工具重申了其对教师准备的权威，教育治理的基本要素包括资金、监管和交付。30 多年前，Hrabi（1976）揭示了在阿尔伯塔省的教师教育中，基于内部和外部环境的影响，教育厅的作用发生了重大变化，其中包括以下内容：

· 与大学的协议。通过与阿尔伯塔省大学理事会达成的协议，由大学提供教师培训。政府对这些大学的支持使它们能够执行协议的条款。

· 财政支持。教育厅的作用的主要方面是提供财政支持。在将教师教育的责任转移给大学理事会的同时，也有责任向理事会提供执行任务的资源。

· 教师证书的要求。教育厅在教师教育中发挥着直接的作用，即教师认证要求通过采用指导方针和认证所需的教师培训年限来影响职前教育项目，这相当于一个学期的实地经验。

· 关于教师教育项目的学校课程。教育厅厅长继续规定课程的学习、项目的学生和批准任何实质性修改等项目的研究，如引入幼儿服务项目，决定在 20 世纪 60 年代早期在阿尔伯塔省高中课程中添加职业教育内容、社会研究项目等。课程的改变对教育学院的具体课程有间接的影响。

· 在职教育。教育厅提供人力及物力资源，协助课程改革所需的在职教育工作。

· 向教师提供直接财政支持。通过学生财政委员会对职业教师的供给有直接影响。

· 与其他机构合作。教育厅是一些专业组织的成员，为这些组织的决策实践提供直接投入的机会。

虽然教育厅在阿尔伯塔省教师教育中发挥的一些作用已经发生了很大的变化（特别是大学隶属于企业和高等教育厅而不是教育厅），但省政府仍然利用各种政策工具，行使其对教师教育改革的权威。

加拿大的关键治理领域几乎包括教师教育的各个方面，如招生、专业教育、考试、课程、认证、监控和实践培训。自 20 世纪 70 年代以来，随着教师管理和质量控制政策的发展，人们已经从静态和机械的框架向更动态和积极的模式转变。这有效地推动了本省教师专业发展和教育更加成功和多样化。不同的国家或地区在教师教育质量控制方面可能面临不同的历史和背景制约。阿尔伯塔省可能为不同国家或地区教师教育的教师管理和质量控制提供有用的课程。

（三）对教师教育治理与教师专业精神关系的启示

国家权力主导的政府行政体制和货币政策主导的市场经济体制是现代社会中的两种媒介体制，一些西方发达国家受到这两种体制的深刻影响。如何解决追求市场竞争所形成的监管模式与基于教师反思和批判性思维的专业模式之间的核心紧张关系，是一个棘手的全球性问题。教师专业化反映了教师培训和管理模式的彻底转变。在一个特定的地理区域，阿尔伯塔省的教师专业精神的演变，提供了对这一变革的具体理解。

在加拿大和其他国家，最初的教师准备管理存在不同的政治、制度和专业模式，由于对教师准备的不同利益和司法主张，产生了紧张关系。从历史分析可以看出，自 20 世纪 70 年代以来，阿尔伯塔省政府主导的教师教育改革具有重要的政治意义。加拿大大多数省政府对教育政策具有正式的宪法权力，其重点是改革教师准备和教师专业发展，作为教育政策议程的一个重要组成部分。这种对教师教育的政治治理方法在一些国家和地区广泛存在。作为教师教育治理的政治模式，国家是教育服务的主要资助者、监管者和提供者。加强教师管理政策，提高教师地位，调动多元化资源，采用一个整体的方法整合多个利益相关者，对教师专业发展和教师管理具有重要意义。

然而，政府主导的教师专业发展也产生了负面影响。在加拿大和国外的一些省份和地区，政府主导的教师专业发展对社会的负面影响已经显现。政策领域，包括问责制、标准和绩效，都给教师专业发展增加了沉重的负担且缩小了教师专业主义的可能。教师教育的治理与相关的政治模式和经济利益结构有关。此外，企业管理模式和管理主义理论也影响了教师专业发展的空间。教师专业发展必须满足日益增长的标准体系和政府问责制的要求。证据表明，在加拿大，更系统的问责制和以专业为导向的教师专业发展方法之间存在着复杂的关系。以这些因素之间更普遍的紧张关系为前提的争论仍然很重要。在政府权力介入教师教育的背景下，教师自身在这些教育改革政策下似乎迷失了方向，感到困惑和冷漠。

幸运的是，阿尔伯塔省促进教师专业主义的教师教育治理政治模式已经开始转变。人们已经认识到有必要打破传统的教师培训、教师资格和教师绩效评估框架，依赖于单一的内部培训模式，废除对外部标准的依赖。实现教师发展的专业自主已逐渐成为教师教育改革的主要焦点。阿尔伯塔省负责教师教育政策的利益相关者认识到，教师专业发展必须建立一套促进教师专业学习的新型合作体系，认识到持续终身学习对教师专业发展至关重要。随着社会的迅速变化，特别是关于全球化对不同社会领域和教育的影响，这些背景力量使阿尔伯塔省教师教育的治理格局进一步复杂化。

随着社会的迅速变化，特别是全球化对不同社会领域和教育的影响，这些背景力量进一步复杂化了阿尔伯塔省教师教育的治理格局。在加拿大的其他省份，如安大略省，其教育改革立法和相关政策的各种因素影响了教师专业发展；在政策扩散和政策学习的推动下，全球教育政策趋于相似。除了国际背景之外，政治、社会和经济因素显然也影响了阿尔伯塔省的教师教育改革及其政策内容。教师专业主义话语的演变是通过政治、经济、文化和社会的影响在加拿大及其他地区发展起来的。这时候需要选择一种新的教师专业主义模式，放弃政府政治规制与教师自主发展的非选困境。

对于加拿大以外的地区和国家来说，阿尔伯塔省的经验可以提供一面镜子，反映教师教育改革的进程。教师教育政策执行的治理总体上已经从强调标准化、集中、维护和控制的传统方法转向多元化、分权、发展和个人主动性的新方法。正如加拿大阿尔伯塔省的案例所表明的那样，与教师教育改革有关的政策考虑正变得更加复杂。如何在地区重大社会政治变革背景下解释和发展当地教师专业主义，如何加强和控制教学质量，如何应对政治改革和教师治理的市场管理的影响，是未来国际教师教育发展的重大问题。

第五章

面向乡村的教师教育课程整体优化的定位

第一节　教师教育课程建构的实践取向

一　教师教育课程建构的传统取向

（一）知识本位

知识本位的教师教育课程观认为师范生具备过硬的知识是成为优秀教师的基础，知识学习是影响师范生后续成长的关键因素，是师范生专业发展的重要方面，也是教师专业发展的内在需要。知识本位的教师教育课程观的建立最早受永恒主义教育哲学观的影响，吸取永恒真理的知识可以促进永恒人性发展及推进人最高属性理性发展的思想，结合教师教育实践，推崇教师教育应该帮助未来的师范生树立起“拥有渊博知识的学者型”[①] 的形象。关于师范生需要掌握的知识类型，不同的学者根据不同的分类标准对其进行了分类。美国学者舒尔曼（L. S. Shulman）提出了师范生应掌握学科知识、一般教学法知识、学科教学知识、学生知识、教育环境知识、课程知识、有关教育宗旨和目的的知识等七种类型的知识。在这七种知识类型中，“学科教学知识”的提出对教师教育知识类型发展来说是里程碑事件，这种知识类型在促进学科知识和教学知识的共融、实现学科知识向学科教学知识的转化过程中起着非常重要的作用。

知识本位的教师教育课程观重视师范生知识的获取，彰显知识的教育价值，凸显知识对师范生成长的重要作用。知识获取的广度和深度对师范生职业生涯具有重要作用，是师范生未来从事教育工作的坚实基础。因

① 谢赛：《教师教育课程范式研究的回顾与展望》，《全球教育展望》2017 年第 4 期。

此，知识本位的教师教育课程观注重对师范生的知识传授，主张用丰富和夯实的知识来促进师范生专业的发展，提倡知识的增长与教师专业发展成因果关系，力争培养学者型教师。知识本位的教师教育课程观深深影响着教师教育课程类型的设置，学科知识、教学法知识、教育学、心理学课程等课程设置是这种类型教师教育课程观的具体体现。

知识本位的教师教育课程观对师范生的培养有着重要的意义：专业的、深厚的知识为师范生长远发展奠定了坚实的知识论基础，并能够有效激发师范生的发展潜能。但我们也需要理智地看待知识本位的教师教育课程观，这种教师教育模式也有一定的局限性，过于强调知识的储备和获取，有把教师隐喻为“盛装知识的容器”[①] 的意蕴，忽略了师范生思维的锻炼和教学机智的启发，在一定程度上造成了对实践性技能的忽视。由于教学机制的缺乏，师范生在面对突发情况时，有可能无法做出迅速准确判断和机制处理，从而错失教育的最佳时机，影响其教学智慧的增长。如果在教师教育课程中实行单一的知识本位课程观，必将对师范生的培养产生非常不利的影响。

（二）技能本位

技能本位的教师教育课程观认为师范生具备过硬的技能是成为优秀教师的基础，教师教育的重点应在于培养师范生过硬的教学技能。技能本位的教师教育课程观最早受行为主义心理学的影响，强调在教师教育中既定的操作性技能学习对师范生成长的重要性，推崇教师教育应该给未来的师范生树立起“娴熟的教学技术员”[②] 的形象。关于师范生应该掌握的技能类型，不同的学者有不同的分类标准。例如，“英国教育和科学署认为一个合格的教师应该具备 27 种职业技能，法国国民教育部认为教师应该具备‘对所教学科知识的掌握’‘分析教学情境的能力’‘控制课堂行为以及了解学生差异的能力’等四个方面的职业能力”[③]，目前国内主流的观点认为师范生应掌握语言文字基本功、教学工作、班主任工作等三个部分的职业技能，这些技能是师范生必修的职业技能内容。

---

① 付光槐：《论教师教育课程的价值转向——从技术旨趣、实践旨趣到解放旨趣》，《国家教育行政学院学报》2017 年第 8 期。

② 谢赛：《教师教育课程范式研究的回顾与展望》，《全球教育展望》2017 年第 4 期。

③ 余德英、王爱玲：《教师教育课程范式变革及其启示》，《教育理论与实践》2018 年第 1 期。

技能本位的教师教育课程观重视的是技能的获取，彰显技能训练的教育价值，强调师范生掌握高超的教师职业技能是教学工作的保障，教师基本功的训练和教师职业技能的培养可以为师范生将来从事教学工作打下坚实的基础。因此，技能本位的教师教育课程观注重对师范生技能的培养，主张用“以能力为本位，以训练为中心”[①] 促进师范生的发展，提倡师范生职业技能的增长与教师专业发展成正比关系，力争培养技能型教师。技能本位的教师教育课程观影响着当今教师教育课程类型的设置，语言文字基本功（钢笔字、粉笔字、毛笔字、普通话、信息技术综合运用、口语表达）训练、教学工作和班主任工作等技能课的设置是这种类型教师教育课程观的具体体现。

技能本位的教师教育课程观对师范生的培养有着重要的意义：扎扎实实的技能训练可以保障师范生的教育能力，对以知识为本位的教师教育课程观起到了一定的纠偏作用，为师范生长远的发展奠定坚实的基础，但这种教师教育模式也有一定的局限性，过于强调技能的训练，没有重视教师职业外在技能的训练和教师职业内含价值的关系，其内涵实质是在培养“教学‘技术工人’”[②]，在一定程度上造成了对教师职业的内在生命感悟的忽视。如果在教师教育课程中实行单一的知识本位课程观，必将对师范生的培养产生非常不利的影响。过分注重知识传授和教学技能的教师教育课程，会将所有注意力放在学生知识和技能的获得中，忽视学生的情感体验，这种课程观无生命的体验，显得苍白，从实践效果来看，师范生课程学习没有达到理想中的效果，学习时更会因为要求过高而产生自我怀疑，教师区别于其他职业的特殊性与专业性就无法体现。

（三）标准取向

标准取向的教师教育课程观最早受教师教育职业标准研制的影响，强调在教师教育中围绕教师职业标准来对师范生进行培养的重要性，推崇教师教育应帮助未来的师范生树立起“专业的教师”的形象。标准取向的教师教育课程观认为必须加强教师教育职业标准的研制，在师范生教育过

---

① 余德英、王爱玲：《教师教育课程范式变革及其启示》，《教育理论与实践》2018 年第 1 期。

② 付光槐：《论教师教育课程的价值转向——从技术旨趣、实践旨趣到解放旨趣》，《国家教育行政学院学报》2017 年第 8 期。

程中“加强教师教育理论课程与实践的关联性”①，促进师范生在真实的情境中真正掌握理论知识，并通过感知、体悟和反思来培养师范生坚定地从教信念。

标准取向的教师教育课程强调围绕教师职业标准来设置课程，除此之外，这种取向的课程还注重实践在教育教学中的重要性，通过写日志、传记、文献分析等方式进行反思，通过这些方式促使个人在真实的行动中进行反思，在不断自我反思的过程中发现问题，进而对教育教学能有深入的了解，增强自身的教学经验，不断充实教师的专业发展内涵，为实现专业高质量发展奠定坚实的基础。

标准本位的教师教育课程观对师范生的培养有着重要的意义：遵循教师职业标准来设置教师教育课程，实现师范生职前教育和职场就业的无缝对接；倡导师范生在真实的教学环境中应用所学知识，检验自身的学习成果，并且通过反思日记、教学录像、教师观摩等教学反思形式，促进专业成长，提升现有教学经验。此类课程把教师职业标准融入教师教育课程的设置中，强调实践在改变师范生知识获得方式中的作用，提倡自主探究反思，培养学生自主构建知识体系的能力，发展他们的实践性知识②。但这种取向的教师教育课程模式忽略了实践性知识在不同的环境下，面对的教学设施、教学环境、教学合作伙伴不同，所采取的教学方式也应当不同，缺乏流动性与变通性，师范生缺乏适应环境，与不同教学环境和谐共生的能力。

以知识本位、技能本位和标准取向为代表的传统取向的教师教育课程观在实现教师专业化、帮助师范生掌握现有的教育理论知识和技能方面起到了重要的作用，但“知识拥有者”“技能型”“专业型”教师教育观使得“教师的主体性与价值意义世界遭受到知识和技能训练的‘压迫’和‘奴役’”③，不利于教师主体精神和创造性的发展。正如付光槐所主张，教师教育课程的改革不能仅仅停留在技术层面，而应该关注教师教育课程的深层次、实质性和价值性的问题。

---

① 余德英、王爱玲：《教师教育课程范式变革及其启示》，《教育理论与实践》2018 年第 1 期。

② 王吉春、陈寒：《实践取向教师教育课程改革：经验与困境——以绵阳师范学院小学教育专业为例》，《绵阳师范学院学报》2019 年第 7 期。

③ 付光槐：《论教师教育课程的价值转向——从技术旨趣、实践旨趣到解放旨趣》，《国家教育行政学院学报》2017 年第 8 期。

二 教师教育课程建构的现代取向

（一）激发生命发展自觉和历史责任感的教师教育课程

教师教育课程应该激发学生生命发展自觉，承担“心怀国之大者，立志做大先生”的教书育人历史责任。基于这一理念出发设计的教师教育课程，必将激发师范生“为天地立心，为生民立命，为往圣继绝学，为万世开太平”历史责任感和使命担当；在设计教师教育课程的时候，必将深入到“什么样的课程有利于培养学生扎根乡村教育”“什么样的课程有利于师范生自觉把自身专业成长和乡村教育发展联系在一起”等关系到教师教育根本理念和发展方向的问题上来。

激发生命发展自觉和历史责任感的教师教育课程旨在促使师范生知识学习、生命感悟和责任担当的相融同构，主张在知识学习过程中融入个体的情感、动机等非认知因素，最大限度调动非认知因素在个人专业发展过程中的重要作用，培养师范生炽热的教育情怀。这种课程观提倡“生命与课堂相容同构”，这种相容同构可以把“教育领域的感悟”和“教育之外的体验”① 综合交织在一起，注重师范生“知识学习”“教育体验”和“责任担当”同频共振和高度融合。激发生命发展自觉和历史责任的教师教育课程必将引导师范生体察日常教育教学生活中的独特意义、民生乡情以及生命价值，从而指导师范生未来能够在充盈的教育教学生活中进行有温度和有情怀的教育，这种感悟的经年累积可以调动学生所有的情感体验，让学生体会到职业生涯的崇高和历史责任，自觉以强烈的历史责任感来理解和践行生命自觉。

（二）基于复杂脉络情境的教师教育课程

基于复杂脉络情境的教师教育课程观认为未来的师范生是复杂脉络情境中课程实施的调适者。师范生能够对自身所处复杂情境脉络的深刻认识是成为优秀教师的基础，情境脉络的觉知是影响到师范生后继成长的关键因素之一，是师范生专业成长的重要方面，也是教师专业发展的基础。另外，正因为对复杂情境脉络的觉知，教师在进行课程实施时会有一定发挥的余地，空间介于既定课程制度、课程理想和创造调适之中。优秀的教师

① 王加强：《从“制度文本”到“传记文本”：教师教育课程的范式转换》，《教师教育研究》2012 年第 6 期。

会把制度、社会、学生的利益调和在一起。

基于复杂脉络情境的教师教育课程首先要教会师范生对工作情境和课程情境的结构性脉络进行觉知。制度面的课程是什么？在课程实施中该做些什么？怎样去调适课程制度与学生实际情况之间的距离？教师应基于这样的想法而采取相应的课程实施行动。其次，基于复杂情境脉络的教师教育课程观还涉及未来师范生对自己身份定位的问题，教师教育课程要让师范生意识到教师职业需要与社会进行持续不断的建构，这个建构过程包括对社会复杂情境脉络的觉察，熟悉并热爱自己所处的环境，主动回应环境的变化和要求，并能把这种变化转化成课程内容，在课程实施中进行批判性的落实，在课程落实的同时承担一定的社会责任。基于复杂脉络情境的教师教育课程观推崇教师教育应该帮助未来师范生树立“教师即课程设计者”的形象，这种形象要求未来的教师要对复杂情境脉络有深刻的觉知，这就要求在职前培养阶段要基于复杂情境脉络来设置教师教育课程，课程设置能够充分让学生们了解到教育生活所处情境的复杂，以及由此而来的行为的复杂性，而不仅仅是一种被动的执行者的简单行为和简单处境。

（三）强调实践反思的教师教育课程

强调实践反思的教师教育课程观认为学会反思是成为优秀师范生的基础，反思性实践者是教师教育课程的培养目标。反思是教师必备的职业意识和职业习惯。反省看似人人可做，却不是人人都能持续、努力去做。这种课程观强调师范生要把反省习惯印刻在职业意识和职业行动中，强调行动要建立在深刻觉知的反思基础上才能实施。反省有助于师范生学习能力和教学能力的精进，有助于养成明日之教师所需的必备核心素养。

教师教育课程需要帮助师范生树立在职业发展的不同阶段和不同程度都要进行反思的职业意识和职业习惯。反思习惯一旦在职前教育阶段习得，并且固化成为一种心智模式，就会帮助师范生在未来职业发展的不同阶段都能启动这种心智模式，有助于对自己的职业生涯有清醒的认识，有助于师范生系统、客观地对教育教学工作进行思考，深入体会教育内涵，形成自己独特的教育风格。

课程忠实执行、课程相互调适和课程的创新取向一直是课程实施领域三种基本的取向。在教师教育课程的设置过程中，我们首先需要让学生了解这三种不同的取向，另外还需要在课程实施过程中体悟这三种取向的不同之处和各自的优缺点。这也是强调实践反思的教师教育课程应有之意。反省有助于唤醒主体意识，主体意识推动着专业自主、有序和持续性发展。习于接受既定课程政策或行政命令的教师，总是难以摆脱作为课程发展下游的执行者角色①。

第二节 多元并存的教师教育特征分析

一 学术性与师范性二元张力共存

学术性和师范性是教师教育追求的目标，一个优秀的教师既深耕所教科目的专业内容，又注重教学方法、技能、素养和教师思想道德素养的提高。在新的教师教育课程整合取向中，提出了将学术性与专业性融会贯通，这是教师教育改革课程的重点和方向。学术性与师范性两者共同发展、相互融合是教师教育发展的重要目标之一。

（一）在专业必修课中增加学科教学法的比重

学科教学法是从教学法的角度，来认识学科专业知识，了解学科内部联系与实际教学时的重点与方法，其中既有学科的专业知识，又有教授此门学科的教学理论与方法。师范生需要掌握学科专业知识基础，建立相应的知识框架，将所学知识进行迁移和传递，能够将难懂的复杂知识通过一定的教育方法以一种简单易懂的方式传递给学生。在学科教学法的学习过程中，师范生要学习的内容不仅仅是专业知识，还要结合心理学，学会对所要教授的课程进行传递，习得教学方式与技巧。在师范生教育中，我们需要从学科教学法的角度来理解专业必修课，专业必修课不仅是某一学科单独的长期积累的系统知识谱系，也应包括此类学科在知识的传授过程中出现的瓶颈与难点。在大学的不同阶段，可以根据师范生的成长过程与知识的掌握程度，设置偏重性不同的课程，前期注重知识积累，后期强调实践应用。

在专业必修课中增加学科教学法的比重。学科教学知识是包括学科内容知识、教学策略知识、了解学生的知识和教学情景知识等四方面的动态知识体系。教师最终的目标是教书育人，而教师教育课程需要注重实践性

① 李莹：《生成性教学中教师角色研究》，硕士学位论文，吉林大学，2011年。

与应用性，基本技能培训、实习等实践性内容是其不能避免的学习点，也是将来师范生步入教师行业需要掌握的技能。基于此，以课堂教学准备、课堂教学能力、课堂教学评价标准为切入点，教师教育整合课程中需要系统、全面了解教学内容、方法、标准、意义，在学好理论知识同时，增加对实例教学的分析，让师范生也对实际教学有所了解与准备。

（二）从知识类别中重塑学科专业的认知

知识分类可以大致分为这样的几类：一是教育教学基础知识。此类知识是今后进行教学工作的基础，掌握科学的教学方法，才能更快更好地帮助学生融入课堂，理解知识。二是广泛的科学文化知识。这是教师个人知识素养的集中体现，拥有广博的知识，才不会显得课堂枯燥无味。三是学科专业知识，懂得专业的知识，将知识深化了解，理清学科脉络，才能够将知识外显传递给更多的学生。四是资源开发知识。了解其他领域的发展与研究，开发更多的教学资源。针对这些不同的知识类比，在教授此类知识的课程时，需要有选择地进行侧重，更好地将学术性与师范性融合起来，将“教什么”与“怎么教”都能够做到。

不同学科由于自身所具有的不同特点，在教学时导向的侧重点也会有所不同。例如，巫锐认为对思维能力有较高要求的科目，比如数学和物理，职前教育阶段应保障学生在知识获得的基础上，在“师范性”上加大教学力度，即应充分强化与锻炼师范生教学技能，使师范生能够帮助教学对象易于理解和学习知识内容。如果是对知识储备要求较高的学科，比如历史知识、文学常识的学习，相较而言就比较重视“学术性”的导向，加强知识积累与知识构造，对知识进行记忆与整合，增加自身的知识储备，不断完善自身的知识构造①。因此，分清楚知识类别，根据知识类别自身的特点平衡“学术性”与“师范性”是教师教育课程的重要目标。

二　自主性与主体性内在精神激发

要充分肯定与保证乡村卓越教师在职前教育阶段作为“学习主体、实践主体”的地位，我们需要在更广阔的社会背景下思考教师教育课程的功能和地位，教师教育课程不仅是学校课程的有机组成部分，也是一个

---

①　巫锐：《师范性与学术性的张力——21世纪德国综合性大学教师教育课程体系改革研究》，《教育发展研究》2021年第5期。

充分发挥教师主导和学生主体的主观能动性充分发挥的社会实践活动的过程，也是一个让学生主动地认识和改造周围社会和自我的过程，更是学生能动地建构自己的主观世界，思考社会进步和自我发展的条件，深刻地理解乡村的过程。教师教育课程要激发师范生自主性与主体性，让他们学会在知识的建构中，在与他人的深度交流互动中成就自我，不断寻求自我的真实，自觉主动地促进自身发展，以饱满的热情来面对教学。

（一）创设竞争环境激发学习主动性

在竞争的环境下，成长更有目标，前进更有动力。在教师教育课程的学习过程中，营造竞争氛围，强化敢于竞争、敢于胜利的意识会对师范生的培养起到促进作用。在加强理论课程学习的同时，建立一定的评比竞争机制，突出强调对师范生理论知识获得与知识理解的外显化情况的评价是在职前教育阶段筑牢育人之能力的重要手段之一。另外，建设和发展研究性课程，以乡村教育研究为基础发展更具特色的教师教育研究课程，针对基础教育难点问题开展持续追踪研究，吸引师范生参与基础教育研究工作，在研究中增强职业认同和职业能力①。在这种竞争紧张的学习氛围与严谨的科研研究中，师范生会筑牢教学基本知识，面对乡村实际问题解决时，也会将理论应用于实践。在与时俱进的专业发展过程中，促进自我知识的更新，更能发现自我的价值与意义，不断更新自身的知识储备，自觉要求进步。随着专业发展的深入，他律逐渐转化为自律，与他人竞争的意识逐渐淡去，转为对自我有更多的要求与期待，与自己竞争，形成对教师行业的热情。

（二）打造反思型的教育者

教师教育课程有两大重要任务，一是让师范生切实掌握基础知识和教育教学的基本理论、基本规律和基本原理，二是留有足够的空间与时间让师范生进行实践，帮助师范生了解在真实的教学情境中可能会出现的状况，并且根据自身的表现，及时反思调整，不断掌握新的不同的教学方法。这两大重要任务的完成都需要培养师范生把反思习惯作为一种职业习惯。第一，反思是对现有知识的批判性学习。课本上的知识是专家学者智慧的结晶，对于师范生而言有一定的启发与引导作用。高度凝练的理论知

---

① 游旭群：《重塑教师教育培养体系　着力打造优秀乡村教师》，《教育研究》2021 年第 6 期。

识具有一定的抽象概括性，在现实情境中的适用性要充分考虑到教育现实的复杂性；另外，理论知识解决现实教育问题的效果取决于理论运用主体对知识的理解程度以及对现实问题情境的把控能力，而嵌入在理解程度和把控能力之中的是反思能力。第二，反思有助于教育实践高质量完成。可以借鉴日本教师的课程模式整合，进行教育实习分散化，早期进行“教育实践体验课程”，后期发展升华，进行“教育现场研究课程”①，逐渐强化课堂实务能力，提高教学实践能力，强化理论知识的实践性。师范生在课程专业学习时，以其专业自主作为支点，启发师范生在进行知识学习的同时，加入自我批判性与反思性，思考自己在将来的职后生涯中，若将此类课程传授给学生时，面对学生不同的反馈，应该采取怎样的教学措施，以及如何构建教学情境，突出自己教学风格。

师范生反思习惯的习得需要系列课程作为支撑分阶段实施：第一个阶段，通过书本上的案例分析和教师的讲授，初步了解教学的基本原理和相关教学知识。第二个阶段，通过课件分析、微格教学、模拟授课等方式，切实了解教学中可能会出现的问题，并详细了解教学步骤。第三个阶段，真实的教育见习与实习，在这个过程中，加强教学机制，了解学生的性格特征，心理需求，知识接受能力。最后一个阶段，通过反思日记、行动研究对之前的教学活动进行反思，不断改进，逐渐形成自己独特的教学风格。而在这个教师教育课程中，显示出了从知识积累到实际应用的过程，实现“学术性”与“师范性”的融合。

三　UGS 协同视野的多元共育培养

政府、高校（师范院校）、乡村学校三方在合作过程中应树立平等关系，建立协同创新的合作机制，即能够创新性地将三方之间复杂的关系有序化并能发挥协同的最大能量，在此过程中应明确三方是合作伙伴关系，有效进行资源互补、优劣互补，能够在乡村卓越教师培养过程中最大化地发挥各自优势。

政府作为行政部门要发挥好协调作用，同时为整个培养过程提供充足的资金和人员保障。高校（师范院校）作为培养单位，应竭尽全力做好相关的教育培养工作，不推卸相关教育工作，及时关注乡村学校所需，发

① 盛迪韵：《教学实践能力的涌现——从日本教师教育课程模式谈起》，《上海师范大学学报》（哲学社会科学版）2012 年第 1 期。

挥社会责任。乡村学校作为协作单位应全力配合相关的实习、考察工作，帮助学生切实获得教学实践经验，弥补高校（师范院校）实践经验不足的缺处。三方在整个培养过程中应该及时沟通，三方良性合作共同推进整个培养过程有序运行。

（一）优化培养监督体系，明确各方职责

2015年教育部、国家改革委、财政部联合发布的关于引导部分地方普通本科高校向应用型转变的指导意见指出："充分发挥评估评价制度的导向作用，以评促建、以评促转，使转型高校的教育目标和质量标准更加对接社会需求、更加符合应用型高校的办学定位。"① 因此建立良好的培养监督体系能够对整个培养过程进行准确而及时的评价，从而更好地促进教育对社会作用。

高校（师范院校）和乡村学校内部可采用同行监督评价体系，针对整个培养过程中监督无法获得准确有效的数据、监督过程困难的状况，同行的评价者更加了解所要教学的专业内容、学生的特性等，因此同行做出的判断更为准确，能够及时发现存在的问题与不足，这一评价方式弥补了政府在评价过程中专业性不足的问题。教师同行评价可以来调整优化反思自身的教学行为，有助于突破自身视野与能力的局限。② 通过此评价体系，可以在教师之间建立良性的监督体系，弥补对于高校（师范院校）、乡村学校教学监督中定性、定量两种方式评价困难的状况，并且能够及时发现整个培养过程中教学环节的不足，从而进行及时的优化与调整。

整个培养过程的监督还可以利用社会公共力量，例如利用媒体、电视、互联网等加强社会的监督力量，从而能够有效对整个培养过程进行及时的监管，利用社会舆论的力量对培养各方起到督促监督的作用，利用互联网实行动态评估系统，将整个培养过程中的相关数据与结果公示在互联网平台上，及时对培养过程进行动态更新，能够有效发现培养过程中的缺漏。利用公众的视角能够更大程度地利用社会资源，同时也有效地降低了为了形成良好监督体系而所需花费的人力、物力资源。

---

① 教育部：《教育部　国家发展改革委　财政部关于引导部分地方普通本科高校向应用型转变的指导意见》，[2015-11-13]. http://www.moe.gov.cn/srcsite/A03/moe_1892/moe_630/201511/t20151113_218942.html。

② 王芳亮、道靖：《高校教师同行评价有效性的影响因素及路径选择》，《当代教育科学》2012年第11期。

政府作为整个培养过程中的监管者，已不具备客观的第三方角色定位。为完善监督体系可以利用第三方中介评估系统，第三方中介评估系统处于合作过程中的“旁观者”，对于整个培养过程的评价就更为客观，同时第三方中介评估系统有其自身的评价标准，评价方式更具专业性，其实第三方评估咨询制度的核心是政府职能转变。[①] 出于对现在“管教分离”，政府将对教学的权力分发给各学校的现状，第三方中介评估系统的引进能够有效地促进政府职能的转变。这样就不会将政府作为领导者，而是在整个培养过程中更能起到合作者的作用，给予高校（师范院校）和乡村学校更多的自我管理权。

（二）重构乡村教师教育课程，有效衔接乡村教育教学

面向乡村的卓越教师培养过程必须重构乡村教师教育课程，体现乡村教育的独特性，能够有效衔接乡村教育教学工作，设置能够帮助培养指向乡村卓越教师相关特质的相关课程，在课程中能够帮助培养学生乡村教育情怀，使其能够“下得去，留得住，教得好”，真正扎根乡村，促进乡村教育发展。

先行的教师教育课程只是单纯地提供了统一的模板，但对于乡村教师而言，由于其面临特定的学生群体是乡村学生、乡村的教育环境背景以及个人在此寻求发展的情况下，乡村教师的教师教育课程所要培养的核心素养就不能用一般意义上的教师核心素养来替代，需要满足乡村学生、教师个人与乡村社会这三方共同发展的特殊诉求[②]。乡村教师是乡村教育的主体，其很大程度上决定了乡村教育的发展。因此，在 UGS 培养模式下想要培养出卓越的乡村教师就必须重构教师教育课程，将乡村有关的教育课程知识单独划分出来而并非与一般的教育课程冗杂在一起，相关的教师教育课程要能够有效地与乡村的教育教学工作相衔接起来。重构乡村教师教育课程的重点就在于课程设置体现乡村的独特性，必须要回归乡土，激发乡土情怀即乡村教师对乡村教育有爱与责任，能够对乡村教师这个职业产生较高程度的职业认同感，把乡村教育事业与个人理想价值紧密联系。

重构乡村教师教育课程，需要 UGS 三方的共同努力和通力合作，离

① 方勇、王明明、刘牧：《政府职能转变与科技计划项目管理的第三方评估咨询》，《中国科技论坛》2010 年第 8 期。

② 时伟：《乡村教师核心素养与教师教育课程重构》，《课程·教材·教法》2019 年第 3 期。

开了其中的任何一方，教师教育课程的重建之路都会举步维艰。重建与乡村紧密相关的教师教育课程，满足基本的要求是紧密与乡村教育相联系。这种密切性建立在深入乡村学校了解乡村发展现状的基础上，这种密切性需要政府、高校和乡村学校的合作。三方协作需要政府作为牵头单位，乡村学校参与到职前教育过程中来，参与到教师教育课程的设置和建设中来。这样设置的课程才能让乡村卓越师范生切实触摸到乡村教育情况，真切地理解和体会乡村发展的需求。

第三节 融入乡村情境的教师教育课程优化

一 通过“乡村实践”，提升师范生的“专业精神”

乡村教师队伍质的提升，自然要从职前开始，重视教师综合的内在“精神”与素养的形成。注重对未来教师的文化陶冶与人格唤醒，并且从师范生一入学就不但与学生的理论学习联系起来，且可以与以教育实践为主导的专业教师训练结合起来，使学生一毕业就能胜任教学。

通过“乡村实践”设计，提升师范生在任何岗位均追求卓越的“专业精神”。第一，以乡村文化为内容，整合课程资源，培育师范生的乡村认同，加强师范生的乡村情感教育。一是课程融入，立足于乡村学校教育教学实际，开发具有乡村特色的教师教育类校本课程；二是内容融入，定期组织学科课程论、教学法教师去乡村观摩与考察，搜集课程资源，将乡土特色文化融入通识课程、学科课程的教学之中；三是活动融入，以第二课堂、社团活动为阵地，通过师范生走进乡村、访问乡村优秀教师、体验地方红色文化等活动，培养师范生的高尚师德与奉献精神，开展乡村学校校本课程设计和学生科技文体活动设计。第二，搭建三类平台，对接乡村教学需求培养实践技能。以资源建设为先导，搭建实践课程、教育实践、教学研究平台，培养师范生立足于乡村课堂的实践技能。分阶段、分类别训练师范生的教学技能，并引入虚拟仿真实验教学，强化师范生基础实践能力；借“UGS乡村教师教育联盟”，开展乡村学校顶岗支教实习、教育见习、师德教育等教育实践，使师范生在乡村教学情境中提升教学能力；面向师范生组织乡村教育研究专项课题申报，引导学生开展乡村课堂、乡村教学研究。

“乡村实践”核心是潜移默化地陶冶、培育未来乡村教师的“卓越品质”。将“立德树人”的社会需求，乡村教育本质、目标、过程，教师的专业发展特点等复杂的理论问题，凝练转化为“乡村实践”的主题，以乡村教育实证调研为依据，基于乡村儿童的学习经验、乡村教师的实践智慧，设计系列乡村教育体验活动。使学生关注乡村世界中原本就拥有的东西，慧眼独识乡土资源独特的价值，充分认识、珍视乡村优势教育资源，学习如何挖掘乡土教育资源，自觉把乡土资源承载的文化和价值进行选择、传播与创新。在此过程中，不断滋养自己的心灵，理解乡村文化，自觉提升“专业精神”。

二　通过“内生增长”，增强乡村教师的“自我发展动力”

对于已入职乡村的教师来说，“内在发展动力”不足问题已成为制约教师专业发展的障碍。乡村教师的“内生增长”，公共精神的承担是关键，核心是教师的身份认同。公共精神的承担为乡村卓越教师的专业发展提供了无限可能的路径，两者相互促进、共同生长。身份认同与“内生增长”互为关联，“内生增长”与身份认同深刻影响着教师的专业发展。重新审视制度规约对乡村教师专业发展的积极与消极影响，改变具有消极影响的制度规约，重构教师文化促进乡村教师的“专业自信”，促进乡村教师“内生增长”的同时，促使其“身份认同”。

让乡村教师的身份认同与“内生增长”相互间不断加深影响，使得乡村教师有机会在支持的、挑战的社区中，创造并反省自己的学习故事。这样的教育故事是在教育教学实践当中发生的，是在师生互动中产生的，是知、情、意的生动整合，乡村教师在创造自己学习故事的同时，引起自身的深刻反思：我的定位是什么？我的发展方向是什么？我追求的是一种什么样的生活？这是不是我内心真正渴望的？现实能否得以改变？……这样的反思将成为乡村教师自我批判、自我调适修正的内在动力。从而激励乡村教师不断努力，以此重新塑造自我个体，重构学习、生活和教学的故事。

乡村卓越教师基于“内生增长”的需要，能够以更加开阔的视野结合当地社会经济文化情况开展反思性和批判性的教育教学，积极促进外来文化与民俗地域文化有机结合，培育学生和村民对乡土的热爱、对农村的感情，引导他们发现并感受乡村环境与乡村生活中美好，提高认同感，并在此基础上建立学生文化自信，不断增强自己的“实践智慧”。

三 通过“专业支持”，促进乡村教师的“知识创生”

乡村振兴战略的实施会让更多的优质资源汇聚乡村，如何利用这些优质资源为乡村教师发展提供“专业支持”，如建立结对帮扶常态化机制，将区域内的名师工作室设在乡村学校，进行名师结对、建群帮扶，解决乡村教师高端实践性知识匮乏问题。区域联盟校内乡村教师共同体发展，解决小区域内共性发展的知识困难。高校教师挂职乡村学校，帮助乡村教师拓展前沿理论知识的同时，将乡村学校的需求带回高校，落实在人才培养方案中。

“专业支持”是在乡村教育实现价值重构的基础上进行的，支持教师把乡村优秀传统文化和现代城市文明进行融合，培养适应时代发展的现代人；是在补足乡村学校硬件设施建设的短板上进行的，支持教师善于用好乡土教育资源，把它作为课程实施的有效载体；使乡村教师有能力参与到乡村文明、乡村建设进程中，将乡村教育融入乡村生活，同时获得乡村资源对学校改革发展的支持。

为什么是立足乡土的知识创生？乡村文化中蕴含着丰富的知识，因为“教育不是个孤岛，而是文化这块大陆的一部分……教育就是一个文化生活方式最重要的体现，而不只是它的预备”。①

乡村教师对乡土资源有新的认识后，才能重估乡土资源的价值，并在教育教学的实践过程中，自觉加强对其潜在教育价值的挖掘，使之融入课程教学和学生的学习当中，以更加开阔的视野结合当地社会经济文化情况开展反思性和批判性的教育教学，并在此基础上建立自己的文化自信。

乡村教师如何建立自己的文化自信？时刻提醒自己，乡村教育同城镇教育有差异。自己在教育教学实践中，应该努力发现乡村教育的特殊之处。这种特殊之处，既包括乡村教育的弱势，更应包括乡村教育的发展优势。因为，无论孩子们的先天素质如何，教育的基本价值追求都是让孩子成长得更好。努力寻找乡村教育中存在的、独特的、有教育价值的要素，来确定每位教师自己的“最近发展区”②。从而促进乡村教师立足乡土的知识创生。

---

① ［美］杰罗姆·布鲁纳：《布鲁纳教育文化观》，宋文里、黄小鹏译，首都师范大学出版社 2011 年版，第 110 页。

② 戴斌荣：《乡村卓越教师的培养》，北京师范大学出版社 2018 年版，第 22 页。

第六章

指向乡村卓越教师核心素养的课程整体优化思路

第一节 乡村卓越教师核心素养分析

核心素养研究肇始于20世纪80年代[①]，2016年9月，教育部提出“中国学生发展核心素养体系”，标志着我国教育进入一个新的阶段，学生的核心素养成为教育理论界和实践界关注的重点对象。核心素养是什么？核心素养是个体为了满足社会发展的需要，经过专门的学习后，具备对社会做出贡献的关键性知识、能力与心理倾向性。教师核心素养作为核心素养的下位概念，是教师因职业需要所具备的一种特定素养。教师核心素养指教师为了适应时代背景和教育教学的需要，经过专门的教育培训后，获得的必备知识素养、关键能力素养与特殊心理素养。乡村卓越教师有别于一般教师，除了担任学校教育教学工作外，还需要促进乡村文化和社会的发展，肩负传承乡村文化的责任。所以，乡村卓越教师的核心素养应该与教师核心素养有所区别。乡村振兴，教育先行，为了使乡村卓越教师更好地了解和满足乡村教育和乡村学生的发展需求，促进乡村教育健康发展，实现乡村卓越教师自身的价值，现针对当前乡村教育的发展状况和特殊问题，结合乡村教育对乡村教师核心素养要求，对乡村卓越教师所应特有的必备知识素养、关键能力素养和特殊心理素养进行了探讨。

一 乡村卓越教师必备知识素养

具有一定的相关知识是教师进行教育教学的前提。乡村卓越教师所处

---

① 时伟：《乡村教师核心素养与教师教育课程重构》，《课程·教材·教法》2019年第3期。

的地域环境与城市教师不同，所需知识也具有一定的差异性。乡村卓越教师要结合乡村现实情况和乡村发展的需要，掌握相应的知识，从而重塑乡村的教育文化。本研究认为乡村教师需要具备以下几点必备知识素养。

（一）综合性的全科知识

知识发展日益趋于综合化，综合素质和全人教育理念推动了小班专题综合课程进入小学课堂。面对“生活世界”的整体认识来看，要培养一支适应小学全面发展的全科教师队伍具有十分重要的意义。因此，对于乡村教师来说，需要具备综合性知识，能胜任多学科的教育教学工作，如语数外、音体美、综合实践等学科教学工作，从而解决乡村教师短缺的问题。

乡村中小学开始进入重视学生综合素质、全面发展的阶段。为提高中小学的教学质量和学生素养，乡村对教师的需求不仅仅是以“量”为重点，更注重是否能促进学生综合素质发展等艺术类要求。相对于语文、数学、英语等考试科目，音体美等课程师资配备不齐，在一定程度上造成音体美课程不能正常开设。在访谈中，有师范生结合自己实习经历提出：“乡村小学很缺老师，而且分配的时候不均衡，所以经常有同一老师去教不同学科的课程的情况发生，甚至，比如数学老师也去教体育，跟我们经常开的玩笑不一样的是，体育是数学老师来教的。”当前乡村教师不能满足乡村教育的发展要求，乡村教师需要具备多学科知识。乡村卓越教师的专业学科知识主要有：任教学科的知识体系、基本思想、基本方法、基本原理和技巧、任教学科与社会实践的关系、任教学科与其他学科之间的关系①。乡村卓越教师对学科专业知识的认识水平也包含了对专业学科知识的全面运用。而多学科知识就要求具有跨学科教学的能力，能适应乡村多学科教学的实际需要。

（二）深刻的心理学知识

经调查发现，乡村教师有教育科研、心理学、班级与学生管理方面的知识的需求。随着乡村“空心化”程度的加深，乡村留守儿童的比重增加，大部分家长外出务工，家庭教育参与程度低和家庭教育缺失导致了乡

① 张晓亮：《我国西南地区乡村教师专业发展的现状调查与对策研究》，硕士学位论文，西南大学，2015 年。

村教育中幼儿的精神卫生问题和社会问题、心理问题日趋严重[①]。而面对这样的学生，乡村教师所要考虑的不仅仅是如何将知识教给学生，还要思考学生在生活方面的情况，必须重视学生的心理健康问题，但教师的相关心理知识和救助化育技能却严重缺乏。乡村教师的工作对象是处在发展阶段的学生，因此，教师既要帮助学生掌握知识，也要引导和启蒙学生的道德和思想，同时兼顾塑造学生情感、意志和信仰的任务[②]。所以，满足乡村师资需求的基础重在职前教育阶段加强教育理论知识、专业能力和综合素质等方面培养的有效性和针对性，特别是心理健康知识与技能需要加强。

乡村教师应当关注学生的日常动态，走访学生，对每一个学生的家庭状况进行调查，以便更好地了解他们的个性，对学生突发事情可以及时发现和有力解决。这对乡村教师的心理学知识要求极高，有教师也提出了这一点："我觉得除了学科知识外，乡村教师最好还要有心理学相关知识，可以根据学生的身心发展规律给学生提供恰当的引导，帮助学生更好地学习，更好地成长。"乡村教师心理学知识要系统、深刻，只有这样，遇到特殊问题时，才能灵活地将实际问题和心理学理论知识结合起来，迅速做出反应，解决学生问题。

面对心理健康问题，尤其是青少年，他们的心智还不成熟，需要积极健康的引导，而家庭教育的缺失导致的心理问题，需要教师及时地发现，并且具备相关知识，与学生进行有效沟通。乡村教师要掌握系统和深刻的心理学知识，掌握学生的身体和心理发展的共通性和特殊性，能够对乡村儿童心理健康问题进行及时识别、诊断和矫治，切实利用乡村特色资源进行心理健康干预。因此，加强对乡村师范生的心理健康意识的培养，具备能够与乡村儿童进行有效交流的心理学知识储备和心理疏通的技能技巧就成为乡村卓越教师职前培养的关键，这些知识储备可以让他们在职后教育教学过程中为乡村孩子提供良好的心理健康服务。

（三）地方特色的乡土知识

乡土知识应是乡村教师知识结构中重要组成部分，是面向乡村的师范生建立专业自信、胜任未来教学以及获得专业话语权的知识基础。乡村教

① 游旭群：《重塑教师教育培养体系　着力打造优秀乡村教师》，《教育研究》2021 年第 6 期。

② 刘非凡：《乡村教师核心素养视域下教师教育课程体系构建》，淮北师范大学，2020 年。

师作为乡村的一部分，在职前教师教育课程的构建中，必须考虑地方性知识的传授和学习，了解乡土知识，熟悉地形、语言、地理位置等，以此增强师范生运用知识服务农村社会经济能力，传承与发展地方文化。有教师在这一方面深有感触："我不是本地人，刚来的时候，完全不适应，一些年纪大的老师和家长都说方言，甚至有些学生也在讲方言，我在跟他们交流时，靠着猜测，才能听懂。我花了好久才掌握这里的语言。"根据这位老师的阐述，我们可以发现，只有深入乡村、懂得乡村的方言、掌握乡村的风俗习惯，才能更好地与乡民进行交流，真正融入乡村生活，这样才能将适当的本土知识融入日常教学中，引发学生共鸣，引导学生们一起继承和弘扬地方文化。乡村教师平时也需要给学生讲述一些当地名人故事，一些先进事迹，培养学生热爱生活的态度，让学生知道自己身处的环境也是很幸福的，有社会的保护，有老师们的关心。

同时，具备突出地方特色的乡土知识在一些方面可以给乡村人民带来帮助。如了解当地农作物的情况，根据自己所具备的知识，向农民提出一定的建议，提高农作物的产量，促进乡村的经济发展；根据自身经验，提出乡村生活中的一些生活技巧，提高乡村人民生活质量。

二 乡村卓越教师关键能力素养

教师以能力为中心，教师要提高自己，发展自己的能力，适应乡村教育的发展需求，探索适合农村特点的教育和教学方法。另外，还需要提高课程开发能力，挖掘乡土课程资源。根据乡村教育的特点，我们可以将乡村教师需要具备的能力概括为以下几个方面。

（一）社会适应能力

社会适应能力是乡村卓越教师的必备能力，也是影响乡村卓越教师是否愿意真正长期扎根乡村的重要因素，主要体现在能否适应乡村生活，能否在乡村中进行正常的人际向往。社会适应能力一方面是教师自身要适应乡村生活，另一方面教师的教育教学也要紧跟乡村教育的实际情况。

在目前的师资培养体系下，乡村卓越教师的职前培养模式与一般教师的培养模式趋同。乡村教师培养定向班的学生虽然大部分都来自乡村，但是，他们长期在外学习，又深受都市文化、生活理念的影响，回到家乡执教后，环境的差异性和教育的特殊性，使得乡村教师对乡村生活产生陌生感和剥离感，工作的适应并不尽如人意。如果适应能力较差，部分教师可能会离职，这些适应不良的教师即使选择留下来，不良的工作经验也会对今后的教育教学生活造成负面影响①。所以乡村教师需具备社会适应能力，尽快适应乡村社会。有教师就经历了这一过程："我是一名小学英语教师，刚来到乡村学校，发现与我之前实习的城市学校的学生不同，这里大部分学生对英语很陌生，平常生活中接触不到英语，根据这一情况，我迅速做出调整，从最基本的教学做起，在教学方法上，我采用了更具趣味性的教学法，使他们很快地摆脱了对英语的陌生。"这就要求乡村教师要随着社会的发展，随着时间的推移，及时改变自身的教学方式和教学内容，满足乡村教育的不同发展需求。

综上所述，乡村教师要积极地融入乡村，以适应乡村教育的变迁，选择适合乡村学生的教学方法；深入乡村生活，习惯农村风俗，保持良好的人际关系；学习如何调整自己，正确地处理问题，并积极地向资深老师咨询。

（二）课程开发能力

课程开发能力是指教师在课程设计、实施、评价、反思和合作中，利用特定的教材或课程资源实现特定教育目的基本能力。对于存在课程之外较多异质性资源的乡村来说，乡村教师具备课程开发能力就显得尤为重要。有学生提出："我实习时发现乡村中缺少博物馆、科技馆、图书馆、展览馆这一类的教育资源，教育资源严重匮乏。然而我还在乡村中看到大量的可用于教育的自然资源，这些资源的价值远远没有被利用起来。"

课程开发能力是优秀乡村教师应该具备的基本能力之一，它可以促进教师的其他专业能力、专业动机和专业兴趣的长足发展。具备课程开发能力的乡村教师在面对乡村教育困境时，可以积极参与乡村生活，根据乡村生产、乡村文化习俗的体验，开发适应乡村学生的校本课程，探索适合农村特色的教育和教学方法，引导学生不局限于课堂，到现实的乡村生活中积极探索，得到真正的成长。

乡村教师在面对乡村教育困境时，要研究校内各种资源的潜力和深层次的价值，针对乡村学生的实际，通过对本地和校本的发掘，选择个性化的教学材料。如城市儿童在家可以上网，查询信息，农村儿童也可以在家中见到各种农具、农副产品等进行教育和认识科学知识。例如，可以通过

① 赵学欢：《乡村小学新任教师入职适应问题研究》，宁夏师范学院，2020年。

收集肥料袋，了解成分和农作物的种植季节及注意事项。同时，乡村活动区域较小，生活场所较为紧凑，在一定程度上方便学生观察，学校对面可能就是区委会，墙上有公告栏，家家户户住得很近，每家门上都有对联，这些都能变为学生学习的资源。孩子们从公告栏中了解到最新的政策，从对联中学会对子的修辞。

（三）研究学生能力

研究学生是教师开展教育教学工作的前提，只有对学生进行全面的研究，才能明确教学目标，制订适合学生的教学方案，提高教学效果，使学生更好地学习。乡村卓越教师要具备研究学生的能力，树立“教研一体”的思想，主动地发现、研究学生的发展，充分发挥学生的潜能。当代社会的发展呈现出多样化的发展态势，在这种情况下的学生的差异性也越来越明显，他们每天都在接触不同的事物。因此，教师不可以将自己过去的经验和他人的经验运用到现在的教育教学中，教师要对学生进行全面的调查，并根据调查结果进行有针对性的教学。有学生通过近期阅读的书籍也详细解释了这一点：“近期，我阅读了《第 56 号教室的奇迹》，作者以一种全新的教学方法，让课堂成为温馨的家园，为儿童取得卓越的成绩奠定基础。我认为，这间 56 号教室的神奇之处，在于老师对学生的深入研究。”对于乡村教师来说，更是如此。乡村学生缺少家庭教育，在成长过程中主要依靠教师的引导，乡村教师的任务不仅仅是单纯地传授知识，还需要研究了解每一位学生，全方位关注学生成长。

乡村学生缺少关爱，缺乏家长的关怀，内心较为敏感，教师在了解和研究学生的过程中要用真心和信任来对待学生，这个过程会是长期的，所以乡村教师要有目标、有计划地对其个性、精神诉求进行深入的研究，根据这些信息进行灵活和高效的教育，制定出一套适宜的教学内容与方法。正如苏霍姆林斯基所说，只有通过对事实的调查和充实，老师们才能从平凡的事情中发现新的方法、特点和细节，从而找到适合他们的教学方法。

（四）发展乡村能力

乡村教师作为乡村社会中的重要力量，除完成教育教学的基本任务外，还要自觉承担起振兴乡村的重任。有教师提出观点：“国家都在大力发展乡村，努力振兴乡村，也出台了许多政策，乡村发生了很大的变化，进行了大规模的改革。乡村教师作为乡村社会的知识分子，承担着一定的责任，带领乡村探索外界的变化。”这就要求乡村教师拥有发展乡村的能力，推动乡村经济社会发展，传承优秀传统文化，提高乡民文化素质。如乡村教师可以运用所学到的关于乡村环境的知识，结合乡村实际环境，帮助村民选择更好的品种，改善种植方法，优化劳作，增加收成。

三　乡村卓越教师特殊心理素养

乡村教师除了应具备以上必备知识素养和关键能力素养之外，还应具备特殊心理素养。我们认为乡村教师的特殊心理素养应该体现在以下几个方面。

（一）乡村教育情怀

2020年，教育部提出：要注重强化教育实践和乡土文化熏陶，促进师范生职业素养提升和乡村教育情怀养成。乡村情怀是乡村教师在认识、理解乡村的过程中，对“乡村”“乡村生活”“乡村教育”产生的一种稳定的情感体验和情感认同[①]。乡村教师要热爱乡村，扎根乡村，把乡村教育振兴作为终生追求的职业，从而达到人生的理想价值。有教师分享了他对乡村变化的看法：“近些年来，乡村的乡土味越来越淡了，越来越多的学生都以考入城镇初中为目标。乡村青年缺乏乡土情感，使其从文化层面上变成了轻视乡土、轻视劳动的青年，这直接造成了农村青年的生存焦虑和精神迷失。”

因此，乡村教师要具有乡土情感，要对乡村教育和乡村学生怀有经久不衰的爱，甘于奉献，无怨无悔，扎根乡村，服务乡村，把奉献乡村教育事业和自身人生价值实现紧密联系起来，在教学中向学生传授乡土文化知识，带领学生发现乡村的美，引导学生热爱乡村，为乡村学生留在乡村、建设乡村奠定了意识形态和精神的根基。

（二）浓烈的专业情意

教师的专业情意是教师专业素养结构中重要的组成部分之一，是推动教师专业化、提高教育教学质量的重要力量，教师专业情意的发展状况直接影响着教师专业素质是否能够提升和有长足的进步。专业情意涉及教师个人感情的投入度和态度的认可度，并且还包括对乡村教育、乡村学生产生持续发展的渴望度。乡村卓越教师只有具备浓烈和绵长的专业情意才能

---

① 赵鑫：《新型城镇化进程中乡村教师乡土情感的缺失与重塑》，《西南大学学报》（社会科学版）2016年第2期。

真正地愿意留在乡村，为乡村的发展尽自己的一份力量，承担起传承乡土文化、促进乡村发展的重任。有教师跟我们分享了他的故事："我刚来的时候，也很不愿意，想尽快调到城镇学校，班上的学生都很讨厌上课，他们很活跃，很少能专心，甚至有些学生性格孤僻，封闭自我，但是我慢慢发现，只要我做出一点努力，学生都会有一点进步。经过我一年的努力，大家现在都活泼好动，对学习都有很大的兴趣，慢慢地我也喜欢上了这里。"

所以，乡村教师需要热爱自己专业，把乡村教育视为实现人生价值的过程。只有热爱才最长久，乡村教师要具有职业热情，对乡村教育具有较高的认同，把乡村教育视为人生价值的实现过程，从而增强其履行责任的内在自觉，促进自我不断完善。

（三）坚定的专业信念

专业信念可以强化教师对乡村教育的热爱，让他们能吃苦耐劳、无私奉献、爱校乐教，从而达到"舍己为人"和"精神自由"的统一，激发学生的思维活力。教育信念与个体的学习、生活经历有直接的关系，具有引导思想和行为的作用，对个体的教育实践起着深刻的方向性、坚定性和原则性的影响作用。只有未来的乡村教师带着坚定的教育信念从事到专业学习和教育实践中，才能具有从事乡村基础教育的良好师德，过硬本领，爱教情感，培养出下得去、用得上、留得住、干得好的乡村师资。

乡村的条件是艰苦的，乡村的经济状况与城市比起来差得很多，交通也很不方便。有教师跟我们分享了他刚工作的情况："我刚工作的时候工资很低，只能勉强糊口，除去每月的生活费和交通费就不剩什么了，而且当时住宿环境还很艰苦，宿舍也只有一张床、一张桌子。"在此条件下，乡村教师要把乡村教育作为实现人生价值的过程，真正地关心孩子，从学生一点点的变化中获得成就感，坚定信念、高昂斗志，形成积极向上的精神状态，真正做到扎根农村、热爱农村。

第二节　指向乡村卓越教师核心素养的教师教育课程设计思路

结合相关的乡村教师核心素养和教师教育课程体系的相关理论，针对当前我国乡村教师教育课程体系存在的问题，提出改进教师教育课程体系的对策和建议。

一　将必备知识素养融入教师教育课程

知识素养是乡村卓越教师所拥有的综合性的知识水平的体现。教师肩负着传授知识的责任，具备较高的知识素质是实现教师胜任工作的重要条件。当今，我们正处于一个知识爆炸的年代，科学技术的发展和新知识的出现，使得教育在进行改革，教育教材也随之更新，所有的一切都在促使教师不断学习，博采众长，将知识深钻吃透，准确把握，具有扎扎实实的基本功，精益求精，不断提升自己的知识素养。教师想要满足学生的发展需求，所拥有的知识就必须比学生高出几个层次，在知识体系上融会贯通，在教育教学工作中突出重点。所以，教师的知识素养至关重要，教师必须掌握基本知识，有广博的知识视野，渊博的学识，上知天文下知地理，博古通今，中外贯通，真正成为历史文化的传播者，学生求知的促进者。

在上述研究中提出，乡村教师必备知识素养有综合性的全科知识、深刻的心理学知识和地方特色的乡土知识。现有的教师教育课程的设置中教师教育理论课程和学科教学课程的设置比重过大，“中外教育史”“教育心理学”“教育统计学”等课程在提高师范生理论水平的同时，综合性较差，也存在着使师范生乡村经验获取不足的缺点，它们缺少与乡村有关内容，不能真正贴合乡村教育，师范生不能从中获得恰当的乡村经验。

教师教育课程也应设有与深刻的心理学知识有关的系统课程。现有教师教育课程缺少对乡村儿童的关注，对师范生可以在职后阶段用来对乡村儿童进行心理健康教育的系统和深刻的心理学知识支持度较少。乡村一些留守儿童父母长期外出打工，亲人的照料仅仅满足乡村儿童的生活需要，他们缺乏父母的精神指导和行为上的支持，归属感和安全感较低，心理健康方面更容易产生不可预测的问题①。因此，乡村教师在职前教育阶段需要掌握系统和深刻的心理学知识，职前教育心理学知识的获得可以使乡村教师在职后发展阶段能够灵活运用相关心理学知识，关注学生心理健康发展，及时发现学生的心理问题，根据个人的不同状况来及时地进行引导教育，因材施教，做好学生思想教育工作。

① 吴建平：《乡村振兴背景下农村留守儿童家庭教育研究》，《农村经济与科技》2022 年第 5 期。

所以，在乡村教师教育课程的设置中，要注意将乡村教师所需必备的知识素养融入进去，进一步加大教师教育课程对乡村教师必备知识素养的培养力度，适当增加知识课程比例，调整课程内在结构，充实课程内容，尽量涵盖乡村教师所需的必备知识素养的内容，全面提高乡村教师知识素养，培养了解并满足乡村基础教育发展需求的乡村卓越教师。

二 将关键能力素养融入教师教育课程

乡村教师关键能力素养包括社会适应能力、课程开发能力、研究学生能力和发展乡村能力，这些关键能力素养的获得可以帮助师范生在职后发展阶段能很快适应乡村生活，在教育教学工作中采取积极的态度来应对差异化的学生和不断变化的教学情境。

教师的能力素养的形成是一个循序渐进和潜移默化的提高过程。在职前教育阶段要提升乡村教师的关键能力素养，主要的培养途径应是教育实践。教师专业化发展中所习得的教育教学知识都需通过实践才能转化为其自身的教育教学能力①。2011 年 10 月，教育部印发《关于大力推进教师教育课程改革的意见》（教师〔2011〕6 号）文件中提出学科理论与教育实践要紧密结合，教育实践课程不少于一个学期。能力的培养途径与知识的习得方式有所不同，在于教育教学特点的实践性和潜默性。关键能力素养的养成需要在职前教育阶段设置充分的教育实践课程。充分的教育实践课程可以使得师范生在浸润式的真实教育环境中领悟自己所学的知识，把所学理论知识通过感悟和师徒式的耳濡目染转化为自身所需的关键能力素养。关键能力素养的生成是循序渐进的感悟式的逐渐提高过程。另外，在教育实践过程中，师范生可以弥补对真实的乡村教育实践接触度不足的缺点，在真实的乡村教育环境中践行所学理论知识，实现关键性能力素养的生成。

提高师范生的关键能力素养，是乡村教育振兴和培养适应乡村教育师资的重要保障。因此，要充分认识到关键能力素养培养的特殊性，注重开发更多的实践课程来培养乡村定向师范生的关键能力素养，合理规范教育实践课程的学时和学分，使教师教育实践课程规范化，让乡村定向师范生在认知和体验中感受乡村教育，给予他们更多在实践中运用理论知识、更

---

① 高芳、樊青青：《核心素养背景下师范生课程开发能力的培养》，《河南教育》（高教）2020 年第 11 期。

新教育观念的机会。另外，实践体验要与理论学习交叉进行，让师范生在实践的同时感受理论的魅力，在实践中得出实践智慧，增强师范生理论习得的自觉性，提高师范生的教育科研能力和教育研究的自觉性。

三　将特殊心理素养融入教师教育课程

乡村教师的特殊心理素养包括乡村教育情怀，浓烈的专业情意和坚定的专业信念。现如今，乡村教师之所以会想要逃离乡村，存在生活习惯的不适应、工作上的畏难等情况，其根本原因在于心理素养的不足。乡村教师特殊心理素养的内化在一定程度上可以弥补教育实施现状的困境，解决乡村教师“下不去、留不住、教不好”等诸多问题。乡村教师只有对乡村教育事业具有深厚的情感和坚定的信念，才能够扎根于乡村。

心理素养是影响乡村教师是否愿意留在乡村的重要因素，所以培养乡村定向师范生的特殊心理素养应是教师教育课程的重要内容和重要职责之一。在当今城镇化的快速发展中，与城市文化相比而显得非主流的乡土文化在年轻人的心中逐渐失去了地位，而乡村文化中的淳朴与自然被许多人所忘却。随着城乡差距的扩大，乡村的生活并不像城市中那样繁华热闹，而是一种宁静与自然，在乡村之时，许多人无法享受这种宁静，而是去追寻都市中的热闹，渐渐地便对乡村产生逃离之心。经过调查发现，有一些乡村定向师范生表达了自己希望去城镇学校任教的愿望，他们认为现有政策规定的在乡村学校服务年限过长，当初选择这一专业是由于分数的制约和父母的要求，而他们自身觉得在乡村任教过于辛苦，还会影响自己的发展，产生了一系列的离土情感。在这种情况下，现有的教师教育课程要敏锐地看到新时代乡村定向师范生的心理状况和情感冲突，在教师教育课程中注重乡村教师特殊心理素养的培养，帮助乡村定向师范生对自身职业进行定位，培育他们热爱乡村的情感，坚定从教意愿。

因此，在教师教育课程的设置上，结合乡村教师所需的特殊心理素养，培养教师的乡村情怀，通过与乡村生活相结合，帮助乡村定向师范生确立自己的职业身份，培育他们的乡土情感，使他们对乡村教育有着深厚的感情和信仰，在未来工作中对乡村不会陌生，不会排斥乡村，更好地融入乡村，热爱乡村的生活，热爱乡村的孩子；具有振兴乡村、振兴乡村教育的责任感和使命感，渴望改变乡村面貌，愿意并决心用自己的专业知识、能力特长来实现这一目标；甘于扎根于乡村，潜心于教学、发掘、传承乡村文化，并以此来不断完善和提高自我①。

第三节 指向乡村卓越教师核心素养的教师教育课程模块搭建

发展以乡村卓越教师核心素养为依据的教师教育课程。乡村卓越教师核心素养与教师教育课程关联十分密切，具有统整性和连贯性。乡村卓越教师核心素养是课程统整模式的上位概念，如同一座房子涵盖整个课程，可统整乡村卓越教师教育课程类型、“课程目标”“课程核心素养”与“课程学习重点”，进行各课程之间的课程连贯设计。

一 必备知识素养养成的模块课程搭建

在乡村教师的职前培养中，教师教育课程除了要聚焦师范生信念的养成之外，还要传授给师范生从事乡村教育的必备知识素养。

一是综合性的全科知识。乡村教师的学科知识包括所教学科的知识体系、基本思想和方法，所教学科内容的基本知识、基本原理与技能，所教学科与社会实践的联系，所教学科与其他学科的联系等方面。乡村教师对学科知识的认知程度，还包括对学科知识的综合应用程度。另外，根据“乡村小学和教学点比较分散、编制有限、学生人数不多，学校不可能配备齐全的专业教师”的实际情况，乡村教育对师资水平更高的要求是教师具有跨学科教学的能力，即“全科教师”，能适应乡村多学科教学的实际需要，这就要求乡村教师具有跨学科的素养。具有全科教师的素养的乡村教师，不仅能够承担学校教育，同时还能够开展家庭教育和社会教育。

二是深刻的心理学知识。由于乡村学生缺乏慰藉的情况，乡村教师教育课程的设置中还需有针对乡村学生的心理辅导相关知识，便于为乡村学生提供适当的帮助，心理课程的设置要以农村生活为背景，让学生在生活中汲取心理发展的力量，另外也可以使学生主动地参与到农村的发展进程之中。

---

① 蔡明山：《乡村教师乡村情怀培植论纲：内涵、路径与评价维度》，《武陵学刊》2022 年第 1 期。

三是地方特色的乡土知识。面向乡村的教师教育课程不应该“去乡村化”①，应让师范生“谙熟乡村风土人情”②，在职前教育教师教育课程的构建中，必须考虑地方性知识的传授和学习，以此增强师范生运用知识服务农村社会经济能力。师范生应该具备哪些地方性知识，有学者们倾向于建立“生产生活、历史文化、传统民俗、民间艺术、地理景观、思想观念的地方性知识”③。总之，基于对师范生进行地方性知识的学习迫切性，要求教师教育课程在知识构成中对这种知识类型留有空间。地方性乡土知识可以让教师教育课程拥有“乡土、乡情、乡味”。

另外，还可以将乡村元素融入学科专业课程，形成“乡村氛围”。目前教师教育课程中缺少地方特色的乡土知识。面对这种情况，在原有的理论课程中加入乡村的元素，将乡村知识融入学科专业课程，形成“乡村氛围”就成为教师教育课程设置的一种必须。这种课程的设置可以让师范生能够理解利用乡村资源可以增大乡村学生发展空间。乡村的学生对乡村生活、乡村教育有一种天然的情感认同，这种情感认同会产生持久、热诚的爱和反哺乡村的深厚情感。

二　关键能力素养养成的教师教育模块课程搭建

乡村教师关键能力素养的主要培养途径是教育实践。教师教育课程实践模块要给乡村定向师范生提供充分地接触乡村的机会。丰盈的教育实践让学生以更加开阔的视野结合当地社会经济文化情况来反思自己的所学所想，让他们的成长与乡村的发展融入在一起，积极发展社会适应能力、课程开发能力、研究学生能力和发展乡村能力等乡村教师必备的关键能力素养。教育实践类课程作为课程体系的重要组成部分，是提高未来乡村教师关键能力素养的重要途径。因此，在职前教育阶段应根据乡村教师的特殊性培养要求，适当增加教育实践类课程的门类和课时，科学制订详细的模块化、任务式的教育实践课程教学计划，转变现有的较为单一的教学方法。在制订教学计划时，要关注教育实践课程方面最新研究成果和理念变

① 汪明帅、郑秋香：《从“边缘人”走向“传承者”——回归乡土的乡村教师发展研究》，《教育发展研究》2016 年第 8 期。

② 时伟：《乡村教师核心素养与教师教育课程重构》，《课程·教材·教法》2019 年第 3 期。

③ 李长吉：《论农村教师的地方性知识》，《教育研究》2012 年第 6 期。

化，根据师范生的差异和实际需求来制订，帮助师范生提高教学能力。同时，在具体的教学实施过程中，一定要将教学计划落实到位，注意根据教学目的和教学内容，灵活变化教学方法。

教师教育课程已走过百年历程，始终存在学科学术本位与专业职业本位的争论。在20世纪中，学科学术本位一直占据主导地位，但随着社会的发展，发现中小学教师钢笔字、粉笔字、教师口语等教师技能较弱，缺少教学能力的训练，故教育部及各师范类高校开始进行教师教育课程变革的探究，强调了教育实践学习领域的重要性，要求教学实习时间不少于18周，但是对教师教育实践课程的具体开设形式、学时学分的设置没有具体的规定，因此高校在教师教育实践课程的设置上有较大的自主权，可以根据师范生的具体需求来进行设置。然而根据调查发现，各高校现有的教师教育实践课程存在形式单一、将实习等同于实践课程、流于表面等情况，这并不利于学生学习。

另外，将教育实习规律化与常态化，提升未来乡村教师职业行动能力。教育实习是一种包含教育实践和教育反思融合为一体的教育活动，是一种最接近将来工作状态的教育实践活动，高质量的教育实习既需要与乡村中小学有十分密切的合作，又需要长期的积累和实践沉淀，在一定程度上能帮助乡村师范生保持教育理论和实践的平衡以及两者之间的相互融合。同时，师范生在高校学习时获取的大多数为陈述性知识，教育实习可以给师范生提供在实践中运用知识的机会，帮助师范生将自身的理论知识实践化，从而形成自己的经验。

然而，当前大部分高校对教育实习存在着不同程度上的价值认识不足，将教育实习简单地理解为教育理论知识的运用，认为师范生没有必要花大量时间参加教育实习，在校的模拟授课就足矣。对于普通师范生来说，模拟授课等在校实践形式或许满足需求，但是对于乡村师范生来说远远不够。乡村师范生未来的服务场所是乡村中小学，而接受培养的师范院校大多在城镇，仅仅在校内进行实践活动不能真正了解乡村学校实际情况，不利于提升乡村教师职业行动能力。

因此，高校必须重视教育实习，保障乡村师范生的教育实习，克服实习时间短、实习次数少、实习场所单一等问题。乡村师范生是与乡村紧密联系在一起的，应当在乡村教育发展的各个阶段都有体现。所以，应当增加参与乡村学校活动的实践机会，定期到乡村学校进行课堂观察、课堂教育、作业辅导等。在大一的时候，就应该按照正规的方式去乡村学校实习，与乡村的孩子们在农村的学校里进行交流，与乡村教师合作，与学生家长交流，融入乡村社会，加强与乡村社会的有效沟通能力，从而提高乡村教师职业行动力。

三 特殊心理素养养成的教师教育模块课程搭建

1. 坚持专业信念培养，加强乡村教育热爱

专业信念可以强化教师对乡村教育的爱，让他们能吃苦耐劳、无私奉献、爱校乐教，从而达到“忘我”和“精神自由”的统一，激发他们的思维活力。专业信念与个体的学习、生活经历有直接的关系，具有引导思想和行为的作用，对个体的教育实践起着深刻的方向性、坚定性和原则性的影响作用。只有未来的乡村教师带着坚定的专业信念从事到专业学习和教育实践中，才能具备从事乡村基础教育所需的良好师德、过硬本领、爱教情感，成为下得去、用得上、留得住、干得好的乡村师资。

坚持专业信念培养的长时性原则。培养具有奉献农村教育事业的从教信念不是一朝一夕的事，从教信念的形成经过“认知、认可和信奉”三个循序渐进的过程，必须“全员化、全程化、全面化”进行信念教育，把信念教育贯穿在整个乡村教师的培养过程中。

坚持专业信念培养的针对性原则。不同的活动能够起到不同的作用。一是组成宣讲团，用“红色经典”和“不朽榜样”感染学生，让“奉献精神”走入课堂、进入脑子、深入校园，帮助其树立“奉献为先”的从教理念。二是以开展教师教育系列讲座，请专家学者、知名校友和农村初中优秀教师为学员开设讲座等方式，配合乡村教师培养课程体系中的教师道德与教育情意养成模块组织各类活动，用身边人与身边事感化学生，使其树立“艰苦奋斗”的从教理念。三是开展教学技能竞赛、教育演讲、送教等特色活动，让学生体会到扎根农村、服务农村的自豪感与使命感，帮助其树立“立志服务农村”的从教理念。四是改革评价机制，加大对从教信念养成的考察。设立“优良师德”加分制，通过访谈、见实习反馈等方式，对学生的从教信念进行量化考察，动态引导，最终使之具备特质。

坚持专业信念培养的实践性原则。教育信念的培养跟知识的学习不同，强调在相应的情境中对教育观念和教育理想的内化，具有内隐性的特

点。建设典型乡村基础教育实践基地，鼓励未来的乡村教师深入到广大的农村学校，利用所学的知识进行教学，在日常教学行为、教育实践等具体情境中边实践、边思考，从而加强其教育信念的坚定性。

2. 开发线上乡土课程，多途径培养乡村情怀

教育部《关于实施卓越教师培养计划 2.0 的意见》明确指出，要继续深化教师教育工作。在此基础上，结合虚拟现实、增强现实等技术，构建一批互动性、情景化的教师教育资源。利用计算机和互联网技术来培养师范生的认知能力、激发他们的情绪，通过虚拟技术给师范生还原乡村场景，培养师范生的乡村情怀。同时，可以利用该技术丰富师范生的学习途径，开发线上乡土课程，比如在现在疫情的背景下，可以邀请优秀乡村教师在线上来给师范生进行授课、讲座，传授自身经验，与师范生进行对话交流，观摩乡村师范生的模拟授课，提出乡村师范生当前存在的不足与亮点，便于师范生进行不断的反思与完善。这些都不失为有效提升师范生技能、使师范生接近乡村实际、培养乡村情怀的方法。

除此途径之外，各高校还可以多途径开展教学活动。要给师范生提供充分地接触乡村的机会，丰盈的教育实践让学生以更加开阔的视野结合当地社会经济文化情况来反思自己的所学所想，让他们的成长与乡村的发展融入在一起，在此基础上发展起乡村教师勇于承担社会发展的责任心，提升关怀和参与乡村建设的意识和勇气。在这一过程中，乡村教师要努力履行“公共知识分子”的职责，改变过去的“教书匠”“附属他人的奴仆”的陈规陋习，积极推动异质文化与乡土文化的有机融合，培养对乡土的热爱、对乡土的情感，引导他们发现并体会乡村环境与乡村生活的美好，提高认同感，并在此基础上建立学生文化自信。

第七章

面向乡村的卓越教师教育课程整体优化样态

习近平总书记指出“有高质量的教师，才会有高质量的教育”。培养乡村卓越教师，是促进乡村教育高质量发展的重要举措。课程是人才培养的基石。2011 年教育部发布《关于大力推进教师教育课程改革的意见》对教师教育课程整合提出要求；2014 年发布《教育部关于实施卓越教师培养计划的意见》，强调建立有利于卓越教师培养的高质量的教师教育课程。二十大报告提出实施科教兴国战略，强化现代化建设人才支撑。在课程设计与实施的细节处不断完善教师教育课程才是提升乡村教师之前培养质量的关键。

显性知识和隐性知识作为推动教师专业发展的两大知识类型，它们之间的转化应成为教师教育课程关注的重点。知识转化模型主张在知识创造和传播过程中减少隐性和显性两种知识转化的损耗，揭示知识转化和共享的过程是如何丰富着总体的知识储备和形成螺旋形增长。当前面向乡村的教师教育课程，呈现出乡村因素考虑不足、知识类型配比不够适切和知识转化力弱的问题。借鉴动态知识转化模型，分析场域、知识资产及动态转化在教师教育课程中的作用，提出了整体优化策略：重视经验型知识资产的映射，有效推动知识共同化；推进概念型知识资产的获得，改进推动知识外显化；融合系统型知识资产的结构，建立有效知识组合化；高层次惯例型知识资产内化，建立高质量知识内隐化。

第一节　现有教师教育课程设置取向和现实需求

一　现有教师教育课程设置取向

现有乡村教师的职前培养研究集中在培养制度，培养模式、素养结构，情怀培育、知识框架等方面。在我国乡村教师队伍本土化培养方面，马多秀特别强调地方师范院校在乡村教师本土化培养中的重要作用，在职前和职后的乡村教师培养中要设置本土化课程①。在培养制度和培养模式方面，彭泽平、黄媛玲认为，连贯的本土化培养制度、完善的本土化培养模式、创设乡村教师融入乡村社会场域的外部条件和乡村教师深植乡村社会的主观能动性的激发是推进乡村教师本土化培养的实践路径②。游旭群提出重塑教师教育的培养体系来实现为乡村教育配备优秀教师的目标，全新的培养体系要强化乡村理解的教育和建构全过程定向的师资培养体系③。在核心素养方面，时伟认为面向乡村培养的师范生应该具有他们所独具的关键性知识、能力和心理倾向性④。黄健毅、黎芳露提出，民族地区乡村教师除具备一般素养外，还应具备由本土化知识、跨文化能力及乡土情怀构成的特殊素养⑤。

也有学者关注到职前课程对乡村教师培养的重要作用。目前职前教育课程是以知识本位、技能本位和标准取向为代表的传统取向的教师教育课程设置的取向。知识本位的教师教育课程观认为师范生具备过硬的知识是成为优秀教师的基础。知识掌握是影响到师范生后继成长的关键因素，是师范生专业成长的重要方面。技能本位的教师教育课程观认为师范生具备过硬的技能是成为优秀教师的基础，教师教育的重点应在于培养师范生过硬的教学技能。技能本位的教师教育课程观最早受行为主义心理学的影响，强调在教师教育中既定的操作性技能学习对师范生成长的重要性，推崇教师教育应该为给未来的师范生树立起“娴熟的教学技术员”⑥的形象。标准取向的教师教育课程观最早受教师教育职业标准研制的影响，强调教师教育课程中围绕教师职业标准来对师范生进行培养的重要性，推崇教师教育应帮助未来的师范生树立起“专业的教师”的形象。

---

① 马多秀：《我国乡村教师队伍本土化培养及其实践路径》，《中国教育学刊》2019 年第 1 期。

② 彭泽平、黄媛玲：《乡村振兴战略视域下乡村教师本土化培养：内涵、价值与实践路径》，《现代教育管理》2021 年第 8 期。

③ 游旭群：《重塑教师教育培养体系 着力打造优秀乡村教师》，《教育研究》2021 年第 6 期。

④ 时伟：《乡村教师核心素养与教师教育课程重构》，《课程·教材·教法》2019 年第 3 期。

⑤ 黄健毅、黎芳露：《新时代民族地区乡村教师的特殊素养及培养路径》，《民族教育研究》2020 年第 1 期。

⑥ 谢赛：《教师教育课程范式研究的回顾与展望》，《全球教育展望》2017 年第 4 期。

以知识本位、技能本位和标准取向为代表的传统取向的教师教育课程在实现教师专业化，帮助师范生掌握现有的教育理论知识和技能方面起到了重要的作用，但“知识拥有者”“技能型”“专业型”教师教育观使得“教师的主体性与价值意义世界遭受到知识和技能训练的‘压迫’和‘奴役’”①，不利于教师主体精神和创造性的发展。另外，现有研究也很少涉及知识在学生个体中的转化问题，没有建立一个动态知识的转化模型，以及转化之后的内在素养与未来的师范生教育实践的融合问题。正如付光槐所主张，教师教育课程的改革不能仅仅停留在技术层面，而应该关注教师教育课程的深层次、实质性和价值性的问题，在知识吸收、知识应用、知识共享、知识实践多方面都提出更高的要求。

二　面向乡村的卓越教师教育课程的现实需求

为促进乡村卓越教师教育课程整体优化，了解并收集乡村定向师范生对于教师教育课程的期盼，我们就“请问你作为师范生，最希望上什么内容的教师教育课程呢?”这一问题通过多种形式，向 20 名乡村定向师范生进行了深度访谈。根据访谈记录的整理与统计，乡村定向师范生提及到的“课程优化”词语的总频次为 235 次。最终选取了 20 个高频词，它们的累计频数为 174 次，占总数的 74. 04%。词出现的频次越高，表明提到了这个词的人越多，也越说明它越是当前教师教育课程需要优化的方向。同时，我们把提及的高频词语通过整理，归入其上位概念，最终总结为这样的四个概念：知识融合创造、知识实践应用、知识分享协作、专业知识提升。

表 7-1　“课程优化”的 20 个高频词的频数（N=20）

高频词	频次	高频词	频次
注重启发	16	增强课堂合作，知识分享	8
关注学生的想法与思考	15	促进多方面发展	7
了解乡村的教学特点	15	有确定的学习目标	7
跟上新时代的教育思想	13	提高语言表达能力	6
具有实践意义	12	与生活相关	5

① 付光槐:《论教师教育课程的价值转向——从技术旨趣、实践旨趣到解放旨趣》,《国家教育行政学院学报》2017 年第 8 期。

续表

高频词	频次	高频词	频次
提高师范生教师技能	12	创造性处理问题	5
对突发事件的处理能力	11	有中小学名师指导	4
课堂充满互动性	10	建立新旧知识的联系	4
真实体验实际中小学教学	10	多种多样的互动交流	3
激发学习兴趣	9	完善多元评价体系	2

根据访谈所涉及的20个高频词，根据高频词的内涵、意义，总结归纳其上位概念，具体的分类情况见表7-2。

表7-2　　“课程优化”系统聚类分析结果

名称	项目内容
知识融合创造	注重启发、激发学习兴趣、课堂充满互动性、跟上新时代的教育思想、创造性处理问题
知识实践应用	了解乡村的教学特点、与生活相关、具有实践意义、真实体验实际中小学教学、对临时事件的处理能力
知识分享协作	关注学生的想法与思考、课堂充满互动性、增强课堂合作，知识分享、建立新旧知识的联系、多种多样的互动交流
专业知识提升	提高师范生教师技能、有中小学名师指导、促进多方面发展、有确定的学习目标、提高语言表达能力、完善多元评价体系

由表7-2可知，“知识融合与创造”由“注重启发”“激发学习兴趣”“课堂充满互动性”“跟上新时代的教育思想、”“创造性处理问题”合并而成的，共包括5个高频词；“知识实践应用”包括“了解乡村的教学特点”“与生活相关”“具有实践意义”“真实体验实际中小学教学”“对临时事件的处理能力”5个高频词；“知识分享协作”由“关注学生的想法与思考”“课堂充满互动性”“增强课堂合作，知识分享”“建立新旧知识的联系”“多种多样的互动交流”组成，共有5个高频词；“专业知识提升”由“提高师范生教师技能”“有中小学名师指导”“促进多方面发展”“有确定的学习目标”“提高语言表达能力”“完善多元评价体系”组成，共包括6个高频词。在教师教育课程中，为培养高质量的应用型乡村教师，此类课程不单单满足于知识的单向传授，而是在动态的知识转化过程中，减少显隐性知识互相转化的损耗，根据访谈中发现的当

前教师教育课程存在的问题以及对于教师教育的现实需求，笔者基于动态知识转化模型，提出了乡村卓越教师教育课程的整体优化的一些建议。

第二节　动态知识转化模型视域下相关课程问题审思

1958 年，迈克尔·波兰尼提出显性知识与隐性知识的概念，为提出动态知识转化模型打下了坚实的基础。显性知识即以书面文字、图表、数学公式所描述的一种类型的知识。隐性知识即存在于内心，无法表述出来，在行动中自我理解的一系列知识。1995 年野中郁次郎和竹内弘高在他们合作的著作《创造知识的企业》中提出动态知识转化模型。动态知识转化模型也可称为 SECI 模型，此模型是目前被认为是知识创造过程研究得很深入的一个模型①，场的影响、知识资产和 SECI 过程是该模型中的三大核心要素。SECI 知识转化模型是在知识创造和传播过程中通过减少隐性和显性两种知识转化的损耗，将不可言说的个人经验型知识通过一定的课程转化为学生能够理解，便于操作的知识。显性知识和隐性知识相互转化的同时，其转化和共享的过程也发生在个体与个体之间、个体与群体之间，这不断丰富着总体的知识储备，形成螺旋形增长②。显性知识和隐性知识作为推动教师专业发展的两大知识类型，它们之间的转化应为教师教育课程关注的重点。动态知识转化模型在知识获取、知识实践以及知识创新方面发挥着独特的作用，关注的是这两种知识之间的转化，尤其是怎样把那些难以通过理性分析的内隐知识，通过采取一定的方式或策略来帮助学生深入理解各种知识类型的价值，提升师范生专业成长的有效性。对标动态知识转化模型面向乡村的教师教育课程还存在着以下一些问题。

一　场的影响：教师教育课程乡村因素考虑不足

场是知识存在和知识产生的各种情境，既可以是一个物理空间，也可以是一种心理空间。社会世界是由大量具有社会自主性的场域构成的，每个场域都有相对独立的社会空间。不同场域之间的相互关联是一个极其复

① 储节旺、李章超：《SECI 及其衍生模型评析》，《新世纪图书馆》2017 年第 3 期。

② 李娜：《基于 SECI 模型的大学知识共享研究》，《图书馆工作与研究》2010 年第 2 期。

杂的问题。[①] 由于每个人的经历、受教育程度和社会文化背景的差异，每个人解读处理信息时都有自己的独特视角。存在于社会结构中的乡村教师，深受学校氛围、制度文化等社会空间和专业认同、自我定位、教学效能、实践习性等教师自身因素的影响。[②] 当不同场域之间的惯习不适应，一个场域中的惯习简单移植到另外一个场域，很容易产生一种不合拍的现象。无论是政治制度、经济环境、社会习俗、学校文化，还是教师专业学习政策、教师管理评价制度、教师群体生态、教师教学信念和先前经验等方面，乡村教育生态与城市教育生态有着一定的差异性[③]。无视农村场和城市场域的差异，这也就是很多以城市教师为目标培养的教师，在农村学校用不上、干不好、留不住的重要原因。

在目前的师资培养体系下，面向乡村的教师职前培养模式与一般教师的培养模式趋同，教师教育课程中也较少体现乡村复杂性的内容，面对乡村教育的复杂境遇，没有及时做出教学调整，无法适应乡村的特质。乡村教师培养定向班的学生虽然大部分都来自乡村，但是，他们长期在外学习，又深受都市文化、生活理念的影响，当前教师教育课程中，缺少对乡村的学习与介绍，回到家乡执教后，环境的差异性和教育的特殊性，使得乡村教师对乡村生活产生陌生感和剥离感，在知识实践应用方面存在问题，无法创造性地针对乡村教学采取应对方法。面对与乡村文化迥异的现代、开放、活力的城镇，越来越多的人对于乡村产生了背离的心理，越来越少的人愿意扎根乡村，导致文化建设的载体空心化，建设乡村的中坚力量不断缺席[④]。

二　知识资产：教师教育课程知识类型配比不够适切

作为组织的战略性资产，知识资产是动态知识转化模型的重要因素，野中郁次郎等人将知识资产分为四类，分别是由经验、情感等隐性知识构

① ［法］皮埃尔·布迪厄、［美］华康德：《实践与反思——反思社会学导引》，李猛、李康译，中央编译出版社2004年版，第149页。

② 黄嘉莉、叶碧欣、桑国元：《场域理论视角下民族地区教师专业发展的影响因素研究——基于多层线性模型的分析》，《教育研究与实验》2021年第1期。

③ 王志凤：《教育生态学视野农村教师专业学习的研究》，硕士学位论文，华东师范大学，2015年。

④ 游旭群：《重塑教师教育培养体系着力打造优秀乡村教师》，《教育研究》2021年第6期。

成的经验型知识资产；由图表、符号和语言等显性知识构成的概念型知识资产；由已被整合和系统化的显性知识构成的系统型知识资产；由已被嵌入和实施的隐性知识构成的惯例型知识资产。这些知识资产既是 SECI 过程的知识投入，也是 SECI 过程最后的知识产出①。

当前的教师教育课程存在经验型知识资产和概念型知识资产、系统型知识资产和管理型知识资产内容梯度配比不够适切的问题，教师教育课程中概念型知识和系统型知识偏多，而经验型知识资产和惯例性知识偏少，知识类型之间合理配比欠缺。教师四种知识类型在教育课程中相互独立、相互依存并可以相互转化。某一种类型知识的欠缺或影响到师范生对其他知识类型在认知结构中的同化和顺应，从而影响教师教育课程的教学质量。由于师范生实践欠缺的原因，概念性知识和系统性知识与他们已有生活的距离度较远，理解这两种知识的脚手架搭建的有效度不足，比如说专门情境的设置和生成性教学的实施。生成性学习的提出者为维特罗克（Wittrock，1988），是结构主义的一种教学方法，强调过程性教学、学习者主动性以及教学内容的深度理解性。生成性教学是由生成性学习衍生而来，是指根据课堂中与学生的互动状态，教师能够及时调整教学思路与行为，敢于突破课前固定的预设，强调师生的观念创生和意义建构，执念于“教与学主体性、创造性的悦纳与激发，通过知识获得解放”②。生成性教学机制对教师创造力与应变能力提出很高的要求。生成性教学有利于将静态知识通过智慧性操作，把知识运用于实践。当前的教师教育课程缺乏生成性教学的组织学习，不能很好地帮助未来的乡村教师适应课堂上多变的情况，在帮助学生进行知识类型配比的适切性方面存在着问题。

三　知识转化：教师教育课程知识转化力所不及

在隐性知识与显性知识相互作用的基础上，动态知识转化模型将知识的转化与创造分为四个阶段：共同化（Socialization）、外显化（Externalization）、组合化（Combination）、内隐化（Internalization）。共同化阶段（Socialization）是促使隐性知识的交流转化，个体通过直接的交流、模仿，认识他人思维方式和情感方式来实现隐性知识的分享，这个阶段表现

① Nonaka I，Toyama R，Konno N. SECI，Ba and Leadership：a Unified Model of Dynamic Knowledge Creation. Long Range Planning，2001，33（1）：5-34.

② 余宏亮：《生成性教学：知识观超越与方法论转》，《课程·教材·教法》2016 年第 9 期。

出鲜明的非语言化与非文字化。外显化阶段（Externalization）是隐性知识向显性知识的过渡，随着对知识的理解逐渐深入，隐性知识转化成易被他人所认识的形式，即为可用语言、文字描述的显性知识，形成可明了化的结构，将原本在模仿中领悟的隐性知识转化为可以用语言和符号表示的显性知识。组合化阶段（Combination）是个体的显性知识向群体的显性知识转化的过渡，学习者将初步理解到的知识进行加工，形成系统的知识，个体的显性知识在系统化的构建下，转化为群体的显性知识。组合化是指显性知识和显性知识的组合，以便使新的知识通过系统化的沟通整合，能够更好地得到扩散和传播。内隐化阶段（Internalization）是显性知识向隐性知识的过渡与转化，在历经前面三个阶段之后，已经获得了一些可以用图表、符号和语言来具体表述的知识，这些显性知识在实际的实践中，不断拓展丰富，再从其中形成新的隐性知识，以此往复，形成循环上升的螺旋结构，新知识的产生正是这样孕育出来的，深度学习，不断开拓出新知。

教师教育课程在实施过程中缺乏知识的共享，忽视知识转化的规律，往往呈现出“教师讲，学生听”的课堂模式，而互动也局限于“教师问—学生答”的单一形式。真正形式上的互动分享缺乏。在课程实施中没有充分考虑激发深度思考的机制，学习共同体因素引入不足，师范生的专业自主性降低，被动学习，主动完善知识结构的意愿降低。另外，学习共同体不仅包括身边的教师，也可以是同样处于教育场域中的教育专家、教育督导等，这些共同体多方互相沟通合作，为解决课堂中出现的实际问题共同努力。在知识分享方面，缺乏多主体的学习共同体的构建，缺少交流，因而导致难以迸发出新的灵感火花。

第三节　乡村卓越教师教育课程整体优化的建议

教师教育课程是知识学习与转化的一个重要载体，最为广泛的知识学习发生在课程场域之中，课程可以促进知识的习得、转化以及再生产。动态知识转化模型提供了知识整合与创生的科学理论支撑，其指导下的教师教育课程重塑，关注的是怎样把那些难以通过理性分析的内隐知识，通过制定特殊的方式或者改进策略，来帮助师范生深入掌握更多的专业化知识促进师范生的成长。因此，动态知识转化模型对于乡村教师教育课程优化有极大的参考价值。

一　课程目标：凸显教育情怀，培养有根的乡村教师

当系统化的知识在群体之间传播时，为深化对知识的理解，需要在实践中应用知识，发现问题，解决问题，从而再次产生个体的对于一类问题更深入了解的隐性知识，在此基础上，再次将知识进行创造的不断变化发展。

1. 融合乡村复杂境遇的实践活动

乡村教育领域存在大量内隐知识，单纯的观摩和实习见习是无法吸收里面丰富的内隐知识的。乡村教师的存在是一种充满复杂性境遇的存在，教师行为本身是一种复杂性的行为，处于动态和困境的环境中。教师需要从复杂境遇中升华出清醒的自我意识。这种自我意识包含对以下因素的深刻的了解：一是社会文化和风俗习惯，二是所教授的知识的复杂性，三是教育对象即乡村学生。乡村教师自我意识包含的多种因素从一个侧面说明了教师复杂性境遇，这就要求在创设教师教育课程时从复杂性的角度来创设教师教育课程，而在这种复杂情况下，乡村教师更需要在将理论投入实践中时，增加自己的思考，形成独特的适应乡村的教学风格。教师教育课程的最终培养目标是师范生能够有意识的得将所学内容应用创新于实践中。在不断自我反思，实践成长中，师范生深刻地理解教师职业价值，学会以多种角度构建出课程教学活动，锻炼发展实践应用能力，面对不同的教学环境，都能够将理论知识应用于实践之中。

2. 增强原型知识向操作知识转变

原型知识指的是一类客体具有的内部表征，而操作知识则是将这些知识具体化，应用到实践中去，在教师教育课程中，培养师范生将所学到的知识应用到实践中去，帮助师范生在执行力、总结力、适应力、创造力方面的能力都能够有所提升。原型知识向高质量操作知识的转变并不是一蹴而就的，需要实践与反思，并在其中创造出新的知识价值。此类课程可以分为四个阶段来进行。第一个阶段，师范生主动通过书本上的案例分析和教师的讲授，初步了解教学的基本原理和相关教学知识。第二个阶段，通过课件分析、微格教学、模拟授课等方式，切实了解教学中可能会出现的问题，并详细了解教学步骤。第三个阶段，真实的教育见习与实习，在这个过程中，加强教学机智，了解学生的性格特征，心理需求，知识接受能

力。最后一个阶段，通过反思日记，行动研究对之前的教学活动进行反思，不断改进，逐渐形成自己独特的教学风格。而在这个教师教育课程中，显示出了从知识积累到实际应用的过程，而教学过程与自身的情感体验相结合，自我追求新的突破。结合自身的情感体验，为课堂增添独特的色彩，使得个人的特点得到充分发挥，真正将理论性的知识运用到实践中，并创造出价值。

二 课程内容：推动知识融合，构建有乡土特色的体系

在外显化的场域中，主要通过沟通与深度交流来实行知识的转化，课程作为重要载体中，个人内在经验与文化特性传递成为其他人可用文字、符号表示出来的显性化知识。由此在课程内容上，将学术性与师范性融合，打造乡村卓越教师。

1. 知识融合推动外显传递

学科专业知识与教育教学知识融合，除此之外，历史性知识、科学性知识，人文性知识都可以与教育教学知识相融合，跨越学科的界限。学术课程与专业课程可以进行融合，专业课程内部也能够进行细化与再组。教育学与心理学、社会学等专业课程进行融合，专业知识与多种学科知识还有不同教学方法都能够通过一定的结合①。学科知识的外显化主要通过掌握学科专业知识基础，建立相应的知识框架，将所学进行迁移和传递，建立与教育实践相沟通的桥梁。通过这个方式整合的课程是从教学法的角度来认识学科专业知识，了解学科内部联系与在实际学科教学时的重点与方法，其中既有学科的专业知识，又有教授此门学科的教学理论与方法，师范生能够将难懂的复杂知识通过一定的教育方法以一种简单易懂的方式传递给学生。在教学的同时，结合心理学，学会使用不同的创造与评价方式来面对所要教授的课程，这个过程不仅是知识的传授和显性化，也包括教学方式与技巧的慢慢渗透，显性知识和隐性知识相互促进共同构建个体的知识结构。专业必修课中不仅是某一学科单独的长期系统的知识谱系，也要包括在研究前沿上，此类学科在传授相关新知识出现的瓶颈与方向，进而渗透到其他课程中。在大学的不同阶段，可以根据师范生的成长过程与知识的掌握程度，设置偏重性不同的课程，在前期注重知识积累，后期强

---

① 郭志明：《学术课程与专业课程的较量与融合——20 世纪美国教师教育课程改革的历史逻辑》，《教师教育研究》2019 年第 4 期。

调实践应用。

2. 认知重塑促进合理分配

知识分类可以大致分为这样的几类：一是需要掌握的教育教学基础知识。此类知识是今后进行教学工作的基础，掌握科学的教学方法，才能更快更好地帮助学生融入课堂，理解知识。二是广泛的科学文化知识。这是教师个人知识素养的集中体现，拥有广博的知识，才不会显得课堂枯燥无味。三是学科专业知识，懂得专业的知识，将知识深化了解，理清学科脉络，才能够将知识外显传递给更多的学生。四是研究开发知识。了解其他领域的发展与研究，开发更多的教学资源。针对这些不同的知识类比，教师教育类课程在选择知识时，需要有选择地进行侧重，更好的将学术性与师范性融合起来，将“教什么”与“怎么教”结合，如此，在中小学课堂中，知识在教师和中小学生之间才能更有效率的传递与转化。在专业课程学习上融入教育课程的理念，比如从“知识类别”的角度理解“学科专业”，引导师范生认识到所学专业知识的类型、功能、不足与发展方向，而非仅仅掌握一整套确定的、完整的知识和技能。这有助于促进师范生对整个学科产生一定反思，即从被动接受到选择创造，既强化了“学术性”，又体现了“师范性”①。

三 课程实施：依托乡村场域，形成生成性教学机制

在课程实施阶段，个人掌握的知识已经成为可用语言、文字表达传递的显性知识了，但此时，知识所属仍是个人的，不利于广泛传播，因此，在课程实施的过程中进行知识的系统化与整合化，将个人显性知识深入化，形成群体性可掌握的显性知识。

1. 学习迁移力促知识组合化

知识整合、知识更新、知识创造，这是知识转化与创造中三个十分重要的步骤。将个体显性知识深化时，再按照处理简单问题的方式来解决困难问题，这需要师范生在长期的摸索、实践、创造中形成迁移能力。而知识迁移是利用新旧知识之间的联系，将新旧知识进行对照，在熟练掌握旧知识的基础上，领会新知识。在知识迁移的过程中，要注意两个重要方法：一是要创设有利于学生理解知识的环境，与现实的环境有所联系，并

---

① 巫锐：《师范性与学术性的张力——21 世纪德国综合性大学教师教育课程体系改革研究》，《教育发展研究》2021 年第 9 期。

且让他们进行自主探究。二是设计矛盾来帮助学生理解新旧知识的相似与不同之处，且学生全员参与，在新旧知识的链接之处，来获取利用新知识来解决难题的方法。在利用学习迁移建设教师教育课程时，还需要重视师范生在情境中的情感体验，高校教师可通过树状图、图表、流程图等方式帮助师范生建立起知识的前后联系，并且设定一定的情境，利用学习迁移，建立起新旧知识的前后联系，打造知识系统化，形成群体性理解、传播的显性知识，更新教育理念。

2. 集体协作共促知识分享

教师教育课程需要营造合作分享与竞争共存的环境，在这样的环境下，会出现相对而言的“领导型”教育人才，这样的人往往是一个群体中能力出众，受他人敬仰的存在，在这样合作又充满竞争的环境下，师范生发挥自己所能，沟通交流，不断迸发出灵感的火花，并将知识进行“取其精华，去其糟粕”的升华。竞争环境下，每段时期出现领导型的教育人才带着其他师范同学将知识进行归纳汇总，增强集体协作力，各类显性知识整合创新为系统知识，有利于知识的传播。在教师教育课程的考核中，建立一定的评比竞争机制，突出了解学生学科课程与教学知识学习情况，提高师范生对乡村教育资源的开发能力。分为个人和小组，在竞争中合作，在合作中进步。同学科小组备课，评课，将个人的优势与缺点显性化，在这种竞争紧张的学习氛围中，师范生会主动提升自我，教学基本知识会更加牢固，面对乡村实际问题解决时，也会将理论应用于实践。

四　课程支持：开展深层次对话，打造教师学习共同体

作为知识资产重要的组成部分之一，经验型知识资产是学生成长为卓越乡村教师一种重要的知识类型。这种知识类型传递的主要方式是观察、模仿，通常发生在师生间深度交流过程中，源自于教师个体的内化处理和输出。课程设计重在深度交互，需充分肯定与保证学生学习的主体地位，构建发掘内在专业自主性与主体性的课程模型。让学生积极寻求自身的发展，主动体会教师由自身隐性知识映射出的外在表现，建立相应的挖掘机制，创造多渠道的沟通方式，以促进教师的隐性知识显性化，有利于学生记录或模仿。

1. 自主性：目标设定提升学习意愿

在教师教育课程中，可以设定“路径化”学习目标，即引导师范生

明晰自己所处位置，知道欠缺与需要学习之处，并预想自己所能达到的结果，以及创造怎样的条件到达那里①，如此以来，师范生在学习时不仅仅会关注结果，更会在过程中不断反思自己，调整自己，更愿意了解课程中的相关内容，自觉性学习知识。

另外，鼓励学生创设多方面目标。并在完成一定的目标后，给予相应的正强化，全方面目标可以帮助师范生不会因自己的努力没有得到反馈而失去学习的动力。在教师教育课程中潜移默化地提高师范生的专业自主度与学习积极性。教师教育课程中要注重师范生隐性知识的主动获取，创设“目标—内容—行为”的逻辑主线，以师范生为主体，从知道、理解、应用、分析、评价、创造这六个维度为自己建立学习目标，每个目标为自己的学习行为提供源源不断的动力②。

2. 主体性：深度学习促进学习反思

以师范生的专业自主作为支点，不仅仅进行知识教学，师范生在课程专业学习时，加入自我的批判性与反思性，思考将来从师范生转变为教师，将知识传授给学生时，面对学生不同的反馈，应该采取怎样的教学措施，如何构建教学情境，突出自己教学风格。在课程中的两大重要部分，一是切实的掌握基础知识，在此基础上不断自主学习探索，学会收集文献，分析文献，整合文献，不断深入其中。二是在教师教育课程中留有足够的空间与时间让师范生进行实践反思，帮助师范生了解在真实的教学情境中可能会出现的状况，并且根据自身的表现，及时反思调整，不断掌握新的不同的教学方法，进行“教育现场研究课”③，在真正的实践中体会到教师的真谛，强化理论知识的实践性。

3. 社群化：团队合作催生集聚创新

以基层教学组织建设助力引导教师回归本分，热爱教学、倾心教学、研究教学。围绕提升教师教学能力，构建“双理念四协同六提升”多组态基层教学组织体系。

且在“大学—政府—乡村学校”三方协同培养模式下，以人文技术、

---

① 曾文婕：《从“教学目标”到“学习目标”——论学习为本课程的目标转化原理》，《全球教育展望》2018 年第 4 期。

② 武法提、牟智佳：《基于学习者个性行为分析的学习结果预测框架设计研究》，《中国电化教育》2016 年第 1 期。

③ 曾文婕、蒋慧芳、周子仪：《指向知识创造的教师教育课程创新——基于卓越小学教师培养的探索》，《教育发展研究》2020 年第 15 期。

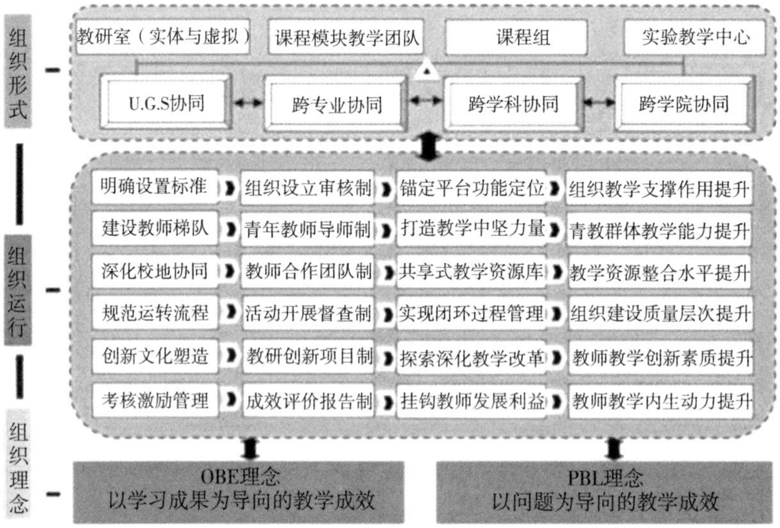

图 7-1　双理念四协同六提升多组态基层教学组织体系

社会技术和信息技术为支撑，充分调动高校、地方政府、乡村学校三类行动主体，通过构建面向乡村教师教育课程支持社群，贯通职前职后发展职业梯度，综合助力乡村卓越教师职前—职后一体化专业发展，打造面向乡村教师教育特色课程体系和实践育人体系。

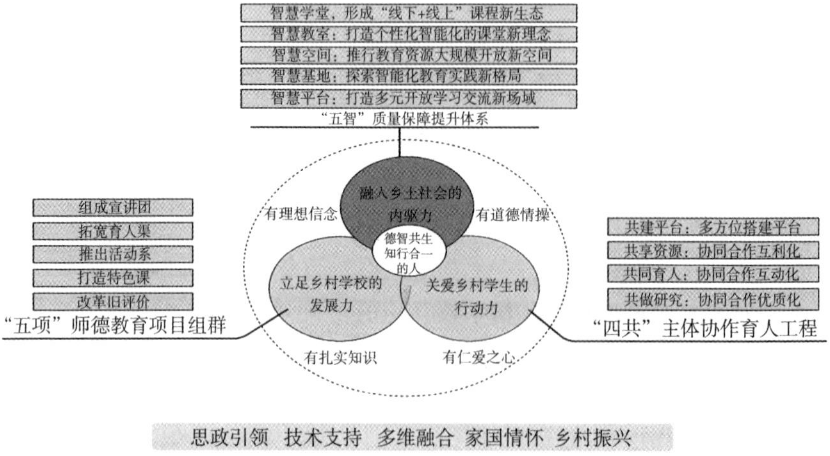

图 7-2　乡村教师教育特色课程体系和实践育人体系图

第八章

面向乡村的教师教育范式重构

第一节 乡村教师培养范式重构的必要性分析

党和国家高度重视农村教育，出台了大量的农村教育政策。在国家教育政策的引导下，各级省级政府及教育厅结合本地区的社会发展和教育发展的实际情况，制定了一系列的本土化的教育政策。在此背景下，我们农村教育的发展受到更多的关注和重视，有关农村教育的政策建设也不断加强。

从 2004 年起，中央一号文件连续 14 年关注“三农”问题，把解决农村问题作为事业发展的首要责任，并且十分关注农村教育问题。一号文件为解决农村教育问题及农村政策的出台和落实提供了良好的政策环境。

2013 年中共中央办公厅、国务院办公厅印发《关于创新机制扎实推进农村扶贫开发工作的意见》（以下简称《意见》）的通知，《意见》把教育扶贫作为一项重要的举措，并对教育扶贫做了具体要求：继续推进面向贫困地区定向招生专项计划和支援中西部地区招生协作计划的实施，不断增加贫困地区学生接受优质高等教育机会。

2014 年，习近平总书记号召全国教师做有理想信念、有道德情操、有扎实学识、有仁爱之心的“四有”好老师。同年 12 月，国务院办公厅印发了《国家贫困地区儿童发展规划（2014—2020 年）》，在儿童保障中提道：明确各地巩固义务教育目标，将义务教育控辍保学责任分解落实到地方各级政府、有关部门和学校，并作为教育督导重点内容。推动各地制定义务教育阶段学校标准化的时间表、路线图，解决农村义务教育中寄宿条件不足、大班额、上学交通困难、基本教学仪器和图书不达标等突出问题。支持各地制定实施贫困地区教师队伍建设规划，统筹教师聘任

（聘用）制度改革、农村义务教育学校教师特设岗位计划、中小学教师国家级培训计划、教师合理流动、对口支援等政策，系统解决贫困地区合格教师缺乏问题。

2015 年 4 月 1 日，习近平总书记主持召开的中央深改组第十一次会议，会议指出：到 2020 年全面建成小康社会、基本实现教育现代化，重点在乡村，关键在教师。全国各地 330 万名乡村教师影响着 4032 万乡村学生，乡村教师队伍质量是乡村教育的质量保障。2015 年 6 月国务院办公厅关于印发《乡村教师支持计划（2015—2020 年）》，指明了发展乡村教育和乡村教师队伍建设的重要意义：发展乡村教育，帮助乡村孩子学习成才，阻止贫困现象代际传递，是功在当代、利在千秋的大事。发展乡村教育，教师是关键，必须把乡村教师队伍建设摆在优先发展的战略地位。《乡村教师支持计划（2015—2020 年）》还围绕着“下得去”“留得住”和“教得好”的目标提出了八项举措全面加强乡村教师队伍建设。

2017 年，S 省政府 1 号文件要求“持续推进乡村教师定向培养工作”，对乡村教师给予全方位的特殊支持，显示了国家和我省底部攻坚、拉长短板的坚强决心。在此形势下，如何培养乡村教师是当前面临的重要课题。

2018 年，《中共中央国务院关于全面深化新时代教师队伍建设改革的意见》（中发〔2018〕4 号）是建党以来第一次以中共中央名义印发的关于教师队伍建设的文件，标志着教师队伍建设的战略地位是极端重要的。紧接着教育部等五部门印发《教师教育振兴行动计划（2018—2022 年）》，提出“发挥师范院校主体作用，加强教师教育体系建设。加大对师范院校的支持力度，不断优化教师教育布局结构，基本形成以国家教师教育基地为引领、师范院校为主体、高水平综合大学参与、教师发展机构为纽带、优质中小学为实践基地的开放、协同、联动的现代教师教育体系”。

2022 年《新时代基础教育强师计划》发布，提出 15 项举措，“着力推动教师教育振兴发展，努力造就新时代高素质专业化创新型中小学教师队伍”。党的十八大以来，习近平总书记每年教师节都到学校看望师生或致信祝贺，多次视察各类学校、与师生座谈交流，为全党全国树立了尊师重教的表率。习近平总书记就教师工作做出一系列重要指示，在教师地位上，强调教师是立教之本、兴教之源，承载着传播知识、传播思想、传播真理、塑造灵魂、塑造生命、塑造新人的时代重任，一个人遇到好老师是人生的幸运，一个学校拥有好老师是学校的光荣，一个民族源源不断涌现出一批又一批好老师则是民族的希望；在教师标准上，强调要做有理想信念、有道德情操、有扎实学识、有仁爱之心的好老师，做学生锤炼品格、学习知识、创新思维、奉献祖国的引路人，坚持教书与育人相统一、言传与身教相统一、潜心问道与关注社会相统一、学术自由与学术规范相统一，做到政治要强、情怀要深、思维要新、视野要广、自律要严、人格要正，努力成为先进思想文化的传播者、党执政的坚定支持者，更好担起学生健康成长指导者和引路人的责任；在教师队伍建设上，强调各级党委和政府要满腔热情关心教师，提升教师素质，改善教师待遇，维护教师权益，使教师成为最受社会尊重的职业。这些重要论述，是习近平新时代中国特色社会主义思想的重要组成部分，为我们加强新时代教师队伍建设提供了根本遵循”（中共教育部党组发布《关于学习贯彻习近平总书记等中央领导同志教师节重要讲话精神的通知》）。

地方师范院校地域性特征是直接为地方基础教育服务的，而且主要是为地方乡村基础教育服务的，其首要任务就是为地方基础教育培养高质量的师资。作为地方师范院校，研究者所在学校虽然是一所地方师范院校（以下简称“Y 校”），不仅主动服务地方基础教育，着力提高职前教师培养质量，且重视对地方基础教育的研究，发挥 S 省高校哲学社会科学重点研究基地——S 省农村教育发展研究中心的优势，与地方基础教育建立密切的“共生共长”的关系，增强师资培养的实效性和针对性，在双方共赢的基础上，实现地方师范院校可持续发展。在明确职责的基础上，依据国家基础教育改革发展的要求和学校所在地乃至周边地区经济社会发展的实际需要，自觉坚持面向地方乡村办学，厘清为乡村基础教育服务的办学思路，在教育教学实践中充分彰显服务地方基础教育的功能。

第二节 乡村教师培养范式的重构

作为地方师范院校，Y 校积极拥护国家重大举措，高度重视乡村教师的培养工作，主动服务国家战略需求，发挥区域优势和办学特色，积极探索乡村教师人才培养模式创新，服务乡村基础教育，从 1999 年本科招生开始，Y 校就以培养面向乡村的合格教师为己任，2007 年起，S 省教育厅批准在Y校成立农村教育研究所，开启以研究引领师范专业教育教学改革的新时代，紧接着以培养卓越乡村教师为目标，进行了长达10年的探索。2014年，创建UGCs（大学—政府—乡村学校）教师教育联盟、加入淮海经济区乡村卓越教师教育联盟，面向苏北老区和西部乃至边疆乡村服务，以“专业化、一体化”教师教育理念为指导，基于研究引领和实践探索，此模式以“师德浸润”“实践增能”“协同培养”为特征。回应基础教育中乡村教师队伍薄弱的瓶颈问题和政策焦点，紧紧围绕乡村卓越教师培养的核心问题，构建了乡村卓越教师培养体系，着力培养具备“四有品性”“三维动力”的乡村卓越教师，取得了显著的教育效果，有力地支撑了《乡村教师支持计划》的实施。

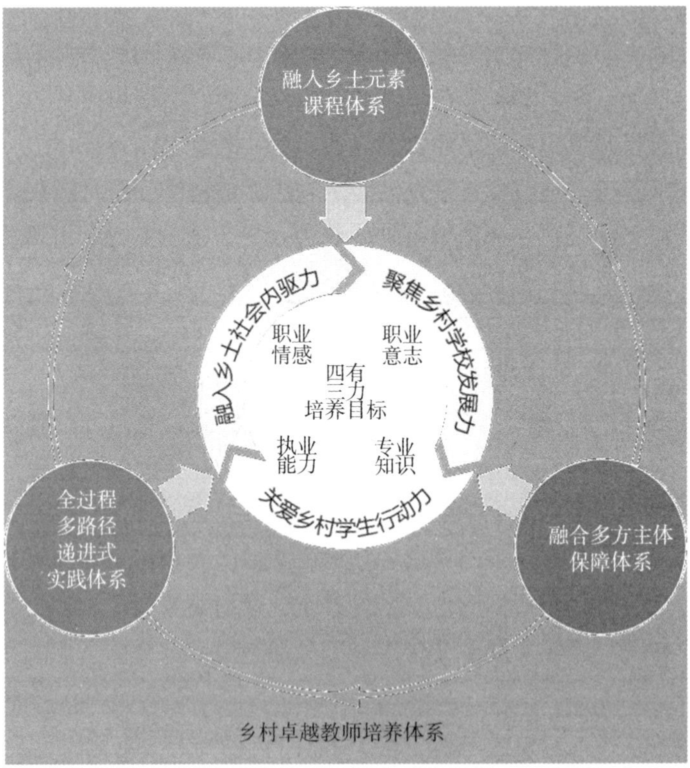

“师德浸润”是指乡村师范生在乡村的环境中浸润师德，在校园文化中引领师德，在实践活动中凝聚师德，在关爱儿童中升华师德，让师德成为有源之水，有本之木。“实践增能”是指在乡村师范生培养方案中设置足量的教育实践课程，以教育见习、实习和研习为主要模块，构建包括师

德体验、教学实践、班级管理实践、教研实践等全方位的教育实践内容体系，采取观摩见习、模拟教学、专项技能训练、集中实习等多种形式，丰富师范生的教育实践体验，提升教育实践效果，逐步形成良好的师德素养和职业认同，更好地理解教育教学专业知识，掌握必要的教育教学设计与实施、班级管理与学生指导等能力，为从事现代中小学教育教学工作和持续的专业发展奠定扎实的基础。协同培养是指以“高校—地方政府—乡村中小学”为培养合作共同体，以“协同培养、合作共赢”为目标，以“目标驱动、高校引领、走向卓越”为特征，构建“职前培养、入职教育和职后培训一体化”的乡村卓越教师协同培养机制，实现“校—地—校”优势互补、资源共享、联动发展。

乡村教师教育新模式主要致力于解决乡村教师培养过程中的如下问题：

一是乡村教师乡土情怀生成深植难问题：师范生因不能正视、认同、融入“乡土文化”，不能理解、悦纳、热爱乡村儿童，因而不愿到乡村工作，或即使到了乡村学校也很快离开，从而“下不去”。

二是乡村教师培养机制相对割裂分散问题：大学培养，政府人事部门负责招聘考试、配置岗位，培训部门组织培训的机制，使得乡村教师的职前培养、任用、职后发展各阶段呈相互割裂、各自为政的状态。资源不能共享、专业支持不能持久；各方合作、协同不足；培养、管理、培训不能从问题与需求出发，使得教师失去乡村教育的热情，最终“留不住”。

三是乡村教师专业发展内生动力不足问题：缺少衔接的职前培养与职后培训课程体系、缺少融合的理论学习与实践演练课程实施方式、缺少协同的培养主体，使得乡村教师教学实践能力难以提升，专业发展缺少内生动力，因而“教不好”。

经过长期的探索与实践，Y 校研究者发现教师专业发展需要多方力量的努力，形成一个多元匹配的良性体系。这一体系依据乡村教师专业发展的实际情况，剖析存在的问题，提出应对策略，最大限度地拓展教师专业发展路径。经过十年探索，取得的理论与实践成果，为破解长期困扰乡村学校的教师“下不去、教不好、留不住”的难题，和乡村教师职前、入职、职后培养、培训课程割裂，乡村教师专业发展内在动力与外在专业支撑不足等困境，探索出一条具有针对性的特色之路。不仅促进了以农村生源为主的师范院校教师教育质量和教育研究水平的提高，更对苏北乃至西部乡村教师专业能力提高起到巨大作用，得到了教育部、教育厅相关领导和省内外同行的高度评价与借鉴。

一　师德为先、协同培养、实践导向的指导思想

（一）乡村教师培养的指导思想

乡村教师队伍的整体素质决定着农村教育的质量。加强乡村教师的培养是促进城乡教育均衡发展、缩小城乡差距的关键举措。建立高校、地方政府、中小学的“三位一体”协同培养新机制，积极推动教师教育的改革与创新；建立以培养农村初中乡村教师为导向的教师教育课程体系，突出以乡村教师教育教学实践为导向的教师教育课程内容改革，促进以乡村教师班学生需要为中心的人才培养方式方法的变革，将实践教学贯穿于乡村教师培养的全过程；整合和优化学校内部和兼职的教师队伍，与中小学、教研机构、教育行政部门积极探索协同教研、双向互聘、岗位互换等乡村教师培养的师资队伍建设的新机制，建立乡村教师教育师资队伍共同体；探索和建立科学的乡村教师培养的评价体系，努力提高乡村教师培养的质量。以乡村教师培养作为高师院校教育改革的切入口，不断完善学校教师教育体系，努力提升学校整体的教师教育质量和水平。

（二）乡村教师培养的基本理念

分类推进乡村教师培养的模式改革，建立“三位一体”的协同培养乡村教师新机制，在Y校前期教师教育人才培养经验的基础上形成学校乡村教师培养的基本思路。

一是高度重视乡村教师培养工作，统一认识，明确目标，定向实施，精准发力，将乡村教师培养工作作为促进学校事业发展、彰显学校办学特色的重要举措，推进整个学校教师教育改革，通过乡村教师培养探索解决好“培养什么人、怎样培养人”的人才培养的大问题。

二是坚持德育为先、能力为重、全面发展的乡村教师培养方向。坚持立德树人，在社会主义核心价值观引领下，强化师德养成和乡村情怀教育，引导和教育学生做一名热爱家乡、甘于奉献的乡村教师。

三是强化乡村教师人才培养的定位，确保乡村教师的人才培养质量。全面总结学校教师教育工作的实践。总结学校在教师教育培养过程中已经取得的经验，反思教师教育培养实践中所存在的突出问题。不断深化教育教学改革，强化质量意识，加强专业建设和教学管理，推进信息技术与教

育教学深度融合，探索乡村教师定向培养的特点和规律。

四是深入研究《国务院办公厅关于印发乡村教师支持计划（2015—2020年）的通知》及《S省乡村教师支持计划实施办法（2015—2020年）》提出的目标和要求。明确高师院校乡村教师培养的具体的操作性规格、标准，构建科学合理的乡村教师培养的考核和激励机制。

五是实施以教育教学实践能力培养为重点的乡村教师培养目标。建立高校与地方政府、中小学协同实施实践教学的新机制，培养一大批师德高尚、专业基础扎实、教育教学能力和自我发展能力突出的高素质专业化的乡村教师。

六是深化课程内容改革，加强课程资源开发，建立课程内容和课程资源的改进更新机制，建设一批符合乡村教师培养实际的校本课程和校本资源。分类建设通识教育、学科基础、教师教育、技能训练与实践等课程模块。加强通识课程建设，提高乡村教师班学生的人文情怀、科学素养、审美情趣和思辨能力。

七是制订和执行Y校乡村教师培养的实践操作方案。落实《教师教育课程标准（试行）》，打破教育学、心理学、学科教学论“老三门”的课程结构体系，开设模块化、选择性和实践性的教师教育课程。紧密结合乡村教育教学实践，全面改革教师教育课程内容。将学科前沿知识、课程改革和教育研究最新成果充实到教学内容中，及时吸收儿童研究、学习科学、心理科学、信息技术的新成果。推进以“自主、合作、探究”为主要特征的研究型教学改革，着力提升农村初中教师培养对象的学习能力、实践能力和创新能力。建立标准化的教育实践规范，实行高校教师和中小学教师共同指导乡村教师班学生的“双导师制”。

八是引入政府、社会、中小学对乡村教师培养的评价机制。结合本校未来中小学师资培养实际制定乡村教师培养标准，试行乡村教师培养质量年度报告制度。引入地方政府、教育行政部门、中小学对乡村教师培养效果的评价，必要时还需引入社会相关机构的评价，根据多方评价意见不断调整学校的专业设置和课程教学，增强乡村教师培养对象对一线教育教学的适应性和针对性。

九是完善组织机构，加强组织保障，成立由分管校长为主任，各相关部门、二级学院领导为成员的学校乡村教师培养工作委员会，统筹推进乡村教师培养各项工作的落实。同时，各相关二级学院也成立相应组织机构，全面负责乡村教师培养工作。

十是推进全校的教师教育教学改革和发展。把学校在乡村教师培养的实践中所积累的经验和做法，推广到整体的师范生教育培养的实践中去，促进在校所有师范生的全面发展，实现创新高师院校人才培养机制，促进高师院校办出鲜明的特色。

二 指向新时期乡村卓越教师必备核心素养的目标定位

2014 年习近平总书记用“四有”定义了“好教师”标准。2015 年国务院《乡村教师支持计划》对乡村教师提出了“下得去、留得住、教得好”要求。2017 年 S 省政府 1 号文提出“持续推进乡村教师定向培养工作”。Y 校基于长期的乡村教育研究引领，历经多年的乡村教育实践探索，将“立德树人”的社会需求，乡村教育本质、目标、过程、教师的专业发展特点等复杂的理论问题，凝练转化为简单明了的“四有”品性和“三维”动力。在全国率先提出了乡村卓越教师的培养规格。习近平总书记提出“四有”好教师标准，是所有教师的必备品格。针对乡村教师的工作特点，Y 校提出乡村教师至少还应该具备“融入乡土社会的内趋力、立足乡村学校的发展力、关爱乡村学生的行动力”三维动力，这是乡村卓越教师的特质。既清晰地勾勒出乡村教师的核心素养，又揭示了面向乡村的教师教育理念与目标。

三 开发人文关怀、文化浸润、能力生成系列课程

系列课程紧扣“基础理论+基础知识+基本技能”“通用能力+核心能力+研究能力”“有奉献精神+有专业视野+有创新意识”目标，以乡村教育实证调研为依据，借鉴国外乡村教育理论，以人文关怀、文化浸润、能力生成为主线，开发了蕴育乡村教师职业情怀、融入地域与学校精神文化、关注乡村儿童探究经验等的凸显乡村教育特殊性的系列课程。课程以人文关怀、文化浸润、能力生成为主线，将乡村教师教育课程整合为对应三大模块，并贯穿于职前、职后各阶段，培育乡村教师“四有”品性和“三维”动力。

（一）开设教师道德与教育情意养成模块课程

开发地方课程资源，构建“铁军精神铸师魂”“煮海为盐育师心”“信仰之光耀师行”等系列课程，将地域精神、校本文化如“铁军精神”

“王强精神”等融入基础课程内容，培育职业信念。开展活动课程：一是以班级为主体，召开“养成良好习惯，提升文明素养”主题班会；二是学习和实践《公民道德建设实施纲要》《大学生守则》《中小学教师职业道德规范》；三是举行《公民道德建设实施纲要》《大学生守则》《中小学教师职业道德规范》知识竞赛；四是观看教育影片，如《冯志远》《美丽的大脚》《我的教师生涯》《一个也不能少》《凤凰琴》《乡村女教师》等，撰写读后感并适时进行交流；五是请2—3名中小学优秀班主任或知名校友为乡村教师班学员做“我的教师生涯”“爱的教育”“在研究性学习中实现”等专场报告，分享他们从教的心得体会，从教学态度、教学方法、学习方法上为学生提供了宝贵经验。

（二）开发蕴育师范生关爱能力的课程

“仁爱之心”源自关爱品质，乡村教师的关爱品质主要在与乡村儿童的互动中养成，开发专修课程，开发基于乡村儿童的情感、心理体验课程，加强乡村教育、乡村文化、留守儿童关爱教育等系列特色教育，将“乡土文化”如乡村童谣赏析与美术创作、民俗体育活动设计等融入实践课程内容，培育乡土情怀。最终使师范生爱乡土、知乡音、近乡情，不仅能悦纳、热爱乡村儿童，且具备情感抚慰、心理支持等专业能力。例如，Y校从2007年起近十年来在第二课堂中发起关爱乡村留守儿童志愿者服务项目。这项活动得到了全校师范生的广泛参与，十年来学生参与人数达到了1600多人。S省农村教育发展研究中心专业研究团队为此项目专门开发和设计了乡村留守儿童发展评估工具，师范生志愿者借助研究工具对乡村留守儿童的身心发展状况进行摸底调查，建立乡村留守儿童发展档案袋，动态监测，对乡村留守儿童的心理问题进行早发现、早预防和结对帮扶，有针对性地开展情感抚慰、习惯养成、学习辅导、行为矫正等关爱活动，志愿者需要在档案袋中做好平时的关爱记录，撰写留守儿童成长日志，并在项目结束后进行“留守儿童成长评价”。此项目的实施极大地促进了师范生和乡村教育在时空上相近、心理上相亲、情感上相融。

（三）提供乡村环境浸润下的学生成长场域

强化学校与乡村学校联合培养未来乡村基础教育教师的机制，保证实习、见习时间，实践环节教学20—22周，累计不低于半年。对实践教学各个环节进行整体设计，形成合理的实践教学模块，建立与理论教学体系相辅相成、结构和功能优化的实践教学体系。将教师技能课程进行整体设计和优化组合，形成具有一定逻辑关系、相互制约、相互促进的实习课程。构建农村初中基础学科（语数英）教师教育教学示范中心，实现资源共享，提高教育实习、见习教学的质量。

各阶段实习的主题、具体目标和组织安排：

第二学年的教育见习：主题是“乡村基础教育考察”。主要目的是通过实地参观、访问、座谈等方式，了解乡村基础教育教学的实际现状，感受乡村教师的现实生活，形成学生对专业基本感知，建立对教师职业的信心。

第三学年的教育见习：主题是“乡村基础教育服务”。目的在于通过学生参与农村基础教育广泛的教育教学活动，如心理健康辅导、家庭教育辅导、班级管理、课堂评价、校内外活动等，实习“教学助理”的角色。与这一阶段的应用性课程的教学相呼应，也可以先实习再生成部分应用性实习课程，由这一阶段的相关科目教师负责实习的设计和实施。

第三学年的教育实习：主题是“乡村基础教育教学观摩”。重点在于观课、评课、教育调查及现代教育技术的运用，与这一阶段的学科教材教法、教育研究方法、现代教育技术等方法与技能的课程学习相结合。由相关专业的教学法教师负责设计、实施。

第四学年的综合实习：主题是“乡村基础教育一显身手”。重点在于在农村基础教育教学现场进行实际的学科教学、班主任工作、教育调查等实践活动。并注意将学生的实习与毕业论文的写作结合起来。由学校及各院系负责设计并组织实施。每个学生要通过“五个实践环节”的考核，即通过微格教学技能训练、写好一个教案、讲好一节课、说好一堂课和做好一节课的多媒体课件。

（四）构建提升乡村教师能力的课程体系

学科专业基础课程以促进学生专业学习和发展为目标。着重突出专业化导向和能力导向，培养具有扎实的教育理论与专业知识的农村基础教育一线教育人才。教师教育课程以培养学生的教育技术能力、教育研究能力和自我反思能力为重点，突出实践导向，指向于农村基础教育教师教育教学能力和科研能力的发展与提升。教师教育课程由以下课程模块组成：

教育理论拓展模块：旨在教育基本知识、基本观念、基本精神的获得、形成和深化。教育理论课程包括现代教育新理念、教育名著选读。现代教育新理念由多个专题讲座组成，设计“教师教育系列讲座”活动方案，专家系列讲座每学年按一定主题设置，按需要调整。教育名著选读采用竞赛与评比的方式进行。

公共教学技能模块：由教师教育学院集中组织实施。以S省师范生教学技能大赛要求为标准，旨在提高实验班学员专业知识的学习和应用能力，推动学生演讲技能、说课技能、课件制作技能、汉字听写技能与粉笔字、钢笔字书写等技能的训练，设计具体课程类别。

教育教学研究模块：旨在对实验班学员科研意识、科研能力、创新能力、专业精神的培养，教育研究能力培养具体的实施方案为：一是教育科研模块。列入乡村教师班课程计划的教育研究能力培养课程主要包括教育研究方法、大学生创新项目、教育问题调查实践等。教育论文写作，由授课教师按照课程教学大纲的要求组织实施。二是研究交流模块。课外自主训练主要开展研究与交流专题活动，包括在导师指导下开展课题研究（或直接参与导师的课题研究），并进行交流讨论；召开课题研究座谈会；撰写研究报告等。三是教学时段安排。第三学年主要是研讨与交流；第二学年主要在导师指导下开展科研；第三学年主要与教学观摩、见习结合起来，开展联系教育教学实际的科研；第四学年主要将教育实习与毕业论文写作结合起来，开展以研究和解决问题为中心的教育科研。

四　以“大学—政府—乡村学校”为共同体实践路径

以“大学—政府—乡村学校”为联盟，即Y校与省内外高校、地方政府、乡村学校组建共同体，通过新疆支教、苏北顶岗等路径，在全实践育人环境中提高乡村教师实践素养。

UGCs“三位一体”协同机制充分利用我校的理论优势、地方政府的资源平台和乡村学校的实践经验，推进区域整体教育教学改革。三方协同才能增加乡村学校的办学活力，提高大学生的社会适应性，发挥政府部门的作用。成立明确三方权责，权责明晰，统筹规划，优势互补。成立常设机构，动态协调，才能做到资源共享、互惠互利。

第一，协议约定协同三方的权责。Y校与教育局行政部门、乡村中小学签订协议，明确三方在协同培养过程中的职责。教育行政部门主要负责规划师范生培养规模和层次，做好师范生培养与教师需求之间的有效对接；同时会同Y校遴选建设师范生教育实践基地，定期反馈新入职教师专业发展情况，为提升培养质量提供依据；制定有关政策，激励中小学幼

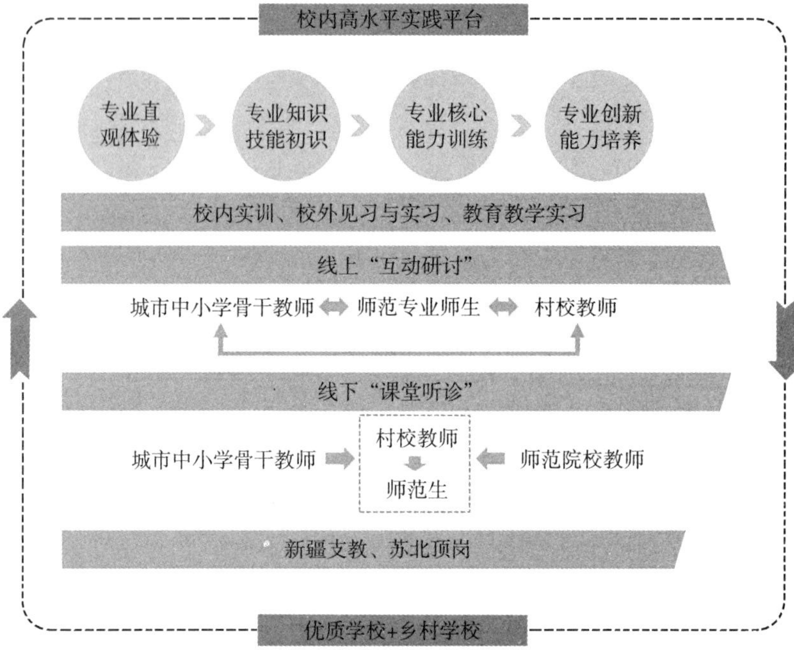

儿园优秀教师和教科研人员到Y校兼职任教。Y校利用自身优势，主动为当地基础教育改革和中小学教师专业发展提供咨询和服务，主动和中小学幼儿园共建教师发展学校，指导学校制定教师发展规划、开发校本课程、开展教育教学研究和实施校本培训，提升学校管理水平和教师专业发展能力。中小学幼儿园要全程参与师范生培养，选派优秀教师参与教师教育课程教学，指导师范生教育实践活动，积极参与Y校开展基础教育研究。

第二，成立协同培养的常设机构。成立乡村教师协同培养领导小组的常设机构，研究和解决协同培养过程中所出现的问题和困难。领导小组成员由高校、地方政府的分管领导或教育主管部门的负责人、中学的校长组成。领导小组下设办公室，专门负责由领导小组集体会商所形成的相关文件、规定、措施的落实、活动的组织开展、相关信息的采集和交流，等等。

第三，全程参与，动态调整，内外融合，共同育人。一是共同论证和制订协同培养方案。高校与地方教育主管部门、中学协同制定培养目标、设计课程体系、建设课程资源、建设实践基地、开展教学研究、评价培养质量和制定评价标准，实现高校、地方政府和基层学校互动合作的机构管理一体化。在乡村卓越教师培养过程中，高校要及时根据教育主管部门和协同中学的反馈意见，及时协同调整人才培养模式，实现乡村卓越教师培养的多维互动，体现共同育人，实现“校—地—校”协同合作互动化。二是筛选和组建协同培养的教学团队。Y 校根据乡村卓越教师联合培养的实践需要，采取“顶层设计、专兼结合、层次合理、动态优化”的原则来筛选和组建教学团队。Y 校将与教学水平高、科研能力强、管理智慧多的中小学资深教师共同组建教学团队，实行校内和校外双导师制。教学团队全程参与乡村卓越教师的教学，实现高校教师理论优势和中小学教师实践优势的互补。三是参与整个教学过程，完善人才评价机制，保证人才培养质量。乡村卓越教师培养课程中的教学、德育、班主任、教育资源开发和学科教学论课程中的教学方法、教学设计、教学常规、教学评价等教育教学内容，可以由从协同培养中小学所聘请的兼职教师在协同培养的中小学为师范生上课，不仅可以克服高校教学中理论和实践脱节现象，还可以增加现场感和可操作性。在协同培养方案的操作过程中，可以制订具体的行动计划，让师范生到协同培养的培训基地去接受教学技能的培训，组织某一方面有专长有研究的教师，指导实验班学员学习和训练。经过若干次的手把手的培训，有效提高师范生的教育教学技能水平。四是顶岗实习，协同培养。坚持双师（高校与一线骨干教师）培养，共同制订培养方案，共同实施培养过程，同时明确各方主体职责。与教育部门签订顶岗实习协议，以乡村教师身份承担一学期教育教学工作。五是对口交流，资源共享。实行师范生培养“国际视野拓展计划”，与台湾彰化师范大学、安格利亚鲁斯金大学等国（境）外高校及研究机构建立“联盟”，与南京师范大学等签订合作协议，选派学生访学交流。六是互动研修，深度支持。依托特色平台（S 省高校哲社重点研究基地——S 农村教育发展研究中心），建立大学、乡村中小学、教科研机构伙伴关系，师范生共同参与，进行课题研究、案例教学、课例分析，互动交流、相辅相成，共同发展。

五　形成“引领、助力、提升”研修机制

以 S 农村教育发展研究中心为平台，开展乡村教师课题研究，引领乡村教师研修意识；以继续教育学院为平台，提供研修指导服务，助力乡村教师发展和研修实践；以国培计划与名师工作坊为平台，推进研修伙伴协

作，提升乡村教师研修能力。健全了乡村卓越教师专业发展的保障体系。管理组织保障，建立了教师教育处、教师教育学院，保障了师生的乡村实践品质，教师优化了管理职能、整合了校内资源；培养机制保障，依托UGCs联盟，利用了各自优势，理顺了乡村教师的培养、管理和使用之间的关系；形成了基于“大学—政府—村校”教师教育联盟和“大学—城市中小学—村校”教研共同体的多样协同培养机制；科研引领保障，以农村教育省级重点研究基地为科研平台，优化了人才培养方案，提高了师生研究能力；社会实践保障，以新疆支教、苏北顶岗为社会实践保障，体验了教育情境，提升了教学能力，培养了教师情感。国培计划、名师工作坊、乡村教师培育站，助力乡村教师职后发展。

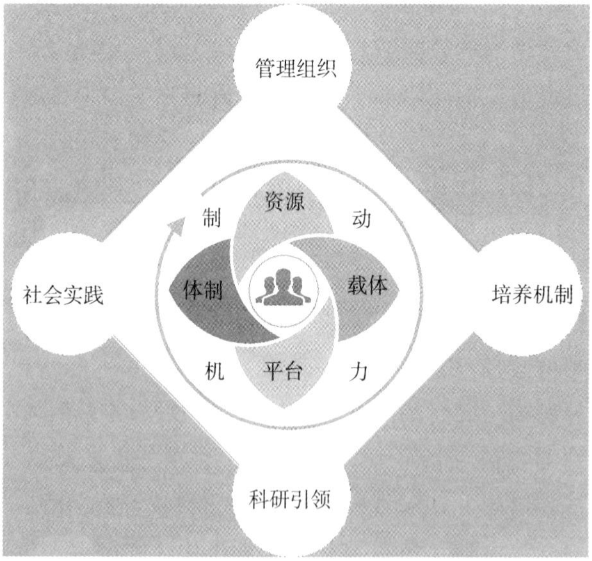

第一，以S省农村教育发展研究中心为平台引领乡村基础教育研究。Y校成立了S省农村教育研究中心，以服务乡村基础教育为宗旨，积极打造乡村教育研究平台，建立与区域乡村中小学联系互动的长效机制，服务和引领乡村基础教育。定期对苏北20多个县（市、区）农村教育状况进行调查和研究，组织开展专项课题研究，编辑出版研究专辑。学校不仅成为区域中小学教师培养基地和中小学教师继续教育基地，也成为基础教育改革研究中心和政府教育决策咨询中心。2015年，获批S省高校哲社重点研究基地。近年来，在研究团队建设、网络构建、成果推广等方面取得了显著的成绩，尤其是2013年以来，形成21份调研报告，先后获教育部副部长郑富芝，教育部教师司原司长许涛、王定华，教育部基础教育司等领导、部门批示采纳意见；完成省部级以上课题34项，其中国家级课题13项。出版著作16部，发表学术论文170余篇，其中78篇发表于CSSCI或SSCI期刊，编制工作简报13份，同时科研成果得到了充分肯定，分别获得省哲社奖8项，厅哲社奖、市哲社奖各12项。创办期刊《农村教育发展研究》，“‘四有’‘三能’乡村教师教育模式的探索与实践”获S省教学成果一等奖、“乡村卓越教师教育研究与实践”获国家教学成果二等奖。

第二，以继续教育学院为平台助力乡村教师发展和研修实践。每年举办两期中学校长研修活动是我校的品牌项目。围绕校长必备素质、办学理念、治校方略、校园文化建设、办学特色凝炼以及基础教育热点问题等内容，通过专家学术讲座、名校长论坛、考察学习、典型解剖、相互交流等灵活多样的形式，开拓校长们的视野，启迪他们的思维，帮助他们成为教育专家、管理行家、教育教学改革的领路人。合并建院以来，教学共举办各类校长研修班100多期，先后有6200人次接受了系统学习和研修，区域近100位省、市级名校长均为研修班的学员。此外，Y校还组织多期县市教育局局长、主管文教的乡镇镇长、乡镇文教助理、乡镇教育视导员、民办教育管理干部研修班，传递教改信息，探索教改新路，引领教改方向，培养了一大批各级各类具有先进教育理念和开拓创新精神的教育管理人才，有力推动了革命老区基础教育的改革与发展。

为适应基础教育改革的需要，Y校长期坚持组织教师深入中小学第一线，积极开展各种咨询和指导服务。Y校派出专家对Y市各县（区）的课程改革进行了大量的指导工作，帮助新课改试验区Y市F区建立了教师论坛，并为该市教师就如何构建师生互动的教学共同体、如何实现信息技术与学科课程的融合、如何处理新课改与高考的关系、如何申报省市科研课题等问题提供咨询服务。Y校教育科学研究所还对S省F高级中学、N高级中学、H高级中学等创新办学理念、提升竞争能力方面进行实践指导，协助其顺利通过四星级高中的评估。Y校多次安排心理研究专家深入中小学开设心理专题的学术讲座，为中小学生进行心理咨询和心理辅导，积极推进中小学的心理健康教育。Y校通过各学科协会和研究会网络，吸纳一线中小学教师入会并参与学术报告会、年会交流等活动，介绍学科前沿动态，报告最新研究成果，探讨学科发展规律，帮助中小学教师站得高一点、了解得多一点、研究得深一点、成长得快一点。近年来，Y校通过举办函授教育，使近20000名教师完成了本、专科学历深造；通过开展教师自学考试辅导，帮助12000多名教师实现了学历达标；通过实施专业证书教育，为800多名教师解决了任职资格问题；通过设立远程教育教学服务站，帮助480多名教师以网络学习方式获得了毕业文凭；通过举办物理、数学和教育管理硕士研究生课程学习班，满足了300多名教师进一步提升学历层次的愿望；通过实施省、市级培训，举办基础教育骨干教师培训班、新课改骨干教师培训班、苏北农村英语教师培训班、苏北农村美术教师培训班、苏北农村“校校通”配套师资培训班等各类培训班271期，使27400多名教师在教育理念、教学能力、科研水平等方面得到了系统培训。在开展师资培训的过程中，Y校大力弘扬铁军精神，心想基础教育，情系农村教师，坚持以实际行动服务于基础教育的师资队伍建设。针对农村中小学教师课务多、家务重、经济承受能力有限的实际，Y校克服职后教育任务重、资源紧张的困难，多年来坚持分县设点，送教上门，尽可能缓解学员的工学矛盾和经济压力，深受学员们的欢迎。Y校的继续教育为农村中小学培训了大量的骨干人才，为革命老区基础教育的固本强基工程做出了突出的贡献，多次受到国家教育部、省教育厅和市教育主管部门的表彰。

第三，以国培计划为平台提升乡村教师研修能力。2012年10月下旬，Y校成功承担了“国培计划（2012）”——初中英语骨干教师研修项目，在教育部组织的网络匿名评估中总体满意度位列全国第6。2013年5月，Y校被新疆维吾尔自治区教育厅正式列为新疆2013年“国培计划”邀标单位，所申报的农村小学语文教师脱产置换培训项目、农村初中数学教师脱产置换培训项目，经新疆维吾尔自治区教育厅组织的专家组严格评审和答辩，顺利通过。这是Y校继新疆实习支教、新疆高校毕业生社区管理和特岗教师培训班之后，进一步深化与新疆教育部门合作的重要内容，也是Y校为西部省份提供智力支持和人才支撑的重要举措。2016年6月，Y校获得了初中语文、初中数学和初中英语三门学科的“国培”示范性项目培训资质，这是继我校2012年获得教育部初中英语一个学科“国培”资质后的又一个重要突破。十多年来，Y校共培训宁夏、青海、甘肃、新疆、新疆生产建设兵团等中西部地区中小学教师10000余人。

2016年起，新增了广西和重庆的项目，使得Y校为基础教育服务区域由中西部向华南和西南拓展。2022年，又获批四川、内蒙古等省、自治区的项目，意味着Y校的服务基础教育教师队伍提升的点与面进一步扩大。

第三节　乡村教师培养范式重构取得的成效

一　职前职后一体化培养实效稳步提升

依托UGCs联盟为基础教育培养了大批优秀乡村教师。Y校师范毕业生每年在中小学就业的有89%，其中到县级及县级以下中小学校就业的毕业生约占总数的72.9%。Y校连续六次被表彰为S省高校毕业生就业工作先进集体。在Y市181所初中和40所九年一贯制学校中，有46%以上的学校校长、62%以上的特级教师、57%的教学名师、71%的学科带头人和教学能手是Y校毕业生。2010—2021年，Y校师范生在全国大学生数学建模竞赛、全国高等师范院校教育专业本科生教学技能大赛等比赛中获得国家级奖项共50多项；在S省历届师范生教学基本功大赛中，近10年获奖率及一等奖的数量稳居全省前列。值得一提的是2022年，一等奖获奖数量遥遥领先于其他高校，获奖总数及获奖率均居全省第一，同时Y校第10次蝉联大赛优秀组织奖。14个师范教育专业全部接受认证并得到充分肯定；教育部简报专题介绍Y校赴新疆实习支教工作；创新创业教育扎实开展，荣获第十五届“挑战杯”全国大学生课外学术科技作品竞赛一等奖，实现“挑战杯”国赛成绩新突破。Y校师范生以把青春留在农村、关爱乡村儿童为己任，积极投身新疆支教和苏北留守儿童教育工作，《光明日报》等多家媒体高度赞扬了Y校师范生高尚的道德情操；Y校师范生长期关注农村学生和农村基础教育，特别是在阜宁6·23灾后心理援助中更是帮助灾区群众和儿童重建信心，《中国青年报》刊登的《一场走进内心的救援》就生动地展现了Y校师范生无私奉献、情系社会的仁爱之心。

“引领、助力、提升”研修机制助推了乡村教师的专业发展。Y校高度重视“国培计划”项目开展工作，承担送教下乡和置换脱产研修项目，将培训“拉长”，通过训前调研、训中座谈、训后走访、建立帮扶关系等形式，真正使参训学员能够实现从教育理念到教学方法的“脱胎换骨”。在教育部教师工作司主办的“国培计划”和“能力提升工程”管理者高级研修班上，Y 校被安排做了大会典型经验交流发言；在教育部针对全国所有承担国培项目机构的网络匿名评价中，Y 校名列前茅。截至 2021 年底，Y 校已取得教育部示范性项目 6 个，中西部项目省份 12 个，加上省市级培训，形成了全年培训 60 个培训班 4000 人的教师培训能力，为宁夏、青海、甘肃、新疆、新疆生产建设兵团、广西、重庆等地区的基础教育提供了智力支持和人才支撑。

在 S 省内，Y 校承担省乡村教师培育站培训项目、省农村中小学骨干教师提高培训项目、省农村中小学校长提高培训等项目，进行教育咨询指导培训，长期坚持组织教师深入中小学第一线，建立了乡村教师论坛，促进乡村中小学教师专业成长。

二　教师专业发展能力不断增强

教师团队潜心开展教学研究收到了显著成效。乡村教师教育团队刻苦钻研，取得了系列研究教研教改成果，实施之后增量明显，新增《中学数学教育学》等省级精品教材 10 多门；新增《心理学实验的理论与实践》省级重点教材近 10 门；新增省高校优秀多媒体教学课件二等奖以上的奖项 10 个；新增《地方本科院校“六位一体”创新创业教育模式的研究与实践》《地方师范院校教师培养的实践研究》省教育厅教改研究课题近 30 多项；获批省教育厅教师培养计划改革项目多项；新增《师范生职业技能培养模式创新实验区》省高等教育人才培养模式创新实验基地 1 个；新增省优秀毕业论文一等奖等近 50 项，新增《情系天山——新疆实习支教优秀作品》《追寻名师的成长足迹》等近 10 项成果。Y 校申报的《东西部教育对口交流　促进教育公平均衡路径探索》获批教育部教师工作司教师队伍建设示范项目。

教师团队聚焦乡村取得了丰硕的学术研究成果。乡村教师教育团队依托 S 农村教育发展研究中心（S 省唯一的农村教育研究平台）等省级教育实践和研究平台，围绕乡村学校内涵发展、乡村学校文化建设、乡村教师与学生心理健康、乡村教师流动、乡村留守儿童、随迁子女学校教育等问题进行深入研究，调研了苏北各市、苏南的南京、苏州、常州，山西的忻州、太原、临汾，甘肃的兰州、天水，新疆的哈密、喀什等地，共发放问卷 5 万多份，进行了 3200 多人次的访谈；召开了座谈、研讨会 400 多场。教师团队与盐城市教育科学研究院联合立项，面向乡村中小学、幼儿园教师开展乡村教育课题研究300多项，承担的相关课题有：《从教育看道德文化的当代困境及教育应对策略研究》《就业压力与大学生社会适应性问题抽样调查研究》等近20项国家级课题、《S省农村教师培训政策执行效应研究》《中小学乡村教师“案例研究”培训模式实证研究》等50多项省部级以上课题。在《教育研究》等杂志发表论文近300篇，出版《乡村卓越教师的培养》《农村教育发展研究》《农村初中课堂运行机制变革——课例分析与故事解读》等著作近30部，形成《农村教育发展问题与对策研究》《中国东部欠发达地区乡村教师队伍建设现状与应对》《农村教育均衡发展系列调查研究》等30多份调研报告。

三　示范辐射效应持续彰显

Y校《乡村卓越教师培养体系研究与实践》成果得到领导专家的高度评价和充分认可。2016年光明日报总编室在《情况反映》中以《教育援疆需“软”“硬”并重——Y校大学生新疆支教采访记》为题撰文；中共中央政治局常委、全国政协主席，中共中央政治局委员、中央统战部部长，新疆维吾尔自治区党委书记等国家和自治区领导先后对此做了批示；教育部简报专题报道了学校支教工作，原中共中央政治局委员、国务院副总理等对此做了亲笔批示；相关调研报告，先后获教育部副部长郑富芝，教育部教师司原司长许涛、王定华，教育部基础教育司等领导、部门批示采纳意见。

成果被教育部简报采纳通报。教育部简报以《Y校积极开展师范生赴新疆实习支教工作》《Y校强化教师教育特色服务地方基础教育改革发展》为题介绍了学校服务地方基础教育改革发展的经验与做法；以《Y校以王强先进事迹为教材上好新生第一课　引导青年学生牢固树立理想信念》为题介绍Y校以王强同志用生命守望马克思主义阵地的先进事迹感染教育新生，发挥榜样引领作用，引导青年学生牢固树立理想信念的做法。

成果被国内主流媒体广泛宣传报道。《光明日报》以《Y校激励学生到老区就业》《Y校：新教师师德从板书开始抓起》《爱洒天山　情播哈密》《教育援疆　东西双赢——Y校大学生新疆支教采访记》为题，《新华日报》以《Y校：心系农教育英才》为题，《中国教育报》以《Y校瞄准高素质教师办学》《Y校选派学生到新疆实习支教　在天山南北的讲台上施展才华》为题进行了专题报道 引起了很大的反响。《光明日报》《新华日报》《江苏教育报》聚焦Y校“与第1000名赴新疆支教人同行”活动，点赞Y校自发组织援疆支教，是平凡学校的大担当。

成果得到国内外同行的普遍认可。教育部原教师工作司司长王定华来Y校调研，他认为Y校的乡村教师培养模式不仅具有鲜明的特点，而且有着重要的推广和借鉴价值。东北师范大学中国农村教育发展研究院院长邬志辉教授指出，“四有”“三维”模式的探索开辟乡村教师教育的新路径。

结语

探索培养乡村优秀教师新路径

教师是立教之本、兴教之源。习近平总书记一直非常重视教育发展和教师工作，强调要全面提升教师素质能力，形成教师人人尽展其才、好老师不断涌现的良好局面。党的二十大报告提出坚持农业农村优先发展，全面推进乡村振兴。让乡村走出贫困，需要村民素质的提升。持续提升村民素质，提高乡村教育质量是重要因素，这需要一支优秀乡村教师队伍的支撑。但乡村优秀教师的缺乏一直是个难题。面向乡村的卓越教师培养与发展的路径在哪里？2007 年，国务院决定在教育部直属师范大学实行师范生免费教育。在教育部直属师范大学师范生免费教育示范引领作用的带动下，北京、新疆、西藏等地师范专业学生全部实行免费教育，上海、江苏、湖北、四川、云南等地在部分师范院校开展师范生免费教育试点，江西、湖南等地开展免费定向培养农村教师工作，广东、甘肃等地实行高校毕业生到农村从教上岗退费政策。2016 年江苏省在南通、盐城、徐州率先开展七年贯通培养定向师范生试点，探索让最优秀的人当老师的实现路径。

一　乡村教师培养体系亟待新变革

21 世纪以来，我国城镇化步伐不断加快，城镇化进程中的乡村教育呈现出新特征：一是乡村教育需要重构价值，推进现代城市文明与乡村优秀传统文化整合，培养切合时代需要的人才；二是乡村学校教育需要强化内涵建设，硬件设施注重教育功能，且能充分利用乡土教育资源，作为实施课程的载体；三是乡村教师需要深度融入乡村生活，参与乡村文明建构、关注乡村发展进程，把为乡村培养可持续发展的人才作为教育教学的目标之一。

在城镇化加速发展的背景下，面对乡村教育呈现的新特征，怎样坚定乡村教师扎根乡村教育的职业信念，怎样增强乡村教师适应乡村教育的业务水平，怎样推动乡村教师在任教后的能力得到进一步提升，地方师范学院面临新挑战。地方师范院校是乡村学校教师来源的主渠道，迫切需要深化教师教育改革，培养一批批“下得去、留得住、教得好、走得远”的乡村卓越教师。

作为教育事业的“工作母机”，处在城镇场域中的地方师范院校以往的培养目标定位很少指向乡村学校，教师教育课程很少体现乡土元素，教育见习、实习大多选择城市优质学校，很少定位乡村学校。因此，面对乡村教育过程中存在的这些问题，需要在培养规格标准、师德师风建设、实践探索路径、课程规划设置、育人体制机制等方面对师范生的培养适时加以改革，以此建构具有乡村教育特征的乡村教师的成长体系。

二　师范定向生试点的江苏实践

早在2007年，南通市即依托南通师范高等专科学校，在全国率先启动初中起点五年一贯制师范定向生培养试点工作。2015年，国务院颁布实施《乡村教师支持计划（2015—2020年）》。同年，各省区市纷纷响应出台《乡村教师支持计划实施办法（2015—2020年）》。江苏省教育厅根据本省的实施办法，启动乡村教师定向培养计划，制定乡村教师定向师范生政策，旨在培养“下得去、留得住、教得好”的乡村教师，希望地方高校与地方政府、教育行政主管部门、中小学协同合作，为当地培养优秀乡村教师，提升乡村师资质量，壮大乡村师资队伍。

2016年，江苏在省内部分高等师范专科学校中开展高中起点师范生定向培养试点。经过探索，本土化的定向招生、多方协同培养与落实有编制的工作等举措，促进生源质量得到提升，培养过程更具针对性。

为了进一步从源头上改变幼儿园、小学师资质量，补充师范类卓越人才，2021年江苏省在盐城、南通、徐州三个设区市进行七年贯通培养定向师范生试点，招收优秀初中毕业生以培育基础教育师资力量，要求“通过五年制专科和本科阶段整体设计、分段考核、有机衔接的方式培养当地农村急需的幼儿园和小学定向师资”。目前，从招生情况来看，学生报名踊跃，多数地区录取分数线与当地四星级高中录取分数线不相上下，有的甚至超出10多分。直通本科毕业和落实编制等优惠政策、招生院校的办学声誉、四方协同的培养方式等取得广泛的社会效应，为培养更高质量的师资提供了基础条件。这也意味着更高的政策期待、更强的成就意愿、更多的问题挑战。

如果说之前的五年贯通培养目标是为了培养“下得去、留得住、教得好”的合格教师，那么七年贯通培养的目标定位应当是“下得去、留得住、教得好”、还要“走得远”的“四有”（有理想信念、有道德情操、有扎实学识、有仁爱之心）好教师。这样的“好”教师应具有怎样的精神特质？从曾经做过乡村教师的陶行知、叶圣陶等教育家身上，我们可以归纳出乡村教育家型教师大多具备以下精神特质：以农为本，强国富民的教育理想；矢志教育，化民成俗的教育信仰；投身乡村建设，浓郁的桑梓情怀；理论与实践相结合，探索研究的革新精神。在乡村，想要成为这样的教育家和教师，不可缺少的是“四有”品性与“三维”动力（融入乡村社会的内驱力、聚焦乡村学校的发展力、关爱乡村学生的行动力）。

三　探索乡村卓越教师培养新路径

无论是为了“公平而有质量”的教育目标，还是“乡村振兴”的社会愿景，承担了乡村教师定向培养任务的高师院校需要更多的思考谋划：要在人才培养方案、培养过程、分段考核中凸现“贯通”，毕业要求中体现新时代教师专业发展“一践行三学会”（践行师德、学会教学、学会育人、学会发展）的新要求，整体设计教育教学体系、课程体系，重视课程思政与思政课程的体系化，且协同推进；做到技能训练、教育实践（见习、实习、研习）、社会实践的有机衔接，四方协同、深度参与人才培养方案的制定与培养过程。

我们还需要进一步思考：怎样针对乡村教育的实际来定向培养一专多能的乡村教师？与非定向师范生培养不同的是，这个培养过程应该更强调通过乡村实践来提升师范生的专业精神。在师范生入学伊始，就需要将以教育实践为主的师能训练与学生的师德师风、师知理论学习加以融合，使学生毕业即能任教。要重视对未来教师的文化熏陶与人格塑造，关注师范生的乡土情怀养成与教师素养提升。

具体来说，可以借助乡村实践来塑造师范生扎根乡村学校、不断追求卓越的专业素养。开发乡村特色课程资源，蕴育师范生的家国情怀、乡村情感，增强乡村教师的身份认同感。一是开发彰显乡村特色的校本课程，研究、设计契合乡村学校教育教学实践需要的课程；二是设计融入乡土文化的学科课程，定期组织教师深入乡村开展调查研究，探寻学科教学资源，将具有地方特色的素材融合到学科课程中；三是开展乡村学生科技文体活动设计，通过组织开展走进乡村学生家庭、寻访优秀乡村教师、体验乡村学校文化等多种形式的社会实践、教育实践、社团活动等，培育师范生的职业精神。

同时，通过构建校外实践、教育体验、教学研究三种平台培养学生乡村教学实践能力，通过教育见习、师德师风教育、乡村学校支教顶岗实习等，使师范生在深厚的乡村教学氛围中不断增强教学设计、实施、评价等方面的能力；组织师范生开展乡村教育专项课题研究，引导他们用科学的课堂观察工具剖析乡村教学样态，以此来理解乡村教育教学现状和对未来教师的需求，积极强化专业素养。

七年师范定向生贯通培养或者本硕/本硕博士贯通培养都是乡村教师培养方式的新探索，教育部等八部门印发《新时代基础教育强师计划》，提出“着力推动教师教育振兴发展，努力造就新时代高素质专业化创新型中小学（含幼儿园、特殊教育，下同）教师队伍，为加快实现基础教育现代化提供强有力的师资保障”。我们期待更多样的、更深层次的探索与试点，且希望这样的探索与试点延伸至教师在乡村学校的可持续发展机制的形成。这也需要得到各级党委政府、教育行政主管部门、教研科研机构、高校以及幼儿园、中小学的密切关注，在理论研究引领、实践路径创新、工作总结提升、政策供给保障等方面协同推进、提质增效，从而在乡村振兴战略、新型城镇化发展、中国式现代化宏大进程中体现教育价值、贡献教育智慧，为加快建设现代化教育强国做出积极的贡献。

参考文献

（一）专著类

［德］埃德蒙德·胡塞尔：《欧洲科学的危机与超越论的现象学》，王炳文译，商务印书馆 2001 年版。

［英］艾森克、基恩：《认知心理学》，高定国译，华东师范大学出版社 2004 年版。

［美］彼德·伦德格伦：《幸福的礼物：做一个快乐的填桶人》，李琳译，中国中福会出版社 2016 年版。

陈琦、刘儒德：《教育心理学》，高等教育出版社 2005 年版。

陈时见：《教师教育课程论》，人民教育出版社 2011 年版。

陈向明：《搭建实践与理论之桥：教师实践性知识研究》，教育科学出版社 2011 年版。

陈振明：《政策科学——公共政策分析标准导论：第二版》，中国人民大学出版社 2004 年版。

陈时见：《教师教育课程论》，人民教育出版社 2011 年版。

（清）戴震：《戴震全集（第 1 卷）》，清华大学出版社 1994 年版。

《当代中国》丛书教育卷编辑室：《当代中国高等师范教育资料选（上册）》，华东师范大学出版社 1986 年版。

［德］德特勒夫·霍斯特：《哈贝马斯》，鲁路译，中国人民大学出版社 2010 年版。

邓晓芒：《康德哲学讲演录》，广西师范大学出版社 2006 年版。

［美］格兰特·威金、杰伊·麦克泰格：《追求理解的教学设计（第二版）》，华东师范大学出版社 2017 年版。

［美］哈瑞·刘易斯：《失去灵魂的卓越：哈佛是如何忘记教育宗旨的》，侯定凯译，华东师范大学出版社 2012 年版。

黄宇红：《知识演化进程中的美国大学》，北京师范大学出版社 2008 年版。

教育学原理编写组：《教育学原理》，高等教育出版社 2019 年版。

靳希斌：《教师教育模式研究》，北京师范大学出版社 2009 年版。

李亚东：《质量保障：从管治到治理——中国特色高等教育质量保障治理体系研究》，上海人民出版社 2018 年版。

李友芝、李春年、柳传欣：《中国近现代师范教育史资料（第 3 册）》，北京师范大学出版社 1983 年版。

李其龙、陈永明：《教师教育课程的国际比较》，教育科学出版社 2002 年版。

刘海峰、史静寰：《高等教育史》，高等教育出版社 2010 年版。

鲁洁：《教育社会学》，人民教育出版社 1990 年版。

骆铮：《中美教师教育实践课程比较研究》，中国社会科学出版社 2012 年版。

［加］马克斯·范梅南：《教学机智：教育智慧的意蕴》，李树英译，教育科学出版社 2001 年版。

［德］马克斯·韦伯：《经济与社会（上卷）》，林荣远译，商务印书馆 1997 年版。

牟宗三：《中国哲学十九讲》，上海古籍出版社 2005 年版。

［加］尼科·斯特尔：《知识社会》，殷晓蓉译，译文出版社 1998 年版。

［英］诺曼·费尔克拉夫：《话语与社会变迁》，殷晓蓉译，华夏出版社 2003 年版。

钱穆：《文化与教育》，广西师范大学出版社 2004 年版。

［美］舒尔曼：《实践智慧：论教学、学习与学会教学》，华东师范大学出版社 2014 年版。

［美］唐纳德·A. 舍恩：《反映的实践者：专业工作者如何在行动中思考》，夏林清译，北京师范大学出版社 2007 年版。

陶行知：《陶行知教育箴言》，哈尔滨出版社 2011 年版。

田海龙：《批判话语分析：阐释、思考、应用》，南开大学出版社 2014 年版。

（明）王龙溪：《王龙溪全集（卷 1）》，华文书局 1970 年版。

（明）王守仁：《王阳明全集（上）》，吴光、钱明、董平、姚延福编校，上海古籍出版社 2011 年版。

王充：《论衡》，高苏垣集注，商务印书馆 1947 年版。

王艳玲：《教师教育课程论》，华东师范大学出版社 2011 年版。

王颖等：《乡村教师继续教育 I-U-G-S 模式构建研究》，光明日报出版社 2023 年版。

王少勇：《美国中小学教师教育课程史研究》，武汉大学出版社 2023 年版。

魏戈：《教师实践性知识的生成》，教育科学出版社 2020 年版。

邬志辉：《中国农村教育评论（第 4 辑）——农村教育：文化与社会》，社会科学文献出版社 2021 年版。

吴康宁：《教育社会学》，人民教育出版社 1998 年版。

肖川：《教育的理想与信念》，岳麓书社 2002 年版。

徐复观：《中国人文精神之阐扬》，中国广播电视出版社 1996 年版。

［德］雅斯贝尔斯：《时代的精神状况》，王德峰译，上海译文出版社 1997 年版。

殷海光：《学术与思想（三）》，桂冠图书公司 1990 年版。

余文森：《个体知识与公共知识》，教育科学出版社 2010 年版。

余英时：《现代儒学的回顾与展望》，生活·读书·新知三联书店 2005 年版。

袁桂林：《西部农村基础教育行动研究》，人民教育出版社 2011 年版。

袁振国：《教育政策学》，江苏教育出版社 1996 年版。

［美］约翰·杜威：《民主与教育》，薛绚译，译林出版社 2012 年版。

［美］约翰 I. 古德莱德等：《提升教师的教育境界：教学的道德尺度》，教育科学出版社 2015 年版。

［美］约翰·S. 布鲁贝克：《高等教育哲学》，王承绪、郑继伟、张维平等译，浙江教育出版社 2001 年版。

［美］约翰·罗尔斯：《作为公平的正义：正义新论》，姚大志译，中国社会科学出版社 2002 年版。

中共中央马克思恩格斯列宁斯大林著作编译局：《马克思恩格斯全集（第三卷）》，人民出版社 2002 年版。

钟启泉：《课程论》，教育科学出版社 2007 年版。

钟启泉著：《课程与教学概论》，华东师范大学出版社 2008 年版。

朱旭东等：《中国教师教育体系研究》，北京师范大学出版社 2020 年版。

周晔：《乡村教师发展》，华东师范大学出版社 2020 年版。

Boghossian P. Fear of Knowledge：Against Relativism and Constructivism, Oxford：Oxford University Press, 2006.

Bogue E. G. , Saunders R. L. The evidence for quality：strengthening the tests of academic and administrative effectiveness, San Francisco：Jossey Bass, 1992.

Elbaz F. Teacher Thinking：A Study of Practical Knowledge, London：Croom Helm, 1983.

Hearn J. Claiming Scotland：national identity and liberal culture, Edinburgh：Edinburgh University Press. 2000.

Humes W. The origins and development of curriculum for excellence：Discourse, politics and control, PRIESTLEY M. , BIESTA G. Reinventing the curriculum：new trends in curriculum policy and practice, 2013.

Jackson P. W. The Practice of Teaching, Teachers College Press, 1986.

Koehler M. J. , Kereluik K. , et al. The technological pedagogical content knowledge framework ［M］ //Handbook of research on educational communications and technology. New York：Springer, 2014.

Jesson J. K., Matheson L., Lacey F. M. Doing Your Literature Review：Traditional and Systematic Techniques, Los Angeles：Sage, 2011.

Priestley M. , Biesta G. Reinventing the curriculum：new trends in curriculum policy and practice, London：A&C Black. 2013.

Ricoeur P. Oneself as another, Chicago：The University of Chicago Press, 1992.

Schond. Educating the Reflective Practi – tioner, San Francisco：Jossey Bass, 1987.

（二）硕博论文类

陈弘：《基于差异发展的中国卓越小学教师培养研究》，硕士学位论文，杭州师范大学，2019 年。

崔秀兰：《二战后英国卓越教师政策发展研究》，硕士学位论文，哈尔滨师范大学，2019 年。

邓海珍：《用马丁·布伯“相遇”哲学解读〈拉维尔斯坦〉》，博士学位论文，齐齐哈尔大学，2013 年。

付光槐：《基于解放旨趣的职前教师教育课程重构研究》，博士学位论文，西南大学，2016 年。

姜美玲：《教师实践性知识研究》，博士学位论文，华东师范大学，2006 年。

李铁绳：《我国教师教育专业化演进及其逻辑研究》，博士学位论文，陕西师范大学，2019 年。

庞昊：《卓越小学教师核心素养体系构建及职前培养对策研究》，硕士学位论文，大连大学，2019 年。

曲文静：《基于卓越教师职前培养的教师教育共同体建设研究——以 S 师范大学教育硕士培养为例》，硕士学位论文，沈阳师范大学，2021 年。

任亚男：《卓越教师培养视角下师范类本科专业人才培养问题研究》，硕士学位论文，东北石油大学，2021 年。

宋林静：《卓越小学教师职前培养研究——基于中师优秀教育传统分析的视角》，硕士学位论文，东北师范大学，2020 年。

王健：《我国教师教育学的逻辑起点研究及学科体系构建》，博士学位论文，华东师范大学，2009 年。

王蔚蔚：《卓越教师职前培养体系探究——基于中国和芬兰的比较研究》，硕士学位论文，三峡大学，2021 年。

王艳玲：《培养“反思性实践者”的教师教育课程》，博士学位论文，华东师范大学，2008 年。

杨柳：《当代美国卓越教师的职前培养》，博士学位论文，哈尔滨师范大学，2019 年。

杨燕燕：《论教育实践课程》，博士学位论文，华东师范大学，2011 年。

于喆：《新世纪德国职前教师教育改革研究》，博士学位论文，东北师范大学，2015 年。

曾玉云：《美国卓越教师职前培养项目研究——以三所大学为例》，

硕士学位论文，湖南科技大学，2019年。

郑旭东：《面向我国中小学教师的数字胜任力模型构建及应用研究》，博士学位论文，华东师范大学，2019年。

周春良：《卓越教师的个性特征与成长机制研究——基于163位特级教师的调查》，博士学位论文，华东师范大学，2014年。

（三）期刊类

陈玲、陶好飞、谢明昊：《论第二课堂在人才培养过程中的作用——以高校一二课堂学习联动为中心》，《北京师范大学学报》（社会科学版）2019年第5期。

陈鹏、王辉：《我国产教融合政策的生产、分配与消费——话语分析的视角》，《教育研究》2019年第9期。

陈时见、李培彤：《教师教育学科建设的时代意蕴与现实路径》，《教师教育学报》2021年第1期。

陈文娇：《教师教育课程供求的不平衡分析——基于某地方综合性大学师范生的调查》，《教师教育研究》2018年第6期。

陈一铭、祁占勇：《师范院校"教育设计"课程的开创——基于卓越教师培养的思考》，《教育学术月刊》2022年第1期。

成素梅：《技能性知识与体知合一的认识论》，《哲学研究》2011年第6期。

程光旭、陈鹏、杨聚鹏：《以教师教育为主要特色的综合性研究型大学建设策略研究》，《当代教师教育》2015年第4期。

戴伟芬：《乡村教师混合培训路径——基于第三空间理念》，《教育研究》2022年第8期。

丁钢等：《中国高等师范院校师范生培养状况调查与政策分析报告》，《教育研究》2014年第11期。

董新良、闫领楠、赵越：《教师教育课程一体化构建：问题、理念及对策——以地方高师院校为例》，《教师教育研究》2020年第1期。

段伟丽、汪安冉：《回顾与展望：新中国成立70年来乡村教师教育政策变迁》，《中国成人教育》2020年第5期。

冯现冬：《唤醒生命"自觉"：对教育本质的思考》，《当代教育科学》2016年第11期。

付安权：《美国在线教师专业发展标准与启示》，《外国教育研究》

2008年第11期。

付光槐：《论职前教师教育课程内容建构的逻辑转向——从“学科逻辑”到“教师生活逻辑”》，《高教探索》2021年第7期。

付积、王牧华：《基于馆校合作的美国教师教育课程探索及挑战》，《外国教育研究》2021年第2期。

顾志平：《乡土课程实践体验基地的建设实践——乡土课程建设（十一）》，《现代教育》2015年第11期。

郝德永：《不可“定义”的教育：论本质主义教育思维方式的终结》，《教育研究》2009年第9期。

郝德永：《示范性师范大学建设的标准、要件与对策》，《教育研究》2021年第2期。

郝祥军、顾小清：《技术促进未来教育：以教育企业之眼预见未来教与学》，《电化教育研究》2021年第8期。

何齐宗、刘小龙：《乡村教师专业核心素养的现状与对策——基于江西省乡村教师的调查分析》，《课程·教材·教法》2022年第7期。

贺静霞、樊香兰：《守正与创新：乡村教师专业性和公共性的百年演绎》，《中国教育学刊》2023年第9期。

侯晋川、梁永平：《高等师范教育改革的基本思路》，《山西师大学报》（社科版）2003年第1期。

胡春明：《论“生活世界”理论视野中的教师教育》，《江苏高教》2006年第6期。

胡惠闵、崔允漷：《〈教师教育课程标准〉研制历程与问题回应》，《全球教育展望》2012年第6期。

胡伟希：《论人文学作为“精神科学”——兼论中国人文精神教化之学的特质》，《华东师范大学学报》（人文社科版）2016年第3期。

黄甫全、游景如、涂丽娜、曾文婕：《系统性文献综述法：案例、步骤与价值》，《电化教育研究》2017年第11期。

黄清：《论教师知识的内涵、类型及其建构》，《天津师范大学学报》（基础教育版）2006年第3期。

黄志成：《弗莱雷解放教育课程建构论述评》，《全球教育展望》2003年第2期。

吉恩·克兰迪宁、鞠玉翠：《知识与课程开发：教师教育的新图景》，

《教育研究》2009 年第 4 期。

姜继为：《优化地方普通师范院校课程设置的几点建议》，《中国教师》2019 年第 12 期。

姜勇、底会娟：《基于文化存在论教育学，建设以“精神成长”为指引的教师教育课程》，《全球教育展望》2020 年第 3 期。

姜子云、刘佳、王聪颖：《重构与重建：教师教育公共教育学课程建设的“乡土表达”》，《教育发展研究》2021 年第 21 期。

蒋亦华：《新世纪我国乡村教师政策文本的多维审视》，《教育发展研究》2019 年第 20 期。

金美福：《学科化的教师教育课程与教学形成原理：解析埃德蒙·金对比较教育作为教师教育课程的描述》，《外国教育研究》2007 年第 10 期。

金志峰、吕武：《我国农村教师补充政策：变迁、困境及路径选择》，《学习与探索》2017 年第 9 期。

孔令帅、王楠楠：《多方协作：美国乡村教师培训的经验与启示》，《教师教育研究》2022 年第 1 期。

黎琼锋：《导向深度学习：高校课堂教学改革的路径口》，《现代教育管理》2020 年第 3 期。

李朝阳：《古德莱德的师范教育改革设想探析》，《比较教育研究》2008 年第 11 期。

李晶晶、李家恩：《全科师范生乡情课程模块建设管窥》，《中国教育学刊》2019 年第 11 期。

李静美：《当前我国乡村教师补充的核心问题探讨》，《教育理论与实践》2020 年第 4 期。

李梁：《师范院校教育实践课程探索——以温州大学小学教育专业为例》，《教育研究》2017 年第 4 期。

李宁、张晓琳、王绍媛：《乡村教师何以坚守：基于教师职业信念视角的实证分析》，《教育发展研究》2022 年第 6 期。

李铁安：《让课堂彰显育人的本体功能》，《教育研究》2018 年第 10 期。

李廷洲、陆莎、尚伟伟等：《社会网络建构下的乡村教师政策执行研究》，《中国教育学刊》2020 年第 7 期。

李伟：《建国以来我国高师教育实习政策的演变》，《焦作大学学报》2006 年第 1 期。

李政涛：《我们时代的教育学教育：以教师的教育学教育为例》，《高等教育研究》2008 年第 2 期。

林一钢、张书宁：《进入 21 世纪以来我国乡村教师政策文本的话语分析》，《现代教育管理》2022 年第 1 期。

蔺海洋、谢敏敏：《新生代乡村教师形象及其塑造路径》，《湖南师范大学教育科学学报》2019 年第 6 期。

刘国永：《现实人与虚拟人的对话：网络朝代教育主体的交往方式》，《南京师大学报》（社会科学版）2001 年第 5 期。

刘莉：《唤起我们时代的成人自觉：读刘铁芳〈追寻生命的整全：个体成人的教育哲学阐释〉》，《湖南师范大学教育科学学报》2017 年第 5 期。

刘善槐、王爽、武芳：《我国农村小规模学校教师队伍建设研究》，《教育研究》2017 年第 9 期。

刘万海：《论课程评价范式发展的趋向与特征》，《课程 · 教材 · 教法》2002 年第 1 期。

刘伟、李高林、卞玉洁：《UGS 背景下师范生教育实践管理研究》，《黑龙江教育》（高教研究与评估）2020 年第 3 期。

刘义兵、汪安冉：《乡村教师队伍建设高质量发展：逻辑理路、体系契机与发展路向——基于“输入—输出”一体化视角》，《现代教育管理》2022 年第 4 期。

柳海民：《新世纪中国师范教育改革与发展构想》，《东北师大学报》（哲社版）2000 年第 2 期。

吕银芳、李威、祁占勇：《改革开放 40 年乡村教师政策的变迁逻辑与未来走向》，《现代基础教育研究》2018 年第 3 期。

马万民：《试述高等教育质量观的演进与建构》，《高等工程教育研究》2007 年第 4 期。

马云鹏等：《教师专业知识的测查与分析》，《教育研究》2010 年第 12 期。

毛菊、朱旭东：《论教学专业的高深知识：困境、重构与保障》，《课程 · 教材 · 教法》2020 年第 12 期。

苗睿岚：《乡土回归与农村教育：农村基础教育的目标与定位》，《教育理论与实践》2017 年第 16 期。

彭正梅、伍绍杨、邓莉：《如何培养高阶能力——哈蒂“可见的学习”的视角》，《教育研究》2019 年第 5 期。

任胜洪、黄欢：《乡村教师政策 70 年：历程回顾与问题反思》，《吉首大学学报》（社会科学版）2019 年第 6 期。

容中逵、阴祖宝：《乡村教师在地性的意义澄明与实现图景》，《教师教育研究》2023 年第 3 期。

上海市教育评估院：《区域流动：质量保障领域中的合作——亚太地区质量保障网络组织学术研讨会暨第二届年会综述》，《教育发展研究》2006 年第 9 期。

邵泽斌：《新世纪国家对农村教师队伍建设的特别性支持政策：成效、问题与建议》，《南京师大学报》（社会科学版）2010 年第 5 期。

宋林飞：《乡土课堂教学实践形态之建构与探究》，《上海教育》2019 年第 1 期。

苏文兰：《地方师范院校教师教育课程改革的走向与实践》，《肇庆学院学报》2018 年第 1 期。

覃洁莹：《基于学生视角的地方高师院校教师教育课程教学现状调查》，《教育观察》2019 年第 31 期。

唐松林：《理想的寂灭与复燃：重新发现乡村教师》，《中国教育学刊》2012 年第 7 期。

唐智松、高娅妮：《“教育学”课程的窄化与重构》，《课程 · 教材 · 教法》2017 年第 9 期。

万红梅、唐松林：《21 世纪我国乡村教师政策的交叉组合、逻辑起点与反思超越》，《湖南师范大学教育科学学报》2020 年第 4 期。

王芳：《教师教育理论课程教学模式改革探析》，《现代教育管理》2021 年第 4 期。

王芳、杨晓：《大学生假期回乡教育实践的社会价值——一种教育社会学视角的认知》，《教育理论与实践》2014 年第 9 期。

王红：《师范类专业认证：撬动师范教育内涵发展改革的支点》，《北京教育：普教版》2019 年第 10 期。

王红、罗晓丹：《“目的适切性”：师范类专业认证何以促进教师教育课程质量观的转变》，《华南师范大学学报》（社会科学版）2022 年第 1 期。

王红蕾、吕武：《改革开放以来我国农村教师政策的演进与改革路径》，《现代教育管理》2017 年第 5 期。

王加强：《“教”可教吗？——教师教育理论前提的哲学反思》，《教育学报》2012 年第 5 期。

王鉴、苏杭：《略论乡村教师队伍建设中的“标本兼治”政策》，《教师教育研究》2017 年第 1 期。

王金旭、朱正伟、李茂国：《成果导向：从认证理念到教学模式》，《中国大学教学》2017 年第 6 期。

王美：《教师在线专业发展（oTPD）：背景、研究 、优势及挑战》，《教师教育研究》2008 年第 6 期。

王孙禺、赵自强、雷环：《中国工程教育认证制度的构建与完善——国际实质等效的认证制度建设十年回望》，《高等工程教育研究》2014 年第 5 期。

韦成龙、何旭明：《构建“一对接四合作三服务”体系 提高人才培养能力》，《中国高等教育》2018 年第 8 期。

韦成龙、何旭明、武立民等：《地方师范院校教育类课程改革：问题与路径》，《邢台学院学报》2018 年第 2 期。

魏戈、吕雪晗：《从实践性知识反思教师教育课程改革——基于师范生教学视频的实证研究》，《教师教育研究》2022 年第 4 期。

闻志明、付加留、朱友良、段元美：《整合人工智能技术的学科教学知识（AI-TPACK）：内涵、教学实践与未来议题》，《远程教育杂志》2020 年第 5 期。

项贤明：《当前我国基础教育教师队伍建设中的若干问题探析》，《中国教育学刊》2017 年第 5 期。

肖林、郑智勇、宋乃庆：《嵌入性理论视域下乡村教师培训动力机制探赜》，《东北师大学报》（哲学社会科学版）2022 年第 4 期。

肖起清：《新师范背景下乡村教师教育新模式探索与实践》，《国家教育行政学院学报》2021 年第 10 期。

肖庆华：《新生代乡村教师适应性教学专长的式微及其消解路径》，《教师教育研究》2022 年第 1 期。

徐浩：《中国当代公共话语中的中小学教师形象研究》，《全球教育展望》2020 年第 11 期。

徐佳、吴刚平：《教师教育课程资源建设的问题与策略》，《高等教育研究》2007 年第 9 期。

徐文娜、李潮海：《“特岗计划”实施的现实困境与优化建议——基于辽宁省三个县区“特岗计划”实施情况的实地调研》，《现代教育管理》2020 年第 5 期。

许怀雪、秦玉友：《政策工具视角下农村师资补充政策研究——基于2001—2018 年农村师资补充政策文本的分析》，《教师教育研究》2019 年第 6 期。

许美德、李军：《世界教师教育发展的历史比较》，《教育研究》2009 年第 6 期。

薛皓洁：《新建师范院校转型发展：目标取向、行动策略与管理机制》，《黑龙江高教研究》2017 年第 12 期。

薛晓阳：《农村德育的道德价值及其自我建构》，《教育理论与实践》2012 年第 19 期。

杨爱华：《科学文化与人文文化分裂的原因探析》，《武汉理工大学学报》（社会科学版）2001 年第 4 期。

杨九民、宁国勤、郑旭东、李文昊、喻邱晨：《智能时代卓越数字教师能力导向的“现代教育技术应用”课程重构》，《课程与教学》2021 年第 12 期。

杨跃：《生活史：一种重要的教师教育课程资源》，《课程·教材·教法》2009 年第 10 期。

杨宗凯：《变革时代的教育创新——先进教室、数字教师、未来教育》，《人民教育》2014 年第 12 期。

叶澜：《“教育的生命基础”之内涵》，《山西教育》2004 年第 6 期。

佚名：《国家教委要求大力发展和加强师范教育》，《人民教育》1986 年第 6 期。

尹睿、蔡佳、戴湘仪：《ICT-TPCK 的基本原理与方法：一个基于技术实现经验转化的个案》，《电化教育研究》2013 年第 5 期。

于海洪、王殿东：《大数据时代地方师范院校培养乡村教师的供给侧改革》，《大学教育学》2017 年第 2 期。

余德英、王爱玲：《教师教育课程范式变革及其启示》，《教育理论与实践》2018 年第 1 期。

余应鸿、常宝宁：《乡村教师配置政策及其优化研究》，《教师教育研究》2020 年第 3 期。

余英时：《历史女神的新文化动向与亚洲传统的再发现》，《九州学刊》1992 年第 2 期。

曾文婕、蒋慧芳、周子仪：《指向知识创造的教师教育课程创新——基于卓越小学教师培养的探索》，《教育发展研究》2020 年第 15—16 期。

曾文婕、柳熙：《获得 · 参与 · 知识创造——论人类学习的三大隐喻》，《教育研究》2013 年第 7 期。

张虹、刘建银：《“国培计划”实施中农村小学教师的培训需求分析——以重庆市农村小学教师培训为例》，《教育理论与实践》2012 年第 11 期。

张乐、郭绍青、陈莹：《“现代教育技术”教师教育课程内容体系改革研究》，《电化教育研究》2014 年第 9 期。

张雅静：《卓越教师培养的内涵、特质及其国际经验》，《中国高等教育评估》2017 年第 4 期。

张妍、曲铁华：《中国共产党百年农村教师政策回眸与前瞻》，《现代教育管理》2021 年第 6 期。

张英宙：《学科教育：教育发展的战略重点》，《教育科学研究》2011 年第 8 期。

张赵姝影、郑东辉：《基于高频词汇的国家减负政策分析》，《教师教育研究》2016 年第 2 期。

张竺鹏：《农村劳动力转移培训：问题与对策》，《教育研究》2006 年第 8 期。

赵家春、李中国：《从实习场到实践共同体：教师职前实践的组织建设策略》，《教育发展研究》2015 年第 18 期。

赵康：《专业、专业属性及判断成熟专业的六条标准：一个社会学角度的分析》，《社会学研究》2000 年第 5 期。

赵婷婷：《从精英到大众高等教育质量观的转变》，《江苏高教》2002 年第 1 期。

赵英、文丽娟：《美国卓越教师教育课程特征研究——基于密歇根州立大学教师教育课程案例分析》，《比较教育研究》2020年第1期。

郑旭东、马云飞、岳婷燕：《欧盟教师数字胜任力框架：技术创新教师发展的新指南》，《电化教育研究》2021年第2期。

周彬：《教师教育专业知识：生成、积累与课程转化》，《教育研究》2021年第7期。

周谷平、余源晶：《近30年来政策话语对教育公平的关注——基于〈教育部工作要点〉的实证研究》，《教育研究》2012年第2期。

周林莎：《苏格兰课程改革中的职前教师教育创新：多元叙事分析》，《比较教育研究》2021年第9期。

周晔、何畔：《乡村振兴中乡村教师的新乡贤角色——公共性视域的考论》，《教育研究》2023年第4期。

周晔、徐好好：《乡村教师在乡村振兴中的应为与可为》，《苏州大学学报》（教育科学版）2022年第3期。

朱伟文、李亚东：《试论专业认证推进大学质量文化建设的价值、局限和着力点》，《教育发展研究》2020年第7期。

朱晓宏：《经验、体验与公共教育学：现象学视野中的高师公共教育学教学改革》，《教师教育研究》2007年第6期。

朱晓宏、王蒙：《教师教育大学化：反思与重构》，《华东师范大学学报》（教育科学版）2022年第3期。

朱旭东：《论当前我国三轨多级教师教育体系》，《教师教育研究》2015年第6期。

朱旭东：《论教师的全专业属性》，《教育发展研究》2017年第10期。

朱旭东：《论教师专业发展的理论模型建构》，《教育研究》2014年第6期。

朱旭东、李琼：《论我国教师教育的二次转型 》，《教育学报》2014年第5期。

邹慧明：《控制导向的课堂教学及其超越：走向“学习机会公平”》，《中国教育学刊》2020年第4期。

Adriana E. Aquino. Sharing Our Teachers：The Required Graduate Class at the American Museum of Natural History for Lehman College（CUNY）. The New Educator，2010，6：225-246.

Allas R. , Leijen A. , Toom A. Supporting the construction of teacher's practical knowledge through different interactive formats of oral reflection and written reflection, Scandinavian Journal of Educational Research, 2017, 61 (5): 600-615.

Chin C. C. Museum Experience-A Resource for Science Teacher Education. International Journal of Science and Mathematics Education, 2004, 2 (1): 63-90.

Clandinin D. J. , ConnellY F. M. Teachers' personal knowledge: What counts as personal in studies of the personal. Journal of Curriculum Studies, 1987, 19 (6) : 487-500.

Drucker P. F. The Rise of the Knowledge Society, The Wilson Quarterly, 1993, (2).

Espinoza F. Combining Theory and Practice in the Teaching of Science Institutions: A Collaborative Program between the City University of New York and the American Museum of Natural History. Journal of Mathematics and Science: Collaborative Explorations, 2000, 3 (1): 35-40.

Hall C. Schulz R. Tensions in Teaching and Teacher Education: Professionalism and Professionalism in England and Canada, Compare, 2003 (3): 369-386.

Kali Y. , Sagy O. , Benichou M. , et al., Teaching expertise reconsidered: the technology, pedagogy, content and space (TPeCS) knowledge framework, British journal of educational technology, 2019, 50 (5): 2162-2177.

Kisiel J. Introducing Future Teachers to Science Beyond the Classroom. Journal of Science Teacher Education, 2013, 24: 67-91.

Macdonald M., Sloan H., Miele E., Powell W., Silvermail D., Kinzler R. & Simon C. Improving Urban Earth Science Education: The TRUST Model, Journal of Geoscience Education, 2008, 56 (3) : 269-279.

Mcpherson A. The reproduction of an ideology of egalitarianism in Scottish education since 1860, Integrated Education, 1984, 21 (1-6): 235-252.

Mishra P. , Koehler I. J. Technological pedagogical content knowledge: a framework for teacher knowledge, Teachers college record, 2006, 108 (6): 1017-1054.

Morentin M., & Guisasola J. The Role of Science Museum Field Trips in the Primary Teacher Preparation, International Journal of Science and Mathematics Education, 2015, 13 (5) : 965-990.

Morton R. Class in a "classless" society: the paradox of Scottish egalitarianism. Scottish Affairs, 2011, 75 (1): 83-99.

Olson J. K., Cox-Petersen A. M. & McComas W. F. The Inclusion of Informal Environments in Science Teacher Preparation, Journal of Science Teacher Education, 2001, 12 (3): 155-173.

Phyllis Katz, J. Randy McGinnis, Emily Hestness, Kelly Riedinger, Gili Marbach - Ad, Amy Dai & Rebecca Pease. Professional Identity Development of Teacher Candidates Participating in an Informal Science Education Internship: A focus on drawings as evidence, International Journal of Science Education, 2011, 33: 9: 1169-1197.

Picciano A. G. & Steiner R. V. Bringing the Real World of Science to Children: A Partnership of the American Museum of Natural History and the City University of New York. Journal of Asynchronous Learning Networks, 2008, 12 (1): 69-84.

Popenici S. A. D. , Kerb S. Exploring the impact of artificial intelligence on teaching and learning in higher education, Research and practice in technology enhanced learning, 2017, 12 (1): 1-13.

Priestley M. , Humes W. The development of Scotland's curriculum for excellence: amnesia and déjà vu. Oxford Review of Education, 2010, 36 (3): 345-361.

Pruitt S. L. The Next Generation Science Standards: The Features and Challenges. Journal of Science Teacher Education, 2014, 25 (2): 145-156.

Riedinger K., Marbach-Ad G. , McGinnis J. R., Hestness E. & Pease R. Transforming Elementary Science Teacher Education by Bridging Formal and Informal Science Education in an Innovative Science Methods Course, Journal of Science Education and Technology, 2011, 20 (1): 51-64.

Rosenberg J. M. , Koehler I. J. Context and technological pedagogical content knowledge（TPACK）：a systematic review. Journal of research on technology in education，2015，47（3）：186–210.

Saad M.，Barbar A. M.，Abourjeili S. A. R. Introduction of TPACK–XL：a transformative view of ICT–TPCK for building pre–service teacher knowledge base，Turkish journal of teacher education，2012，1（2）：41–60.

Shulman L. S. Knowledge and Teaching：Foundations of the New Reform，Harvard Educational Review，1987，57（1）：1–22.

Somers M. R. Narrativity，narrative identity，and social action：rethinking English working–class formation，Social Science History，1992，16（4）：591–630.

Somers M. R. The narrative constitution of identity：a relational and network approach. Theory and Society，1994，23（5）：605–649.

Spady W. G. Choosing outcomes of significance. Educational leadership，1994（6）：18–22.

Stevens D. A freirean critique of the competence model of teacher education，focusing on the standards for qualified teacher status in England. Journal of Education for Teaching，2010，36（2）：18–196.

Watson C. Educational policy in Scotland：inclusion and the control society. Discourse：Studies In The Cultural Politics of Education，2010，31（1）：93–104.

（四）报纸类

陈鹏：《事关 1586 万基础教育教师——八部门联手，培养高素质“引路人”》，《光明日报》2022–4–15（8）。

黄浩：《教师教育的新使命》，《中国教师报》2022–3–2（13）。

黄浩、康丽：《教育部等八部门发布〈新时代基础教育强师计划〉打造基础教育的“大国良师”》，《中国教师报》2022–4–20（1）。

李玉兰：《“双减”，呼唤高师教育“加课”》，《光明日报》2022–2–22（13）。

吕立杰：《基础教育课程变革与教师教育的挑战》，《中国教师报》2018–9–12（3）。

肖晓燕：《〈家庭教育促进法〉实施 教师教育如何与时俱进》，《中国教师报》2021–12–1（3）。

张欣琪：《数字素养为何成为教师“必修课”：来自欧盟和挪威的样本分析》，《中国教师报》2021-10-27（3）。

周震：《联动与协同：共创教师教育新样态》，《中国教师报》2021-12-8（11）。

（五）网络文本类

American Alliance of Museums.（n. d.）. Museum Facts [EB/OL]. [2020-08-28] http：//www. aam-us. org/about-museums/museum-facts.

British Educational Research Association. [EB/OL].（2018-06-20）[2020-08-. https：//www. bera. ac. uk/publication/ ethical-guidelines-for-educational-research-2018.

Carlin Bergheim. Reflection and Inquiry in Secondary English Teaching Practices I Syllabus [EB/OL].（2017-08-25）[2018-09-20]. http：//www. education. msu. edu/te/ Secondary/ Forms-Documents. asp.

Education Scotland. What is curriculum for excellence? [EB/OL].（2020-08-01）[2020-08-19]. https：//education. gov. Scot/education-Scotland/Scottish-education-system/policy-for-Scottish-education/policy-drivers/cfe-building-from-thestatement-appendix-incl-btcl-5/what-is-curriculum-for-excellence.

Education Scotland. Curriculum for excellence benchmark. [EB/OL].（2019-12-10）[2020-08-23]. https：//education. gov. Scot/improvement/learning-resources/ curriculum- for- excellence- benchmarks/.

2020 软科中国大学排名 [EB/OL]. https：// baijiahao. baidu. com/s? id= 16667 26815545257811&wfr=spider&for=pc，2020-05-15.

Ha Nguyen. Reflections on Learning Syllabus [EB/OL].（2017-05-15）[2018-09-20]. http：//www. education. msu. edu/te/ Secondary/ Forms-Documents. asp.

Jerome L.，BROOK V. Critiquing the “national standards for school —based initial teacher training mentors” in England. International Journal of Mentoring and Coaching in Education. [EB/OL].（2019-08-01）[2020-08-13]. http：//eprints. mdx. ac. uk/28678/.

Michael Sherry，Dr. Tom Bird. Professional Roles& Teaching Practice I Syllabus [EB/OL].（2017-08-26）[2018 -09-20]. http：//www. education. msu.

edu/te/Secondary/ Forms-Documents. asp.

Michigan State University College of Education. TE501 - 502 Course Syllabus Internship in Teaching Diverse Learners I and II [EB/OL]. (2016-08-30) [2018-09-20]. http://www. education. msu. edu/te/Secondary/Forms-Documents. asp.

MSU College of Education. Secondary Teacher Preparation Team 2015 —2016 Internship Guide [EB/OL]. (2016-04-28) [2018-06-16]. http//education. msu. edu/ teacher- preparation /secondary.

MSU College of Education. Teacher Preparation Program [EB/OL]. (2019-03 -12) [2019-03-24]. https: //education. msu. edu/te%

MSU Teacher Preparation Program [EB/OL]. (2011-01-22) [2018-06-16]. http://education. msu. edu/teacher-preparation/secondary/.

National Council for Accreditation of Teacher Education. Professional Standards For the Acereditation of Teacher Preparation Institutions [EB/OL]. [2020-08-28]. http://caepnet. org. htm.

National records of Scotland. Population of Scotland. [EB/ OL]. (2020-04-30) [2020-08-27]. https: //www. nrscotland. gov. uk/statistics-and-data/statistics/scotlands-acts/population-of-Scotland.

Office for National Statistics UK. Overview of the UK population: august 2019. [EB/OL]. (2019-08-23) [2020-08-31]. https: //www. ons. gov. uk/ people population andc ommunity/population and migration/population estimates articles/ overviewoftheukpopulation/august2019.

Sandro R., Barros Ph.D. Teaching Subject Matter to Diverse Learners Syllabus [EB/OL]. (2017-08-30) [2018-09-20]. http: //www. education. msu. edu/te/ Secondary/ Forms- Documents. asp.

Sandro R. Barros. Reflection&Inquiry Teaching PracticeII Syllabus [EB/OL]. (2018-01-12) [2018-09-20]. http: //www. education. msu. edu/te/Secondary/Forms-Documents. asp.

Schond. Educating the Reflective Practi - tioner, San Francisco: Jossey Bass, 1987: 75.

ScottishGovernment. [EB/OL]. (2015-09-01) [2020-09-01]. https: //www. gov. Scot/policies/schools/pupil-attainment/.

Shannon Prince. Learners and learning in context Syllabus [EB/OL]. (2017- 08-30) [2018-09-20]. http://www. education. msu. edu/te/Secondary/Forms-Documents. asp.

The American Museum of Natural History. City University of New York [EB/OL]. [2020-07-22]. https://www. amnh. org/learn-teach/seminars-on-science/graderedit.

The General Teaching Council for Scotland. The standards for registration: mandatory requirements for registration with the general teaching council for Scotland. Edinburgh: GTC Scotland. [EB/OL]. (2012-12-10) [2020-03-18]. http:// www. gtcs. org. uk/web/FI LE S/the- standards/standards-for-registration-1212. pdf.

Wei Liao. Human Diversity, Power & Opportunity in Social Institution Syllabus [EB/OL]. (2015-03-02) [2018-09-20]. http://www. education. msu. edu/te/Secondary/Forms-Documents. asp.

《国务院办公厅关于转发教育部等部门〈国家西部地区“两基”攻坚计划(2004—2007年)〉的通知》,(2004-02-06)[2021-08-29].http://www.moe.gov.cn/ jyb-xxgk/gk-gbgg/moe-0/moe-1/moe-5/mull 5429.html.

《国务院办公厅转发教育部等部门关于教育部直属师范大学师范生免费教育实施办法(试行)的通知》,(2007-05-09)[2021-08-17] .http :// www. moe. gov. cn/jyb-xxgk/moe-1777/moe-1778/mull 27694.html.

《国务院关于基础教育改革与发展的决定》,(2001-05-29)[2021-08 19].http://www. gov.cn/gongbao/content/2001/content-60920.htm.

《教师教育课程标准(试行)》,(2011-10-z8)[2020-08-10].http://www.moe.gov.cn/srcsitelA10/s6991/201110/t20111008_145604. html.

《教育部、国家发展改革委、财政部关于深化教师教育改革的意见》,(2012-12-13) [2018-03-13]. http://www. gov. cn/zwgk/2012-12/13/content_2289684. hlm.

《教育部办公厅财政部办公厅关于做好2020年农村义务教育阶段学校教师特设岗位计划实施工作的通知》, (2020-05-08) [2021-08-19]. http://www. moe. gov. cn/srcsite/A10/s7151/202005/t20200511 452739. html.

《教育部办公厅财政部办公厅关于做好2020年中小学幼儿园教师国家

级培训计划组织实施工作的通知》，（2020-03-10）［2021-08-17］. http：//www. moe. gov. cn/srcsite/A10/s7034/202003/t20200317 432152. html.

《教育部财政部关于改革实施中小学幼儿园教师国家级培训计划的通知》，（2015-09-01）［2021-09-06］. http：//www. moe. gov. cn/srcsite/A10/s7034/ 201509/ t20150906 205502. html.

《教育部财政部人力资源和社会保障部关于推进县（区）域内义务教育学校校长教师交流轮岗的意见》，（2014-08-15）［2021-08-17］. http：//www. moe. gov. cn/srcsite/A10/s7151/201408/t20140815 174493. html.

《教育部关于大力推进教师教育课程改革的意见》，（2011-10-08）［2020-07-12］. http：//old. moe. gov. cn//publicfiles/business/htmlfiles/moe/s6342/201110/xxgk_125722. html.

《教育部关于实施卓越教师培养计划的意见》，（2014-08-19）［2018-03-13］ http：//www. moe. gov. en/sresite/A10/s7011/201408/120140819_174307. html.

《教育部关于印发〈普通高等学校师范类专业认证实施办法（暂行）〉的通知》，（2017-10-26）［2021-02-20］. http://www. moe. gov. en/sresite/A10/ s7011/201711/ t20171106_318535. html.

教育部教师工作司、教育部高等教育教学评估中心：《培养新时代大国良师普通高等学校师范类专业认证工作指南》，（2018-06-27）［2021-09-12］. https:lljxpj. jxnu. edu. cnl_up-load/article/files/df/ea/94096ea54. fda8e976c8a83a11871/6a6b34c2-7f87-4028-b01d-62a73-4256cf9. pdf.

教育部教师工作司：《教育部教师工作司关于印发〈职业技术师范教育专业认证标准〉和〈特殊教育专业认证标准〉的通知》，（2019-10-10）［2021-09-12］. htup://www. moe. gov. cn/s78/A10/tongzhi/201910/t20191030_405965. html.

教育部财政部关于印发《银龄讲学计划实施方案》的通知（2018-07-13）［2021-08-08］. http：//www. moe. gov. cn/ srcsite/ A10/ s7151/ 201807/ t20180719343448. html.

平凉教育：《静宁县城川镇大寨小学王富贵：一个山村校长的梦想》，（2019-01-23）［2021-08-13］. https：/Iwww. sohu. comla1291076943_823233.

《瑞安乡村振兴：10个乡村振兴案例读懂乡土与艺术的碰撞》，（2019-

06-14）［2021-08-13］. httpsalbaijiahao. baidu. com/s? id=1636317360844822165&wfr=spider&for=pc.

《习近平号召全国广大教师做党和人民满意的好老师》，（2014-09-09）［2018-03-01］. http：//tv. cctv. com/2014/09/09/VIDE141026543607-4831. shtml.

《中共中央国务院关于全面深化新时代教师队伍建设改革的意见》，（2018-01-31）2018-0313］. http：//www. moe. gov. en/jyb_xwh/moe_1946/fj_2018/201801/120180131_326148. html.

中国教育新闻网：《中国新文科建设宣言发布》，（2020-11-03）［2021-08-12］http：//sa/baijiahao. baidu. com/s? id=168233804659930-1649&wfr= spider&for=pc.

中华人民共和国教育部：《教育部关于大力推进教师教育课程改革的意见》，（2011-10-08）. http：//old. moe. gov. cn//publicfiles/business/htmlfiles/moels6342/201110/xxgk_125722. html.

中华人民共和国教育部：《教育部关于加强师范生教育实践的意见》，（2016-03-21）. http：//www. moe. gov. cn/srcsite/A10/s7011/201604/t20160407_237042. html.

中华人民共和国教育部：《教育部关于印发〈普通高等学校师范类专业认证实施办法（暂行）〉的通知》，（2017-10-26）［2021-09-12］. http：//www. moe. gov. cnlsrcsite/A10/s7011/201711/t20171106 _ 318535. html.

附录一

S省乡村教师队伍发展现状调查问卷

尊敬的各位老师：

您好！感谢您在百忙之中抽空填写调查问卷，本次调查旨在了解中小学教师队伍的现状。您的回答将为我们的研究提供最宝贵的依据。为了增强本次调查的有效性，请您尽量给出真实答案，您所提供的一切信息仅做学术研究之用。衷心感谢您的支持与合作！

江苏农村教育发展研究中心调研小组

2019年10月29日

1. 您所在学校：________市________区________学校［填空题］*

2. 您所在的学校所属地区：［单选题］*

A. 城市

B. 县城

C. 镇

D. 乡

E. 村屯

3. 您的性别：［单选题］*

A. 男　B. 女

4. 您的年龄：［单选题］*

A. 30周岁以下

B. 31—35周岁

C. 36—40周岁

D. 41—45周岁

E. 46—50 周岁

F. 51—55 周岁

G. 56—60 周岁

H. 60 周岁以上

5. 您的教龄：[单选题] *

A. 3 年以下

B. 3—5 年

C. 6—10 年

D. 11—20 年

E. 20 年以上

6. 您的学历：[单选题] *

A. 初中及以下

B. 高中

C. 大专

D. 本科及以上

7. 您是否有师范教育背景：[单选题] *

A. 是

B. 否

8. 您的职称：[单选题] *

A. 未评职称

B. 初级

C. 中级

D. 高级

E. 正高

9. 您的主教学科：[单选题] *

A. 语文

B. 数学

C. 英语

D. 物理

E. 化学

F. 地理

G. 生物

H. 政治

I. 历史

J. 体育

K. 音乐

L. 美术

M. 其他

10. 您是否班主任：[单选题] *

A. 是

B. 否

11. 您是否骨干教师：[单选题] *

A. 是

B. 否

12. 您的最高荣誉称号是：[单选题] *

A. 没有

B. 学校级

C. 县级

D. 市级

E. 省级

F. 国家级

13. 您目前的编制性质：[单选题] *

A. 县、校聘任教师

B. 在编教师

C. 代课教师

D. 其他

14. 请根据您的实际情况选择对应的选项。[矩阵单选题] *

题　干	非常不符合	比较不符合	一般	比较符合	非常符合
教师是个稳定的职业					
我一直就想当老师					
我的家人和朋友都认为我很适合当老师					
我愿意长期在农村学校工作					

续表

题　干	非常不符合	比较不符合	一般	比较符合	非常符合
我经常感觉工作压力大					
我在工作中能够获得很好的个人专业发展					
我校的教师评价制度和奖励制度很公正合理					
我对我校的教师周转宿舍很满意					
我与周围同事相处很融洽					
我愿意到经济更为发达地区的学校工作					
当地人对教师很尊敬					
学生家长对我的工作很支持					
我的家人很支持我在农村工作					
我对我的岗位工资及待遇很满意					
我认为以学生为本并不会弱化教师的主导地位					
以学生为本的课堂对教师要求更高					
我的学科知识能应对学生提出的各种学科类问题					
我在课堂教学中经常运用现代教育技术开展教学					
我能够很好地驾驭课堂教学					
我评价学生并不以考试成绩为唯一标准					
我从未对学生进行过体罚或变相体罚					
在管理班级或处理学生的问题行为时，我总是得心应手，成效显著					
我经常进行教学自我反思以提高自身的教学水平					
我平时经常阅读教育、教学方面的期刊或书籍					
我有学历提升的计划或者已经提升了自己的学历层次					
目前，我有较为强烈的参加专业培训的愿望					

15. 请根据自身情况选择对应的选项。[矩阵单选题] *

题　干	非常不符合	比较不符合	一般	比较符合	非常符合
我对现行的教师编制制度非常了解					
我认为现行的教师编制管理制度能有效地解决中小学教师编制缺编、超编的问题					
我对我校所实施的机构编制配置方案非常满意					
在制定编制标准时，校方会采纳教师的意见与建议					
学校在落实编制方案的时候会关注教师的个人情况					
我认为我校的机构编制很合理					
我所在的学校不存在教师流失情况					
我所在的学校不存在非教师岗占编教师编制的现象					
我觉得编制数量对教师有一定的激励作用					

16. 您认为学校实施编制方案，是出于什么目的？[多选题] *

A. 促进教师绩效提升　B. 为教师改进教育教学提供帮助

C. 提升教师专业水平　D. 对教师实施监控

E. 作为奖金发放的依据　F. 作为教师培训和学习的依据

G. 确定是否晋升提拔　H. 确定是否对教师进行解聘

17. 您认为现行的编制方案产生了怎样的结果：[多选题] *

A. 教师间竞争加剧，促进教师能力的提升

B. 教师更加注重团队协作，有利于凝聚力增强

C. 教师相互防御和提防，人际关系不和谐

D. 教师创造能力受到束缚、不利于形成个性化特色

18. 您感觉制约自身专业发展的外部影响因素有：[多选题] *

A. 促进教师专业发展的政策法规不完善

B. 学校对教师专业发展的重视不够

C. 评价制度不完善

D. 从事的教学科目与自己的所学专业不符

E. 缺乏骨干教师带领和专业的指导

F. 缺乏针对性的专业培训

G. 缺少图书、网络等专业发展的资源

19. 您认为制约自身专业发展的内部影响因素有：[多选题] *

A. 学历低

B. 自我专业发展意识不足

C. 再学习能力较弱

D. 身体原因

E. 其他

20. 您在专业刊物上发表过教学论文的数量是：[单选题] *

A. 1—2 篇

B. 3—5 篇

C. 5 篇以上

D. 没有发表过

21. 您近三年平均每学期外出参加专业培训的次数是：[单选题] *

A. 0 次

B. 1 次

C. 2 次

D. 3 次

E. 4 次

F. 4 次以上

22. 您在最近三年参加哪些内容的培训：[多选题] *

A. 新课标、新教材培训

B. 现代教育技术

C. 师德教育

D. 学科教学

E. 教育管理

F. 教育理论

23. 您认为目前教师培训存在的主要问题：[多选题] *

A. 培训机会少

B. 培训内容与教学实际不符

C. 培训与教学冲突，加大压力

D. 培训方式单一，缺乏交流反思

E. 培训地点远，交通不便

24. 您希望在培训中得到哪些知识方面的提高（最多选两项）：[多选题] *

A. 新课标、新教材培训

B. 现代教育技术

C. 师德教育

D. 学科教学

E. 教育管理

F. 教育理论

后　记

乡村教师培养有别于普通教师培养，是一项整合基础教育和地方高等师范院校教师教育改革，与未来教师队伍培养和乡村师资队伍的更新与建设融为一体，同时也是集师德培养、教师专业化素质养成、师范生实践教学技能提高于一身的综合性工程。作为教育事业的工作母机，处在城镇场域中的地方师范院校的培养目标定位很少指向乡村学校，教师教育课程很少体现乡土元素，教育见习、实习大多选择城市优质学校，很少定位乡村学校。基于以上情况，我们提出地方师范院校必须针对乡村教育存在的问题，在师德养成、培养规格、课程设置、实践路径、育人机制等方面及时做出新变革，构建符合乡村教育特点的乡村教师培养体系。作为师范教育的研究者、乡村师范生培养的实践者，我们始终关注卓越乡村教师培养这一命题，通过不懈努力，最终完成《走向卓越：面向乡村的教师教育课程整体优化》一书！

本书为全国教育科学规划国家一般项目“乡村振兴背景下面向卓越教师培养的课程整体优化研究”（BIA180184）的结项（等级为“优秀”）成果。本研究基于“卓越教师计划”，研究如何整体优化培养面向乡村“卓越教师”的课程体系。乡村振兴背景下，乡村需要更优秀的教师，如何帮助乡村教师改变在乡村学校的处境，获得专业支持、建立自己的专业认同，从“合格”走向“卓越”？目前师范院校大多承担了乡村教师定向培养任务，如何培养信守乡村志向、融入乡村生活、造福乡村学生的卓越性、专业化的乡村教师队伍？怎样建构切合农村教育实际的乡村卓越教师教育体系？如何促进乡村卓越教师可持续的专业发展？围绕乡村卓越教师基本品性和特质，我们构建了乡村教师教育“课程、实践、研修”模式。以乡村教育实证调研为依据，在国外乡村教育、乡村教师教育理论与实践观照、比较中，以人文关怀、文化浸润、能力生成为主线，开发了蕴育乡村教师职业情怀、融入地域与学校精神文化、关注乡村儿童探究经验等的凸显乡村教育特殊性的系列课程。从承担此书的撰写任务，到收集整理分析研究资料，再到修改交稿，历时一载有余，书中部分内容已在《南京农业大学学报（社会科学版）》《群众》等核心期刊公开发表，获《新华日报》《潇湘日报》学习强国等媒体、平台报道与转载。呈现在读者面前的这部拙作，与其说是我们实践与理论研究的成果，不如说是我们的初心起点。

本书在策划、成书过程中，得到东北师范大学中国农村教育发展研究院邬志辉院长、盐城市教育发展学院马群仁院长大力支持和指导，在此表示衷心感谢！

出版之际，感谢盐城师范学院戴斌荣教授、汤克明教授、易高峰教授给予本课题的帮助、支持与鼓励；感谢中国社会科学出版社对此书的热心指导与帮助！在写作期间，得到了盐城师范学院教育科学学院马康博士、江苏农村教育发展研究中心吴文婷博士、盐城市第一小学集团新都路小学秦贻老师、盐城市第一小学集团聚亨路小学王杰老师、盐城机电高等职业技术学院张彦丽老师的帮助，盐城市义丰小学的江文清老师和东台市实验中学教育集团城东分校的盛梦寒老师分别参与了书稿第六章和第七章的撰写，借此机会表示由衷的感谢！在本书的研究与写作过程中，参阅了大量的国内外著述和资料，对以上成果作者给我们的启发与指引表示敬意和谢忱！

由于研究的深度与广度的限制以及有限的条件和资料，本书的疏漏之处在所难免，真诚地希望大家予以批评指正！

著　者

2022 年 8 月